Hans Hass

Naturphilosophische Schriften

Band 2

Das verborgene Gemeinsame

Energon-Theorie I

Hans Hass

Naturphilosophische Schriften

Band 2

Das verborgene Gemeinsame

Energon-Theorie I

Universitas

Erstmals 1970 im Verlag Fritz Molden unter dem Titel: ENERGON

Einbandgestaltung: Christel Aumann, München
Gesamtherstellung: Jos. C. Huber KG, Dießen
Printed in Germany
ISBN: 3-8004-1136-9

Alle Gestalten sind ähnlich, und keine gleichet der andern;
Und so deutet das Chor auf ein geheimes Gesetz,
Auf ein heiliges Rätsel.

Johann Wolfgang von Goethe

Inhalt

Einleitung 9

ERSTER ABSCHNITT
DIE ENERGONE UND IHRE ERWERBSFORMEN

I Das verborgene Gemeinsame 19
II Die Funktionsträger 35
III Die Auswirkungen 57
IV Schlüssel und Schloß 73
V Energiequelle Bedarf 95
VI Das Gerüst der Konkurrenzfähigkeit 111
VII Das Rätsel der Zweckmäßigkeit 129

ZWEITER ABSCHNITT
WEITERE AUSSENFRONTEN

I Speer und Schild 149
II Grenzen des Willens 161
III Die Funktionserweiterung 177
IV Kreisläufe 195
V Roß und Reiter 219
VI Partnerschaft 237

Anhang 251

I Über Energie 253
II Die Verlagerung der Organbildung vom Genom auf das Gehirn 257
III Über das Wort »Seele« 265
IV Über Teilhard de Chardin 271
V Über Marshall McLuhan 277

Literaturverzeichnis und Quellennachweis 281

Personenregister 287

Sachregister 291

Das Literaturverzeichnis wird in beiden Bänden zur Gänze gebracht, das Sach- und Namenverzeichnis für jeden Band gesondert. Die Anmerkungen befinden sich jeweils am Ende der Kapitel.

Einleitung

Die große Fülle tierischer und pflanzlicher Organismen erscheint unseren Sinnen und unserem Gehirn außerordentlich vielgestaltig und verschieden. Der Vergleich eines Elefanten mit einer Heckenrose oder eines Bakteriums mit einem Pfau führt das deutlich vor Augen. Immerhin fassen wir alle diese »Körper« unter dem gemeinsamen Begriff »Lebewesen« zusammen. Sie bestehen alle aus Zellen und zeigen verwandte Eigenschaften wie etwa Wachstum und Fortpflanzung.

Der berufstätige Mensch erscheint dagegen nach dem gewohnten Denken den Pflanzen und Tieren kaum vergleichbar. Für Berufsausübungen benötigt der Mensch mannigfache zusätzliche Einrichtungen (Werkzeuge, Anlagen etc.), welche die Leistungsfähigkeit seines Körpers erweitern und diesen zu Spezialleistungen befähigen. Diese Gesamtstruktur, die aus dem Zellkörper und zusätzlichen Einheiten besteht, mit Tieren und Pflanzen zu vergleichen, erscheint abwegig und ist bisher kaum versucht worden.

Und nicht weniger abwegig erscheint es, die vom Menschen geschaffenen Betriebe, Unternehmen und Organisationen mit Pflanzen und Tieren zu vergleichen. Für unsere Sinnen und unsere Einschätzung sind sie allzusehr verschieden. Man kann sich kaum vorstellen, daß solche Vergleiche die Mühe lohnen oder gar zu einer Vertiefung unserer Einsicht in das Wesen der Lebens- und Menschheitsentfaltung führen können.

Andererseits läßt sich zeigen – nur ist das bisher noch nicht geschehen –, daß zwischen allen diesen so äußerst verschiedenen Erscheinungen doch eine sehr enge Verwandtschaft besteht. Ob Pflanze oder Berufstätiger, Tier oder Betrieb: *eine zentrale Ausrichtung ist ihnen gemeinsam.* Um bestehen und sich allenfalls vergrößern und vermehren zu können, müssen sie alle aus irgendwelchen Umweltquellen die dafür nötige Energie gewinnen und in ihren Dienst zwingen. Ohne Energie gibt es keine Bewegung, keinerlei Vorgang – auch nicht für den tausendsten Teil einer Sekunde. Wird das Energiesaldo passiv, dann können Pflanzen, Tiere, Berufstätige und Betriebe sich bestenfalls aus Reserven oder durch Hilfsleistungen anderer noch für beschränkte Zeit existent erhalten, doch bleibt das Saldo passiv, dann erlahmt ihre Tätigkeit und ihre Existenz erlischt.

Was Energie letztlich ist, kann bis heute kein Physiker sagen. Wir wissen bloß, daß dieses besondere »Etwas« in sehr verschiedener Gestalt in Erscheinung tritt. Beispiele für solche »Erscheinungsformen« von Energie sind etwa das Licht, die Elektrizität, die Massenanziehung (Gravitationsenergie), die Bewegungsenergie (kinetische Energie), der Magnetismus, die chemische Energie (welche die Atome innerhalb der Moleküle aneinander bindet) und die Kernkräfte (welche die Protonen und Neutronen, die die Atomkerne aufbauen, zusammenhält). Außerdem ist heute erwiesen, daß auch jede »Masse« – also »Materie« im weitesten Sinne – aus Energie aufgebaut ist. Alle Stoffe bestehen letztendlich aus Energie. Nach dem heutigen Weltbild der Physik gibt es überhaupt nichts im Universum wissenschaftlich Nachweisbares, das nicht eine Erscheinungsform von Energie wäre.

Energie ist ein Verwandlungskünstler. Jeder ihrer Erscheinungsformen kann sich in jede andere verwandeln. Wie im ersten Hauptsatz der Thermodynamik festgehalten, ist Energie unzerstörbar. Verwandelt sich eine Energieform in eine andere, dann geht dabei nichts verloren. Allerdings – und das ist der Gegenstand des zweiten Hauptsatzes der Thermodynamik – können sich Energieformen in der Regel nicht zur Gänze in andere verwandeln, sondern ein Teil verwandelt sich stets in Wärme (»Entropie«). Verwandeln wir etwa im Explosionsmotor des Autos die im Treiböl enthaltene chemische Energie in Bewegungsenergie, dann verflüchtigen sich 60–68% in

Gestalt von Wärme, und nur 32–40% der Arbeitsfähigkeit kommt der Motorleistung und der Fortbewegung des Autos zugute (»Wirkungsgrad« bei Energieumwandlungen). Prallen verschiedene Energieformen aufeinander, dann geht ebenfalls Arbeitsfähigkeit verloren. Kommen Energieformen miteinander ins Gleichgewicht, dann sinkt die Arbeitsfähigkeit auf Null. Dann kann man diese Kräfte nur wieder wecken, indem man das Gleichgewicht stört (Beispiel: Kernspaltung).

Pflanzen, Tiere, Berufstätige und Betriebe gewinnen aus verschiedenen Quellen Energie. Dies wird noch eingehend erörtert. Wesentlich ist indes, daß jede dieser nach gewohntem Denken so total verschiedene Strukturen auf Gedeih und Verderb darauf angewiesen ist, eine im Durchschnitt positive Energiebilanz zu erzielen. Der Energieerwerb ist insofern für sie alle die zentrale und wichtigste Funktion, als alle übrigen Funktionen zu ihrer Realisierung bereits erzielte Energieüberschüsse benötigen. Da es bisher noch keine gemeinsame Bezeichnung für energieerwerbende Systeme gab, benannte ich sie »Energone«. Dieser neue Begriff stützt sich somit nicht auf eine sinnfällige Übereinstimmung in Aussehen oder Struktur, sondern auf die Fähigkeit zu einer bestimmten Leistung. Erlischt diese Fähigkeit – etwa wenn die Energiequelle versiegt –, dann hört die betreffende Struktur auf, ein »Energon« zu sein.

Die in diesem Buch dargelegte Energontheorie behauptet, daß sich das gesamte Lebensgeschehen, einschließlich aller menschlichen Entfaltung, immer nur über Energone fortsetzen konnte – und auch in aller Zukunft nur eben über Energone fortsetzen kann. Warum –? Eben weil ohne arbeitsfähige Energie kein Prozeß und keine Entwicklung stattfinden kann – auch nicht für den tausendsten Teil einer Sekunde. Die Energiebilanz muß jedoch nicht nur im Durchschnitt positiv – *sondern ganz außerordentlich positiv* sein. Bezeichnen wir die vereinnahmte Energie als »Rohenergie«, dann kommt nur ein kleiner Teil ihrer Arbeitsfähigkeit als »Nutzenergie« bei den auszuführenden Funktionen an. So ist etwa bei Tieren organische Nahrung die hauptsächliche Energiequelle. Bei ihrer Aufschließung, beim Transport in die Zellen und Organe und dann in diesen selbst finden mannigfache Energieumwandlungen statt, ehe die vereinnahmte Energie schließlich die benötigte Leistung – etwa Fortbewegung, Sinneswahrnehmung, Blutkreislauf etc. – erbringt.

Im großen Durchschnitt kommt bei sämtlichen Energonen meist nur weniger als 10 Prozent der vereinnahmten Rohenergie den benötigten Funktionen zugute. Das aber bedeutet, daß sie – wenn man den Aufbau und die Erhaltung der Strukturen mitberücksichtigt – *mehr als zehnmal so viel* Energie aus der Umwelt gewinnen und in ihren Dienst zwingen müssen, als ihre Tätigkeit verbraucht. Die Erzielung positiver Energiebilanzen – als *conditio sine qua non* für alles übrige – ist also noch weit gravierender, als es auf den ersten Blick erscheint. Und noch größer müssen die erzielten Überschüsse sein, um Wachstum und Vermehrung zu ermöglichen.

Tiere und Pflanzen wie auch alle vom Menschen geschaffenen Erwerbsstrukturen müssen aber nicht nur im Durchschnitt mehr Energie einnehmen, als diese Einnahme sie selbst kostet, sondern sie müssen darüber hinaus auch *konkurrenzfähig* sein. Sowohl im Reich der Organismen als auch im Wirtschaftsleben können Monopole nur schwer erreicht und behauptet werden. Fast immer stehen einer Erwerbsquelle mehrere Energieanwärter gegenüber. Die Folge ist ein Konkurrenzkampf der Energieanwärter, der über deren Sein oder Nichtsein entscheidet.

Auf welche Besonderheiten stützt sich nun die Eigenschaft, die wir »Konkurrenzfähigkeit« nennen? Und sind es bei Pflanzen und Tieren andere Kriterien als bei den menschlichen Erwerbsstrukturen, oder sind es die gleichen? Ist es möglich, sie zu messen?

Bei den Tieren und Pflanzen treten uns »Individuen« und »Arten« gegenüber. Einzelne Individuen mögen im Konkurrenzkampf oder durch Umwelteinflüsse zugrunde gehen, das bedeutet aber nicht, daß die Art ausstirbt. Ständig sterben kleine Tannen ab oder gehen Gazellen zugrunde, aber die Arten bleiben bestehen: als ganz bestimmte raum-zeitliche Strukturen, die nicht nur erwerbsfähig, sondern auch konkurrenzfähig sind. Erst wenn sich die Umweltbedingungen derart verändern, daß der Konstruktionstyp nicht mehr zu einer aktiven Energiebilanz gelangen kann, kann dieser sich nicht halten: »stirbt aus«. In der Evolution hat sich das Aussterben von Arten unzählige Male zugetragen.

Auch in dieser Hinsicht verhält es sich bei den menschlichen Erwerbsstrukturen ebenso. Auch hier kann man zwischen Erwerbsart und Erwerbsindividuum unterscheiden. Auch hier mag ein Berufstätiger arbeitslos werden oder ein Betrieb zugrunde gehen, die betreffende Berufs- oder Betriebsart stirbt deshalb nicht aus. Es handelt sich auch hier um raum-zeitliche Strukturen, die in einer bestimmten Umwelt erwerbs- und konkurrenzfähig sind. Verändern sich die Umweltfaktoren – besonders die Ergiebigkeit der Erwerbsquelle –, dann sind diese Strukturen dem Untergang geweiht. Auch Berufe und Betriebsarten sind im Lauf der menschlichen Geschichte »ausgestorben«.

Jedes Energon ist ein »arbeitsteiliges Gefüge«. Es besteht aus funktionellen Einheiten, die durch ihr Zusammenwirken eine positive Energiebilanz erzielen. Bei den höheren Pflanzen und Tieren sind diese untergeordneten Einheiten Gewebe und Organe. Beim Berufstätigen treten zu den natürlichen Organen seines Körpers noch künstlich geschaffene Einheiten (Werkzeuge, Einrichtungen und ähnliches) hinzu. Bei den Betrieben sind die untergeordneten Einheiten Angestellte, Maschinen, Anlagen, Abteilungen und dergleichen. Wesentlich ist, daß es in jedem Fall nicht eigentlich auf das Aussehen dieser Einheiten und auf die Art ihrer Funktionsausübung ankommt – sondern auf das jeweils erzielte *Ergebnis*.
Diese Betrachtungsweise ist dem Mann der Wirtschaft geläufiger als dem Biologen. In den Betrieben können nicht selten Funktionen sowohl von einem Menschen als auch von einer Maschine ausgeübt werden. Und oft können sehr verschiedene Verfahren zum gleichen benötigten Ergebnis führen. Die Struktur einer untergeordneten Einheit und die Art ihrer Tätigkeit ist somit nur von sekundärer Bedeutung. Von primärer Wichtigkeit sind einzig die Leistung und ihre Kosten. Nur diese beiden Faktoren beeinflussen die Bilanz. So betrachtet, bestehen die menschlichen Erwerbskörper letztlich nicht eigentlich aus materiellen Einheiten, sondern aus Leistungen. Sie sind *Leistungsgefüge*.
Bei den Tieren und Pflanzen sind die Teile nicht beliebig auswechselbar, wir sind deshalb gewohnt, diese Körper aus anderer Sicht zu betrachten als die Betriebe. Aber auch hier kommt es bei den untergeordneten Einheiten nicht eigentlich auf deren äußere Gestalt und deren Funktionsweise an – sondern auf die erzielte Leistung und deren Kosten an Energie. Auch hier wird nicht selten das gleiche Ergebnis durch sehr *verschiedene Strukturen* erzielt. Allein die Stachelhäuter (Seesterne, Seewalzen, Seeigel) haben nicht weniger als

fünf verschiedene Organtypen der Atmung hervorgebracht. Manche atmen durch Einstülpungen der Körperwand in die Leibeshöhle, andere durch Kiemen bei der Mundöffnung, wieder andere durch lungenartige Bildungen im After. Wesentlich ist auch hier bloß, daß dem Organismus die benötigte Gasmenge zugeführt wird – wie das im einzelnen erfolgt, ist von sekundärer Bedeutung. Und auch hier können ganz *verschiedene Verfahren* zum gleichen Ergebnis führen. So ist in Trockengebieten die Speicherung von Wasser lebensnotwendig. Eine in australischen Steppen lebende Krötenart speichert Wasser in der Harnblase, in den Lymphräumen unter der Haut und in der Leibeshöhle – sie schwillt wie eine Kugel an, vergräbt sich 30 Zentimeter in die Erde und kann so Trockenperioden überstehen. Das Kamel wieder trägt in seinem Höcker Fettvorräte mit sich, aus denen es durch chemischen Abbau Wasser gewinnt. 30 Kilo Fett ergeben etwa 32 Liter Wasser. Hier wird somit über verschiedene Verfahren das gleiche erreicht. Wesentlich ist letztlich bloß die benötigte Leistung.
Auch Tiere und Pflanzen sind also *Leistungsgefüge*.

Wenn uns die menschlichen Erwerbsstrukturen als etwas so völlig anderes erscheinen als die pflanzlichen und tierischen Körper, dann liegt das vor allem an drei Dingen: Erstens bestehen ihre Teile weitgehend aus anorganischem Material (man denke etwa an Maschinen). Zweitens sind sie miteinander nicht fest verwachsen. Und drittens haben sie eine völlig andere Entstehungsweise.
Ich werde zu zeigen versuchen, daß diese Unterschiede nicht grundsätzlicher Art sind. Der Energonbegriff ist mehr als eine bloße Modellvorstellung. Er zeigt Zusammenhänge auf, die der Begriff »Lebewesen« – seit Urzeiten von einer Generation an die nächste als Selbstverständlichkeit weitergegeben – uns verschleiert hat.
Ich werde zeigen, daß alle Energone – *notwendigerweise* – nach den gleichen Gesetzen aufgebaut sind und daß die so ausschlaggebende Konkurrenzfähigkeit bei allen auf den gleichen Grundvoraussetzungen beruht. Dabei geht es nicht etwa um metaphysische, mystische Vorstellungen, sondern um konkret meßbare Zusammenhänge.
Auch die Staatskörper, so werde ich zeigen, sind Energone – oder Teile von solchen. Ihre Struktur ist jedoch schwieriger zu verste-

hen. Ihnen wenden wir uns deshalb erst im zweiten Band des Buches zu.
Ich behaupte jedoch nicht nur, daß Pflanzen, Tiere, menschliche Erwerbskörper und Staatsgebilde eine gemeinsame, uns bisher verborgen gebliebene Struktur haben, sondern ich werde den Beweis dafür antreten, daß alle diese Energone durch Stammesverwandtschaft verbunden sind. Bis heute herrscht die Überzeugung, daß die Evolution der Organismen im Menschen ihren vorläufigen Höhepunkt gefunden hat, daß wir eine Art Endpunkt, wenn nicht gar Ziel der Organismenentfaltung, »Krone der Schöpfung« sind. Das ist jedoch eine Illusion, geboren aus übertrieben hoher Selbsteinschätzung. Die Evolution ist längst über uns hinweggeflossen. Sie setzt sich in den von uns gebildeten Berufskörpern, Erwerbsbetrieben und Staatsgebilden fort – in denen der Mensch nur eine Art von aufbauender und steuernder Keimzelle ist.
Das ist Ausgangspunkt der Gedanken, die hier vorgetragen werden sollen.
Im ersten Teil dieses Buches definiere ich den Energonbegriff genauer und gebe einen Überblick über alle mir bekanntgewordenen Arbeiten, die sich bereits mit einer ähnlichen Thematik beschäftigt haben. Es folgen die Hauptargumente meiner Theorie sowie ein Überblick über die Erwerbsformen der Energone und die Problematik ihrer Konkurrenzfähigkeit. Anschließend werden weitere Abstimmungen mit der Umwelt und die Bedeutung von Funktionsänderungen besprochen.
Der zweite Teil behandelt die im Inneren jedes Energons auftretenden Probleme, die zusätzliche Leistungen notwendig machen. Dies leitet zu einer Beurteilung der evolutionären Gesamtentwicklung über, zur Bewertung der Staatsformen und zur Beurteilung der Energontheorie aus Sicht der modernen Physik. Schließlich versuche ich auch eine Standortbestimmung unserer heutigen wirtschaftlichen und politischen Situation zu geben.
Konrad Lorenz sagte einmal, daß sich die Glieder eines Ganzen nur gleichzeitig oder überhaupt nicht verstehen ließen: vor ebendiesem Problem stand ich bei meiner Arbeit. Der Energonbegriff führt zu einer radikal anderen Betrachtungsweise des Gewohnten, und es ist darum schwierig, an irgendeinem »Zipfel« mit der Darlegung zu beginnen. Ich habe versucht, den Stoff so gut es ging auf einen Faden

aufzureihen; das aber bedeutet, daß nicht auf jeden sich ergebenden Einwand sofort eingegangen werden kann. Der große Umfang des behandelten Gebietes hat außerdem zur Folge, daß manches, was auf ein Kapitel zusammengepreßt ist, eigentlich den mehrfachen Raum einnehmen oder überhaupt in einem eigenen Werk abgehandelt sein sollte. Es erscheint mir jedoch vor allem wichtig, einen Überblick über meine Theorie und ihre wichtigsten Konsequenzen zu geben.

Meine Untersuchungen erstreckten sich über einen Zeitraum von zweieinhalb Jahrzehnten. Aus diesem Grunde ist es mir nicht möglich, alle, die mir dabei geholfen haben, namentlich anzuführen. Ich möchte ihnen hier nochmals auf das herzlichste danken.

In der Betriebs- und Volkswirtschaftslehre erleichterten mir besonders die Darstellungen von Sombart, Nicklisch und Gutenberg den Weg in diese dem Biologen fernstehenden Wissensgebiete. In der Staatslehre hielt ich mich in erster Linie an die Werke von Gierke, Kelsen, Jellinek und Krüger. Für wertvolle Informationen und Korrekturen bin ich mehreren Instituten der Wirtschaftsuniversität Wien zu Dank verpflichtet. Auf dem Gebiet der Physik halfen mir Herr Prof. Dr. H. Thirring und Herr Prof. Dr. G. Ecker, auf dem Gebiet der physikalischen Chemie Herr Prof. Dr. E. Broda. Auf meinem eigenen Fachgebiet, der Zoologie, danke ich besonders den Professoren Dr. W. Kühnelt, Dr. W. Marinelli und Dr. F. Schaller von der Wiener Universität und Prof. Dr. G. Steiner aus Heidelberg für Kritik und Information. Laufende Anregungen, besonders auf dem Gebiet der Verhaltensforschung, erhielt ich von meinem langjährigen Freund Prof. Dr. I. Eibl-Eibesfeldt. In der Botanik bin ich den Professoren Dr. A. Biebl, Dr. B. Gessner, Dr. F. Knoll, Dr. H. Mohr und Prof. Dr. L. Burian zu Dank verpflichtet.

Recherchen, besonders auf dem historischen Sektor, führte sehr tatkräftig Frau Dr. M. Windisch-Graetz für mich aus. Die Zeichnungen fertigte Herr Kurt Röschl an.

Diese nach 16 Jahren erscheinende zweite Auflage des lange vergriffenen Buches ist zur Erleichterung des Verständnisses in zahlreichen Formulierungen verbessert und ergänzt, jedoch im Konzept unverändert.

Erster Abschnitt

DIE ENERGONE UND IHRE ERWERBS-FORMEN

I
Das verborgene Gemeinsame

Wie aus der Vielheit die Einheit wird, das steht sozusagen bisher unerledigt zwischen den Wissenschaften.
Johann Plenge (1919)

Eine von Jahr zu Jahr ansteigende Flut von Tatsachen hat einen Teil der Forscher bereits unter sich begraben.
E. von Holst (1942)

1

Wer verdient wieviel und womit?
Diese im täglichen Leben so geläufige Frage dehnen wir auf eine viel größere Zahl von Erscheinungen aus: Wie vermag ein materielles Gefüge überhaupt zu aktivem Erwerb zu gelangen? Welche Faktoren entscheiden über seinen Erfolg?
Ich teile die Energone – praktischen Erwägungen folgend, auf die ich noch zurückkomme – in vier Gruppen: in Pflanzen, Tiere, Berufstätige und Erwerbsorganisationen. Was die ersten beiden Gruppen betrifft, so übernehme ich (mit geringfügigen Abweichungen) die in der Biologie übliche Einteilung. Die Begriffe »Berufstätige« und »Erwerbsorganisation« bedürfen dagegen einer genaueren Erklärung.[1]
Unter dem Begriff »Berufstätiger« ist in der Energontheorie nicht bloß ein berufstätiger Mensch gemeint, sondern dieser Mensch plus aller für seine Erwerbstätigkeit notwendigen Einheiten (Werkzeuge, Ausrüstungen, Hilfseinrichtungen etc.). Es soll hier nicht – wie bisher in der Biologie üblich – der genetische menschliche Körper mit den tierischen und pflanzlichen Körpern verglichen werden. Der Begriff »Berufstätiger« umfaßt vielmehr die gesamte zur Ausübung einer Erwerbsart notwendige Struktur (Abbildung 1a).
Der Berufstätige »Schuster« besteht nicht bloß aus einem menschlichen Körper, sondern außerdem aus Kleidern und Werkzeugen,

einer Räumlichkeit, in der die Berufsausübung stattfindet, aus einer Werkbank, Stühlen, Tischen, Regalen, eventuell aus Hilfskräften, aus einem Bankkonto und anderem mehr. Diese Gesamtstruktur ist nicht zusammengewachsen wie der Organismus eines Tieres oder einer Pflanze, sondern eine künstliche Erweiterung des menschlichen Körpers. Durch zusätzliche Einheiten – »künstliche Organe«, wie ich sie nenne – gelangt hier ein Mensch zu besonderen Fähigkeiten, vermag besondere Leistungen zu erbringen.
Noch etwas gehört zu diesem erweiterten Körper, was nicht seinem genetischen Rezept entstammt: die Fähigkeit, sich aller dieser Einheiten zielführend zu bedienen. Biologisch gesehen handelt es sich dabei um besondere Aktions- und Reaktionsnormen, die der betreffende Mensch durch Lernen und Üben im Laufe seiner Lehrzeit in seinem Gehirn aufbaut. Wie diese »Verhaltensrezepte« im einzelnen aussehen, wissen wir noch nicht. Kein Zweifel kann jedoch darüber bestehen – das haben vor allem elektrische Gehirnreizungen eindeutig bewiesen –, daß es konkrete, *materielle* Strukturen sind. Man kann sie sich, in der Art eines elektrischen Schaltnetzes, als eine Vielzahl von Verbindungen zwischen sensorischen und motorischen Ganglienzellen vorstellen. Im motorischen Bereich sind es vor allem Zusammenschaltungen von Nervenimpulsen, die zu entsprechend koordinierten Muskelbewegungen führen. Die Herstellung eines Schuhes – in unserem Beispiel – erfordert ganz bestimmte Hand- und Körperbewegungen, deren Steuerungsrezept dem Schuster nicht angeboren ist. Sie müssen von ihm erworben und »eingeschliffen« werden. Dazu kommt – neben anderem – noch das für den Einkauf der Rohstoffe und für den Verkauf des Produktes notwendige »Wissen«, also weitere Koordinationsrezepte, sowie als »Erfahrung« gespeicherte Information, durch die einzelne Handlungen modifiziert und verbessert werden können. Alle diese winzigen Einheiten sind zwar im Gehirn des Schusters aufbewahrt, aber ebenso zusätzlich geschaffen wie die Werkzeuge und die Stühle. Auch sie müssen als etwas die erbmäßig gebildete Struktur funktionell Erweiterndes angesehen werden. Auch sie sind zusätzlich notwendige Bestandteile des Berufskörpers.[2]
Für manche Berufsarten ist ein großes Instrumentarium nötig – man denke etwa an einen Zahnarzt. Bei anderen Berufen – etwa bei einem Kokosnußpflücker in Polynesien – fällt der genetische Körper

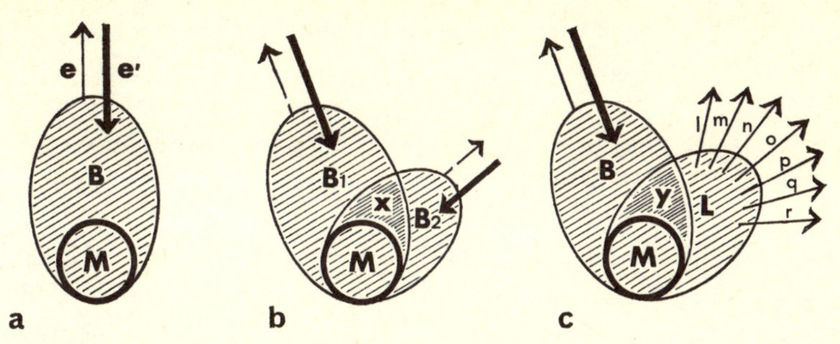

Abbildung 1: Erweiterung des menschlichen Körpers durch künstliche Organe

a) Ein Berufstätiger. B = die Gesamtheit aller für die betreffende Berufstätigkeit notwendigen Einheiten (Berufskörper, Berufsstruktur). M = Mensch als steuerndes Zentrum. e = die für die Berufstätigkeit und Aufrechterhaltung der Gesamtstruktur erforderliche Energieausgabe, e' = die Energieeinnahme.
b) Ein Mensch als Zentrum zweier Berufskörper (B1 und B2). x die *beiden* Berufstätigkeiten dienenden künstlichen Organe.
c) Ein Mensch, der neben einem Berufskörper auch einen Luxuskörper (L) aufgebaut hat. y = künstliche Organe, die sowohl der Berufsausübung als auch der Erzielung von Annehmlichkeiten dienen. l–r = Energieausgaben zur Gewinnung von Annehmlichkeit. (Die Wechselwirkung: Steigerung der beruflichen Leistungskraft durch Erholung, also Annehmlichkeit, ist hier nicht berücksichtigt).

fast ganz mit dem Berufskörper zusammen. Ähnlich verhält es sich bei einem Botengänger, einem Sänger oder einem Taschendieb. Die hier den genetisch gebildeten Körper erweiternden Einheiten beschränken sich im wesentlichen auf zusätzlich durch Lernen und Üben im Gehirn aufgebaute »Software«.
In den Wirtschaftswissenschaften werden gewöhnlich die in der menschlichen Gemeinschaft nicht erlaubten Erwerbsarten ausgeklammert. Von der Energontheorie her müssen sie ebenso berücksichtigt werden wie die erlaubten Berufe. Der Dieb, der Geldschrankknacker, der Erpresser sind ebenfalls Energone, ebenfalls Berufstätige.[3] Von der Bilanz her spielen moralische Wertungen und rechtliche Bestimmungen nur insofern eine Rolle, als sie das Erwerbsrisiko verändern.
Wie wenig die Berufsstruktur mit dem genetischen Körper identisch ist, geht daraus hervor, daß ein und derselbe Mensch im Laufe

seines Lebens sehr wohl auch zwei oder mehrere Berufe ausüben kann. Er bildet dann – nacheinander – verschiedene Berufskörper. Ebenso ist es aber auch möglich, daß ein Mensch *gleichzeitig* mehr als einen Beruf ausübt. Dann ist dieser Mensch Zentrum von zwei oder mehreren Berufsstrukturen, die er alternierend steuert (Abb. 1b).

Die mannigfachen Berufskörper, die von Menschen im Laufe der Geschichte gebildet wurden, sind sicher nicht weniger verschiedenartig als die Körper der so zahlreichen Tier- und Pflanzenarten. Unseren Sinnen stellen sie sich als etwas völlig anderes dar – besonders weil ihre Teile nicht fest miteinander verbunden sind –, doch wenn wir von der zentralen Funktion des Energieerwerbes ausgehen, dann sind *sie* die evolutionäre Weiterentwicklung der »Lebewesen«. Nicht der nackte menschliche Körper setzt die Evolution der »Pflanzen« und »Tiere« fort, sondern die vom Menschen geschaffenen Berufsstrukturen, in denen wir schließlich nur noch als sie aufbauende und steuernde Einheiten fungieren.

Was die einzelnen Energone mit ihren Erwerbsüberschüssen anfangen, soll nur am Rande Gegenstand dieses Buches sein. Die Tiere und Pflanzen – darauf komme ich noch ausführlich zurück – haben kaum eine andere Möglichkeit als die, ihr Erwerbsergebnis in Wachstum und Vermehrung umzusetzen. Bei den Berufstätigen änderte sich das. Auch hier kann der Ertrag einem Wachstum oder einer Vermehrung zufließen – er kann jedoch vom steuernden Zentrum »Mensch« auch für ganz anderes verwendet werden. So umgibt sich dieser noch mit zusätzlichen Einheiten, die bloß seiner Annehmlichkeit dienen. Ein Gemälde von Rembrandt, ein Schachspiel und ein Segelboot sind Beispiele dafür. Neben dem Erwerbskörper bildet der Mensch – wenn er will und es sich leisten kann – auch noch zusätzlich einen »Luxuskörper« (Abb. 1c).

Das Wort »Luxus« ist mit manchen negativen Wertungen vermengt und auch sonst mißverständlich. Ich kenne jedoch kein besseres. Nach dem heutigen Sprachgebrauch könnte man von einem »Kulturkörper« sprechen, doch da man auch beim Ackerbau, also einem reinen Erwerbsvorgang, von Boden»kultur« spricht, ist diese Bezeichnung nicht treffend. Unter »Luxuskörper« verstehe ich somit alle zusätzlichen Einheiten, die nicht direkt der Erwerbsanstrengung dienen. Alles, was der Mensch zur Steigerung seines Lebens-

genusses und seiner Lebensverfeinerung hervorgebracht hat, fällt mit unter diesen Begriff.[4]
Daß sich eine klare Trennung zwischen Erwerbs- und Luxuskörper nicht immer durchführen läßt, sei ohne weiteres zugegeben. Der Mercedes eines Geschäftsmannes ist teils Werkzeug seines Berufes, teils seines Vergnügens und dient außerdem der Unterstreichung seiner Kreditwürdigkeit. Dazu kommt noch eine Rückwirkung der Luxustätigkeit auf die Erwerbstätigkeit: Annehmlichkeit bewirkt Erholung und Entspannung, kann die berufliche Leistungsfähigkeit erhöhen. Trotzdem ist die Trennung bilanzmäßig durchführbar und dem wirtschaftlich Denkenden auch nicht fremd. In der Rechtspraxis, besonders jener der Besteuerung, ist sie üblich und spielt dort sogar eine nicht unwesentliche Rolle. Im täglichen Leben wird uns der Unterschied vor Augen geführt, wenn ein Berufstätiger in Not kommt. Dann kann man sehen, wie er Stück um Stück seinen Luxuskörper abstößt – und was letztlich übrigbleibt, neben Verpflichtungen wie etwa Frau und Familie, das ist der auf das Notwendige reduzierte Erwerbskörper.
Wir gelangen so – von der zentralen Funktion des Energieerwerbes ausgehend – zu einer recht andersartigen Betrachtungsweise des Menschen und seiner Berufstätigkeit. Auch die Ehefrau – sofern sie nicht selbst berufstätig ist – rückt nun in ein anderes Licht. Ihre Erwerbsquelle ist der Mann, der sie erhält. In letzter Konsequenz ist ihre Ausrichtung auf diesen Mann, auf seine Eigenarten und Wünsche – ihre Berufsstruktur.[5]
Schließlich gibt es – zumindest in den nichtkommunistischen Ländern – Menschen, die ohne jede Berufstätigkeit, etwa vom unmittelbaren Verzehr einer Erbschaft oder von einer Unterstützung leben. Hier sehen wir dann die Keimzelle Mensch ohne Berufskörper. Sie lebt von fremdem Ertrag, vom Kapital gewonnener Überschüsse. Daraus erhellt, daß es zwar keinen Berufskörper gibt, der nicht als Zentrum einen Menschen hätte, doch gibt es sehr wohl Menschen mit nur kleinem oder ohne jeden Berufskörper.[6]

2

Die vierte große Gruppe von Energonen – neben den Pflanzen, den Tieren und den Berufstätigen – nenne ich »Erwerbsorganisationen«. Sie sind nicht mehr als Erweiterungen eines Einzelmenschen aufzufassen. In ihrem höher integrierten Gefüge werden Berufstätige zu funktionellen, auswechselbaren Einheiten.
Die großen amerikanischen Industriebetriebe, deren Struktur Galbraith so anschaulich beschrieben hat, zeigen diese deutlich.[7] Im Gegensatz zum klassischen Eigentümerbetrieb (»Unternehmerbetrieb«), in dem immer noch ein einzelner eine ausschlaggebende Rolle spielt, sind diese Giganten bereits völlig überindividuelle, eigengesetzliche Körper. Sie sind von den Aktionären, die aus Überschüssen das notwendige Kapital beisteuerten, nicht mehr wirklich gelenkt. Die sie steuernde »Technostruktur« – Manager, Technologen, Vorarbeiter – erneuert sich in eigener Initiative und Machtbefugnis. So wie in den vielzelligen Organismen die einzelne Zelle nur noch eine funktionelle Rolle spielt, so ist auch in der typischen Erwerbsorganisation (im »ausgereiften Betrieb«, wie Galbraith ihn nennt) der einzelne Berufstätige – und damit der einzelne Mensch – nur noch ein ersetzbarer Träger von benötigten Funktionen. Stirbt er, dann tritt Ersatz an die frei gewordene Stelle. Selbst durch den Tod einer Leistungsspitze werden diese großen Betriebe nicht wesentlich in ihrer Wirkungsweise beeinträchtigt.[8]
Beim Eigentümerbetrieb läßt sich darüber streiten, ob er noch als extreme Erweiterung einer Berufsstruktur anzusehen ist oder bereits in die Gruppe der Erwerbsorganisationen gehört. Erfahrungsgemäß geht mit dem Tod des Unternehmers ein größerer Betrieb meist nicht zugrunde. Erweitert der Schuster seine Werkstatt immer mehr, verwandelt er sie schließlich in ein industrielles Unternehmen der Schuhherstellung, dann wird diese fließende Grenze irgendwann überschritten. Je größer der Betrieb wird, um so mehr wird auch der Eigentümer zu einem ersetzbaren Rädchen in dem Getriebe, um so mehr zwingt die ihn umschließende Erwerbsstruktur ihm seinen Willen auf. Der Unterschied zum Berufstätigen liegt in der Überindividualität. Selbst wenn eine klare Trennung hier nicht möglich ist, halte ich die begriffliche Unterscheidung doch für zweckmäßig und gerechtfertigt.

Durch Zusammenschluß von mehreren Betrieben zu einem Konzern oder Kartell kann es zur Bildung von Erwerbsorganisationen noch höherer Integrationsstufe kommen. Den Berufstätigen, Betrieben, Konzernen und Kartellen ist wiederum der Staat übergeordnet.
Ein hierarchischer Stufenbau kennzeichnet die gesamte Entfaltung und Entwicklung der Energone. Die erste Hauptstruktur, zu der sie gelangten, war die Zelle, die nächsthöhere der vielzellige Organismus. In diesen beiden Bereichen kann man, je nach der Erwerbsart, von Pflanzen oder Tieren sprechen. Der Mensch – aus dem Tierreich hervorgehend – erweiterte dann seinen genetischen Körper, bildete mit Hilfe von zusätzlichen Einheiten Berufskörper. Diese sind bereits die nächsthöhere Integrationsstufe. Aus Berufstätigen und weiteren Einheiten (Maschinen, Anlagen etc.) setzen sich die Erwerbsorganisationen zusammen, deren weitere Stufen schließlich im »modernen Staat« oder im »Staatenbund« ihre höchste Entwicklungsform finden.[9]

3

Zu allen Zeiten gab es Denker, die den Staat als echten Organismus ansahen. Platon nannte den Staat »einen Menschen im großen«, Aristoteles nannte ihn »ein beseeltes Lebewesen«. Der englische Philosoph Thomas Hobbes sah in der Furcht den Ausgangspunkt zur menschlichen Staatsbildung und nannte den Staat »ein alles verschlingendes Ungeheuer«. Fichte nannte ihn »die organische Erscheinungsform Gottes«. Schelling erklärte, daß der Staat nicht ein Mittel für bestimmte Zwecke sei, sondern die »Konstruktion des absoluten Organismus«.
Verfechter der »organischen« Richtung innerhalb der Staatslehre waren auch die Philosophen G. Fechner und W. Wundt sowie als glänzendster Vertreter der Rechtsgelehrte Otto von Gierke. Der schwedische Historiker und Staatstheoretiker Rudolf Kjellén stellte den »Lebensformen« Pflanze, Tier und Mensch die Lebensform Staat zur Seite.[10] Er bezeichnete den Staat als »eine wirkliche Persönlichkeit mit eigenem Leben«, als einen »Organismus im biologischen Sinne«. Solche Anschauungen führten zu manchen recht

oberflächlichen anthropomorphistischen Vergleichen – besonders bei J. Bluntschli, der dem Staat sogar männliches Geschlecht zuschrieb (im Gegensatz zur Kirche, die »weiblich« sei). Richard Thoma sprach von einer »organologischen Gespensterlehre«.
Auch ein Biologe, kein geringerer als Oskar Hertwig, wagte sich auf das schlüpfrige Pflaster der Allgemeinen Staatslehre.[11] Er knüpfte an Ernst Kapp an, der in seinen »Grundlinien einer Philosophie der Technik« (1877) den Staat als einen »sich dem Menschenleib nachbildenden Organismus« bezeichnet hatte. Nach Hertwig ist der Staat »eine dem Menschen übergeordnete, höhere Form von Organismus«. Die von ihm aufgezeigten Analogien waren fundierter als die der meist mystisch orientierten Organologen. Aber er fand nur wenig Beachtung.
Von der Energontheorie her ist der Staat – wie ich noch ausführen werde – ein ziemlich kompliziertes Zwitterwesen, einerseits Organ des Menschen, anderseits selbständiges Energon. Nach der oben gegebenen Einteilung gibt es sowohl Staaten, die man als extrem erweiterte Berufskörper von Einzelpersonen ansehen kann, als auch andere, die als überindividuelle Gebilde unter die Erwerbsorganisationen einzureihen sind.
Es gab jedoch nicht nur in der Staatslehre Verfechter des Gedankens, daß die vom Menschen geschaffenen Organisationen den tierischen und pflanzlichen Körpern vergleichbar wären. Sowohl bei Philosophen als auch bei Naturforschern tauchte immer wieder der Gedanke auf, daß den organisierten Erscheinungen ein gemeinsames Prinzip innewohnen müsse.

4

Immanuel Kant sprach als erster den Gedanken von einem »Urbild« aller Tiere und Pflanzen aus. Er schrieb, daß eine noch fehlende »Naturgeschichte« die »Abartungen« der Geschöpfe vom »Urbild« lehren würde.[12] Kant hielt die »Abstammung der Arten aus einer einzigen Gattung« für denkbar.
Albrecht Dürer glaubte an ein geheimes Bildungsgesetz, das er aus der Natur »herauszureißen« sich bemühte. Die Mannigfaltigkeit

der Formen beruhte für ihn auf der Abwandlung (»Verkehrung«) einer Grundform, eines »Kanons«, dessen Vorhandensein in der Vergleichlichkeit der Geschöpfe ihren Ausdruck fände.
Die gleiche Idee wurde zum Leitfaden in Goethes naturwissenschaftlichen Bemühungen. Er suchte nach der »Urpflanze« und nach dem »Urtier«, dachte dabei aber nicht an einen gemeinsamen Ahnen, sondern an je eine gemeinsame Grundstruktur, auf die sich die Vielheit der Pflanzen und der höheren Tiere zurückführen ließe. Diese Urbilder versuchte er »wo nicht den Sinnen, doch dem Geiste nach darzustellen«.
Auf Grund dieser auf das verborgene Gemeinsame gerichteten Sicht gelangen Goethe zwei bedeutende Entdeckungen. In der Botanik entdeckte er die Metamorphose des Blattes: Bildungen wie Dornen und Ranken, aber auch Staubgefäße und Stempel sind umgewandelte Pflanzenblätter.[13] In der Zoologie entdeckte er den Zwischenkieferknochen beim Menschen. Dieser war bis dahin nur bei Affen und anderen höheren Wirbeltieren nachgewiesen worden, und man erachtete es als Besonderheit, daß dem Menschen dieser Schädelknochen fehlte. Er suchte genauer – und fand den Knochen wirklich.[14]
Auch der berühmte Akademikerstreit in Paris (1830) bezog sich auf die Frage eines »verborgenen Gemeinsamen«. Geoffroy St.-Hilaire behauptete, es gäbe einen einheitlichen, das ganze Tierreich beherrschenden Plan (»unité de composition organique«). Cuvier, der in diesem Streit als Sieger betrachtet wurde, bestritt dies.
Knapp zehn Jahre später begründeten dann die deutschen Naturforscher Schleiden und Schwann die Zellenlehre, und weitere zwanzig Jahre darauf verhalf Charles Darwin der Evolutionslehre zum Durchbruch. Diese hatte bereits Jean Baptiste Lamarck 1809 – im Geburtsjahr Darwins – in einem wenig gelesenen Buch vorgetragen,[15] aber erst Darwin, der ein eindrucksvolles Volumen an Beweisen zusammentrug, fand breite Aufmerksamkeit und Anerkennung.
Durch diese beiden Lehren schien das verborgene Gemeinsame, das Kant, Goethe, Geoffroy St.-Hilaire und andere gesucht hatten, entdeckt zu sein. Schon die Zellenlehre bedeutete eine geradezu ungeheure Vereinheitlichung. Sie wird heute in jeder Schule gelehrt, aber ihre volle Konsequenz wird nur den wenigsten bewußt:

Alle Pflanzen und alle Tiere sind aus der gleichen Grundeinheit »Zelle« aufgebaut. Im Wasser leben solche Zellen als selbständige Organismen – die »Einzeller«. Sie vermehren sich durch Teilung. Die weit größeren »Vielzeller« – alle größeren Pflanzen und Tiere einschließlich des Menschen – gehen gleichfalls aus einer einzigen Zelle, der »Keimzelle«, hervor. Auch diese teilt sich, aber die so entstehenden Tochterzellen trennen sich dann nicht. Es kommt zur Bildung immer größerer Zellklumpen – und in diesen findet eine Arbeitsteilung statt. Bei manchen der so entstehenden größeren »Organismen« bilden die Zellen Blattgewebe, bei anderen Muskeln, Knochengewebe etc. Alle tierischen und pflanzlichen Organe werden so von der immer gleichen Grundeinheit aufgebaut. So verschieden also die höheren Tiere und Pflanzen auch aussehen mögen – eine Biene, eine Tanne, ein Stachelschwein –, alle sind sie samt und sonders aus der gleichen Grundeinheit »Zelle« aufgebaut.
Die Abstammungslehre von Lamarck und Darwin erklärte diese erstaunliche Übereinstimmung durch natürliche Verwandtschaft. Sämtliche Pflanzen und Tiere – der Mensch miteingeschlossen – stammen von Einzellern ab. Sie alle sind Äste an dem gleichen gigantischen Stammbaum des Lebens. Den Beginn dieses Prozesses datiert man heute auf vier Milliarden Jahre zurück.
Die nachfolgenden Forschergenerationen konnten mit immer besseren Geräten und Methoden beide Lehren durch eine sehr große Zahl weiterer Beweise erhärten. Gegenbeweise tauchten nicht auf. Daß dieser Prozeß – die »Evolution« – wirklich stattgefunden hat, kann heute nicht mehr ernsthaft bezweifelt werden.
Noch eine dritte verborgene Gemeinsamkeit wurde entdeckt. Bei allen Tieren und Pflanzen ist das in den Zellen verborgene Erbrezept (»Genom«) nach ein und demselben Prinzip aufgebaut. Im Elektronenmikroskop wurde es bereits für das menschliche Auge sichtbar gemacht. Es sind außerordentlich lange, fadenartige Moleküle der Nucleinsäure, auf denen die einzelnen Entwicklungskommandos wie Buchstaben aufgereiht sind. (Vgl. Abb. 24, 25.) Unsere heutige Kenntnis der Anordnung und Struktur der menschlichen Erbanlagen verdanken wir nicht etwa dem Studium menschlicher Keimzellen. Wir verdanken sie Untersuchungen, die zuerst Gregor Mendel an Erbsen, dann T. H. Morgan an Taufliegen und später andere Forscher vornehmlich an Bakterien und Viren durchgeführt

haben. Man führe sich in aller Konsequenz vor Augen, was das bedeutet: Selbst zwischen dem Menschen und den winzigen Bakterien besteht immer noch eine so enge Verwandtschaft, daß wir aus der inneren Struktur der Bakterien auf die der menschlichen Keimzellen schließen können!

Somit ist durchaus verständlich, daß man heute in der Biologie – und in den Naturwissenschaften ganz allgemein – die Frage nach dem »verborgenen Gemeinsamen« als längst überholt und beantwortet ansieht. Ganz in diesem Sinne äußerte sich der Nobelpreisträger Werner Heisenberg. Er schrieb, daß man im »Goetheschen Sinne« die Nucleinsäure als Urlebewesen bezeichnen könne – »da sie eine Grundstruktur für die ganze Biologie darstellt«. Die Elementarteilchen, aus denen die Atome bestehen, vergleicht Heisenberg mit den »regulären Körpern« in Platons »Timaios« und fährt dann fort: »Sie sind die Urbilder, die Ideen der Materie. Die Nucleinsäure ist die Idee des Lebewesens. Diese Urbilder bestimmen das ganze weitere Geschehen...«[16]

Noch schärfer brachte diesen Standpunkt der Biologe W. Zündorf im Standardwerk der Evolutionsforschung zum Ausdruck: »Die von Goethe intuitiv erschaute und dichterisch gestaltete Einheit in allem Wechsel und in aller Mannigfaltigkeit der Formen enthüllt sich dem modernen Forscher als das dem Lebendigen zugrunde liegende Erbgut. Jede lebende Gestalt dankt ihm ihr Dasein, ihre Formfülle liegt in seiner Wandlungsfähigkeit begründet.«[17]

Ich werde zu zeigen versuchen, daß diese Ansichten nur zur Hälfte richtig sind, daß eine weitere, vielleicht die wichtigste Gemeinsamkeit, bis heute unentdeckt geblieben ist. Das Erbgut – das »Erbrezept«, wie ich es nenne – war wohl für die Höherentwicklung eine wichtige Voraussetzung. Aber zu welchen räumlichen und zeitlichen Strukturen die Organismen in der Evolution gelangten, läßt sich nicht aus der Wirksamkeit der Erbrezepte erklären. Es war vielmehr die Notwendigkeit, eine im Durchschnitt positive Energiebilanz zu erzielen, die gleichsam vorschrieb, wie diese raum-zeitlichen Gebilde in ihrer jeweiligen Umwelt beschaffen sein mußten.

Die Energontheorie knüpft dort wieder an, wo die Gedankenrichtung Goethes und einiger seiner Zeitgenossen abriß. Sie behauptet, daß sich der Lebensprozeß notwendigerweise nach einem gemeinsamen Grundkonzept entfaltete. Sie behauptet, daß sich *sämtliche*

Lebewesen – um bestehen und sich weiterentwickeln zu können – gleichsam an die gleichen Regeln halten mußten und daß ebendiese Regeln auch für die raum-zeitliche Struktur der vom Menschen aufgebauten Erwerbskörper maßgebend sind.[18]
Dieses verborgene Grundgerüst ist – wie der Leser sehen wird – unanschaulich und zwingt zu einer Betrachtungsweise, die sich kraß gegen unsere gewohnten Denkkategorien wendet. Wie Goethe sagte, läßt sich dieses verborgene Gemeinsame *nicht den Sinnen, nur dem Geiste nach* darstellen.
Die Energontheorie geht aber noch um ein gutes Stück darüber hinaus, indem sie nicht nur Tiere und Pflanzen, sondern auch die vom Menschen geschaffenen Erwerbsstrukturen in ihre vergleichende Betrachtung miteinbezieht. Sie sucht – um in der Terminologie Goethes zu bleiben – nicht bloß nach dem »Ur-Organismus«, sondern nach dem »Ur-Erwerbskörper«.

5

Auch in der Wirtschaftswissenschaft und in der Soziologie tauchte die Frage nach dem verborgenen Gemeinsamen auf.
1912 und 1923 veröffentlichte der russische Nationalökonom A. Bogdanow zwei Bände über »Allgemeine Organisationslehre«, und 1919 erschienen in Deutschland drei Vorlesungen des Soziologen J. Plenge über dasselbe Thema. Weitere Schriften mit ähnlichen Fragestellungen verfaßten die Volkswirtschaftler R. Erdmann und W. Brand, der Philosoph O. Feyerabend, der Konstrukteur K. Wieser, der Ontologe F. Schmidt, die Schriftsteller F. Eulenberg und H. Domizlaff, der Wirtschaftssachverständige K. Stefanic-Allmayer und andere.[19]
Alle diese Autoren suchten – von sehr verschiedenen Ausgangspunkten her – nach dem eigentlichen »Wesen der Organisation«. Auf einen schwerwiegenden Fehler, in den die Mehrzahl dieser Autoren verfiel, möchte ich hier kurz eingehen.
Sie bezogen in ihre Betrachtungen über das Wesen des Organisierten auch Atome, Moleküle, Kristalle und Planetensysteme ein. Diese Strukturen sind zwar zweifellos »geordnet«. Was sie jedoch

grundsätzlich von den Organismen und den vom Menschen gebildeten Erwerbsstrukturen unterscheidet, ist: es handelt sich hier um Gleichgewichtszustände, jedoch nicht um Systeme, denen das Kunststück durchschnittlich positiver Energiebilanzen gelingt. Hier zieht der Energonbegriff eine klare Grenzlinie. Kein Atom, kein Molekül, kein Kristall und kein Planetensystem ist so beschaffen, daß es das eigene Potential an freier arbeitsfähiger Energie zu erhöhen imstande ist. Das ist die große Kluft, welche die anorganischen von den organischen Ordnungen trennt.[20]

Nur zwei Autoren haben meines Wissens ebenfalls die Energiebilanz zum Ausgangspunkt ihrer Betrachtungen gemacht. Der französische Soziologe Ernest Solvay versuchte – im rein Theoretischen verbleibend – mathematische Grundformeln für die Strukturen der menschlichen Gemeinschaftsbildung aufzustellen. Der zweite war der Begründer der physikalischen Chemie, der Nobelpreisträger Wilhelm Ostwald, der 1909 ein Buch »Die energetischen Grundlagen der Kulturwissenschaft« verfaßte. Er wandte sich darin an die Soziologen, blieb jedoch völlig unbeachtet, keiner der mir bekannten Organisationsforscher erwähnte seine Schrift. Ich verdanke mein Wissen darüber dem Umstand, daß Prof. Dr. E. Broda vom Institut für physikalische Chemie in Wien die Freundlichkeit hatte, die erste Rohschrift des vorliegenden Manuskriptes kritisch durchzusehen, und mich auf Ostwald hinwies. Durch Ostwald erhielt ich besonders zum Thema Energie wichtige Anregungen. Er dachte nicht evolutionär, kam jedoch in vielen Punkten zu fast genau denselben Schlußfolgerungen.[21]

Wenn unser Gehirn die vom Menschen gebildeten Berufskörper und Erwerbsorganisationen als etwas von den Pflanzen und Tieren völlig Verschiedenes betrachtet, dann liegt das in erster Linie an den »Teilen«, aus denen sich diese Strukturen aufbauen – und an der Art, wie das menschliche Gehirn diese Teile bisher in seiner Begriffskartothek eingereiht hat. Um das Gemeinsame zu sehen, müssen wir vorerst die »Schubladeneinteilung« in dieser Kartothek drastisch verändern.

Anmerkungen

[1] Schon hier sei darauf hingewiesen, daß die Verwandtschaften, die aufgezeigt werden sollen, sich nicht in die Alternative *homolog – analog* fügen. Diese heute die Bio-

logie beherrschende Bewertungsschema tritt in seiner Bedeutung zurück, es geht um weit weniger sinnfällige Zusammenhänge.

[2] Der amerikanische Soziologe und Philosoph Marshal McLuhan spricht ebenfalls von »Erweiterungen« des menschlichen Körpers, besonders im Bereich der Sinnes- und Fortbewegungsorgane. (»Die magischen Kanäle«, Düsseldorf 1968; »Das Medium ist Massage«, Frankfurt 1969.) Da seine Gedankengänge – die ebensoviel Ablehnung wie Beifall gefunden haben – nicht in einigen Worten darzulegen sind, gehe ich in Anhang V näher auf sie ein.

[3] W. Sombart urteilte ähnlich: »Nach meiner Definition ist also Arbeit ebenso die Tätigkeit, die der Dieb aufwendet, um einen Einbruch auszuüben, obwohl sie (sozial) schädlich ist.« (»Der moderne Kapitalismus«, München 1921, S. 7.)

[4] Ansätze zu »Luxus« – im Sinne nichterwerbsfördernden Aufwandes – gibt es auch bei Tieren, sowohl im Bereich ihrer körperlichen Struktur wie auch in ihrem Verhalten. In der individuellen Bilanz halten sich jedoch diese Ausgaben stets in mäßigen Grenzen. Erst beim Menschen wird die Luxustendenz zur ausgeprägten Besonderheit. Daß hier der so gesteigerte Luxusaufwand nur vom Erwerbsindividuum her betrachtet einen Sollposten darstellt, für die Gesamtlebensentfaltung dagegen ein entscheidend wichtiger *fördernder* Faktor war (und ist), wird später ausgeführt.

[5] »Beruf« weckt hier die falsche Assoziation zur Prostitution. Gemeint ist jedoch – völlig wertungsfrei – Energieerwerb.

[6] Auch Rentner und Pensionisten scheinen keinen Berufskörper zu haben. Das stimmt jedoch nicht. Im Laufe ihres Lebens haben sie sich einen Rechtsanspruch erarbeitet – er wird zu der sie schließlich erhaltenden Struktur: zu ihrem Erwerbsorgan. Solange ihnen aus dieser Quelle Ertrag zufließt, haben sie einen Berufskörper.

[7] John K. Galbraith, »Die moderne Industriegesellschaft«, München 1968.

[8] In der Betriebswirtschaft werden die Begriffe »Betrieb« und »Unternehmen« nicht immer gleich definiert. Für Nicklisch ist der Betrieb der eigentliche Produktionskörper und kann auch ein Einzelmensch sein; das Unternehmen ist dagegen die übergeordnete rechtliche Struktur. Gutenberg verwendet die beiden Begriffe fast synonym. Da dies auch dem heutigen Sprachgebrauch entspricht, schließe ich mich dieser Begriffsverwendung an.

[9] Die Begriffe »Berufstätiger« und »Erwerbsorganisation« sind im Begriff der »juristischen Person« bereits vorgebildet. Otto von Gierke fragte, welche »Wirklichkeit« diesem Rechtsphänomen zugrunde liege: diesen vom Recht anerkannten »Wesenheiten, denen es Persönlichkeit zuschreibt«. Hinsichtlich der menschlichen »Verbände« sagte er: »Um den Teil des Rechtes, der sich als Lebensordnung von Verbänden gibt, zu verstehen und zu würdigen, muß man zu erfahren suchen, was denn eigentlich das ist, was hier in das Recht hineintritt und von ihm seine Ordnung empfängt.« (»Das Wesen der menschlichen Verbände«, Rektoratsrede, Leipzig 1902.)

[10] Rudolf Kjellén, »Der Staat als Lebensform«, Berlin 1924, S. 117 u. 228.

[11] Oskar Hertwig, »Die Lehre vom Organismus und ihre Beziehung zur Sozialwissenschaft«, Berlin 1899, und »Der Staat als Organismus«, Jena 1922.

[12] »Von den verschiedenen Racen der Menschen«, in L. Voss: »Immanuel Kants Schriften zur physischen Geographie«, Leipzig 1839, S. 321 f.

[13] »Die Methamorphose der Pflanzen«, Jena 1790.

[14] »Über den Zwischenkiefer des Menschen und der Tiere«, Stuttgart 1820.

[15] »Philosophie Zoologique«, Paris 1809.

[16] »Der Teil und das Ganze«, München 1969, S. 325 f.

[17] »Idealistische Morphologie und Phylogenetik«, in G. Heberer: »Die Evolution der Organismen«, Jena 1943.

[18] In der Biologie nennt man die Eignung eines Lebewesens, sich im Lebenskampf durchzusetzen, seinen *Selektionswert*. Um die genauere Erfassung dieses der Konkurrenzfähigkeit in der Wirtschaft weitgehend entsprechenden Wertes geht es hier.

[19] Siehe Literaturverzeichnis. – Die Werke der Betriebswirtschaftler Schnutenhaus und Kosiol fallen nicht wirklich unter »Allgemeine Organisationslehre«, da sie sich fast ausschließlich mit betriebswirtschaftlicher Organisation befassen.

[20] Trotz dieser Differenz im Forschungsgegenstand kam K. Stefanic-Allmayer zu einer Reihe von Resultaten, die den in diesem Buch vorgetragenen entsprechen. Bogdanows umfangreiche Bemühungen scheiterten dagegen an der zu großen Verallgemeinerung. »Völlige Unorganisiertheit«, schrieb er, »ist ein sinnloser Begriff, im Grunde genommen dasselbe wie völliges Nichtsein.« Somit versuchte er, gemeinsame Kategorien für *schlechthin alles* zu finden ... ein Weg, der nur zur Aufdeckung höchst oberflächlicher Parallelen führen konnte.

[21] In einer seiner letzten Arbeiten definiert Konrad Lorenz die Lebewesen als energie- und informationserwerbende Systeme, die sich durch einen doppelten Regelkreis auszeichnen: der eine führt zu Energieerwerb, der andere zum Informationserwerb. (»Innate Bases of Learning«, in: K. H. Pribram, »On the Biology of Learning«, New York 1969.) Lorenz kommt damit dem hier vertretenen Standpunkt nahe. Er sieht jedoch, wie auch in der Kybernetik üblich, im Informationserwerb das Primäre. Die Energontheorie vertritt den Standpunkt, daß dieser nur ein notwendiges Hilfsmittel, also etwas Sekundäres ist.

II
Die Funktionsträger

Ich bin bereit, die revolutionäre These zu vertreten, daß zu viele Experimente und Beobachtungen gemacht und publiziert werden und zuwenig über sie nachgedacht wird.
August Krogh (1929)

Unser Blick auf das Leben ist durch den absoluten Schnitt verdunkelt, unmöglich gemacht, den wir immer wieder zwischen dem Natürlichen und dem Künstlichen machen.
Pierre Teilhard de Chardin (1925)

1

Wer der Energontheorie ablehnend gegenübersteht – und das ist ja wohl zunächst jedermann –, wird sich mit diesem und dem folgenden Kapitel besonders auseinandersetzen müssen. Hier versuche ich, den eigentlichen Fehler in unserem bisherigen Denken aufzuzeigen.

Man führe sich die große Verschiedenheit eines Organismus und einer vom Menschen gebildeten Erwerbsstruktur an einem praktischen Beispiel vor Augen. Vergleichen wir etwa den Körper einer Eidechse mit einem größeren Betrieb, etwa mit einer Maschinenfabrik. So ziemlich alles erscheint da unseren Sinnen grundverschieden.

Der Körper der Eidechsen besteht aus Geweben und Organen, die aus lebenden Zellen bestehen oder zumindest von solchen aufgebaut sind (etwa die Knochen). In der Fabrik sehen wir aus Stein und Beton gebildete Wände, aus Eisen gefertigte Maschinen, aus totem Holz bestehende Einrichtungen. Der Körper der Eidechse ist eine organisch verwachsene Ganzheit; in der Fabrik sind wohl die Maschinen festgeschraubt, und alles hat mehr oder minder seinen Platz – auch dieser Betrieb ist eine Art Ganzheit –, organisch verwachsen sind die Teile aber nicht. Die hier tätigen Menschen bewegen sich frei umher. Der größte Unterschied ergibt sich jedoch, wenn man nach der Herkunft der einzelnen »Teile« fragt. Bei der Eidechse ist alles aus einer gemeinsamen Keimzelle hervorgegangen – nach den Kommandos der in den Chromosomen gelegenen Erbanlagen bildete sich durch Zellteilung und Zelldifferenzierung allmählich dieser Körper. Die Maschinenfabrik ist völlig anders entstanden. Der Unternehmer formte in seinem Gehirn einen Plan, der hier Wirklichkeit wurde. Er entschloß sich, ein Werk von ebendieser Größe zur Herstellung bestimmter, auf dem Absatzmarkt benötigter Maschinen aufzubauen. Diese Grundidee wurde von Fachleuten ausgearbeitet, Kapital wurde beschafft, die einzelnen Gebäude in Auftrag gegeben, Maschinen und Werkzeuge bestellt, geeignete Fachkräfte engagiert. Fast jeder Teil in diesem Betrieb hat andere Herkunft. Manche – etwa die Generatoren – waren fertig, ehe der Unternehmer überhaupt die Idee zu dieser Gründung hatte. Die übrigen wurden an verschiedenen Stellen erzeugt, eine große Zahl kam aus anderen Ländern. Manche der Werksangehörigen hatten vorher in anderen Betrieben gearbeitet. Alles wurde an diesen Ort gebracht und nach einem bestimmten Plan kombiniert. Die Entstehung der »Teile« vollzog sich hier somit völlig anders als bei der Eidechse.

In *einer* Eigenschaft allerdings sind die Teile der Eidechse und der Maschinenfabrik einander völlig gleich. Jeder Teil – hier wie dort – hat eine bestimmte Funktion, ist also aufgabenerfüllend. Teile, die keine Funktion haben, sind hier wie dort überflüssig, ja unter Umständen eine Belastung. Damit sind wir bereits auf einen gemeinsamen Faktor gestoßen. Ob es eine Eidechse ist oder ein Betrieb: funktionslose Teile sind ein Nachteil – sofern sie Abläufe behindern oder Kosten verursachen, also die Konkurrenzfähigkeit negativ beeinflussen. In der Bilanz kommt das notwendigerweise zum Ausdruck. Stehen zwei Energone – wie immer sie aussehen mögen – im Konkurrenzkampf und sind sie einander in allem gleich, ist jedoch das eine durch funktionslose Einheiten belastet, dann hat das andere einen Vorteil.

Dieses gemeinsame Kriterium der Konkurrenzfähigkeit bedarf genauerer Betrachtung. Wie spielt sich die Aufgabenerfüllung der »Teile« im einzelnen ab?

Hier wie dort gibt es Einheiten, die bloß eine einzige Funktion erfüllen, sowie andere, die mehrere ausüben. Die Augen der Eidechse dienen zu nichts anderem als zum Sehen, die Leber dagegen hat mehr als fünf verschiedene Funktionen. Ähnliche Unterschiede gibt es in der Fabrik. Die Generatoren leisten keinen anderen Dienst als den, Strom zu erzeugen. Dagegen hat der kaufmännische Direktor – der letztlich ja ebenfalls eine aufgabenerfüllende Einheit dieses Betriebes ist – eine ganze Reihe von Funktionen. Eine weitere Ähnlichkeit besteht darin, daß hier wie dort Einheiten Bestandteile größerer Einheiten sind. Im Verhältnis zueinander können die Teile anderen über- beziehungsweise untergeordnet sein. Bei der Eidechse ist die Iris ein Teil des Auges und dieses wiederum ein Teil des Kopfes. Bei dem Betrieb sind die Zähne eines Zahnrades funktionelle Einheiten dieses Rades, das Rad selbst ist eine funktionelle Einheit der betreffenden Maschine. Dabei ist die größere Einheit nicht unbedingt wichtiger als ihr Teil. Ohne Iris funktioniert das Auge der Eidechse nicht, ohne Zahnrad funktioniert die Maschine nicht. Worauf es also letztlich hier wie dort bei jeder der vielen Einheiten ankommt, sind ihre Funktionserfüllungen. Wie immer sie aussehen, sie sind *Funktionsträger*. An ihrem jeweiligen Raum-Zeit-Punkt üben sie im Rahmen des Gesamtgefüges benötigte Funktionen aus. Daraus ergibt sich ihre Zweckmäßigkeit – ihre Notwendigkeit.

Das ist nicht nur bei Eidechse und Maschinenfabrik so, sondern gilt überhaupt für alle tierischen und pflanzlichen Organismen und für alle von Menschen geschaffenen Erwerbsstrukturen. *Sie bestehen samt und sonders aus Funktionsträgern.* Je besser und billiger, das heißt je energiesparender die jeweilige Funktion erbracht wird, desto günstiger für das Energon. Die Bilanz wird verbessert – und dadurch wieder die Konkurrenzfähigkeit.

Hier mag eingewendet werden, das sei eine Binsenwahrheit, das wisse sowieso jeder. Das ist insofern nicht richtig, als wir nun eine gemeinsame Eigenschaft ermittelt haben, die eine gemeinsame Bezeichnung dieser äußerlich so verschiedenen »Teile« rechtfertigt. Jedes Energon ist samt und sonders aus *Funktionsträgern* aufgebaut. Leistungsschwache oder funktionslose Einheiten sind für jedes Energon Klötze am Bein. Um konkurrenzfähig zu sein, muß das Energon sich ihrer nach bester Möglichkeit entledigen.

In der Soziologie und Staatslehre sind Wortverbindungen mit dem Begriff »Träger« ziemlich verbreitet. Man spricht dort von »Trägern der Staatsgewalt«, von »Trägern der öffentlichen Meinung«,

von Organisationsträgern, Kulturträgern, Rechtsträgern und Machtträgern.[1] Othmar Spann, der, von ganz anderen Vorstellungen ausgehend, zu manchen ähnlichen Ergebnissen kam, bezeichnete die Produktionsmittel als »Leistungsträger«. Gutenberg verwendete für Einheiten in Betrieben das Wort »Funktionsträger«, das auch in der Biologie bereits aufgetaucht war.[2] Ich übernehme diese anschauliche Bezeichnung. Sie charakterisiert die für alle Einheiten, aus denen sich arbeitsteilige Gefüge zusammensetzen, wesentliche Eigenschaft. Sie sind Träger von Funktionen.
Funktionsträger[3] sind sowohl Gewebe als auch Organe oder einzelne Zellen, sowohl die »Organellen« innerhalb der Zellen als auch die aus zahlreichen Organen aufgebauten »Organapparate« (etwa der Fortpflanzungsapparat) und die »Organsysteme« (etwa das Nervensystem).
In den Betrieben sind Gebäude, Anlagen und Maschinen Funktionsträger, ebenso Angestellte, Abteilungen und Stäbe. Im Staat ist jedes Ministerium ein Funktionsträger, ebenso jede Behörde, jeder Polizist und jedes Ressort.
Nach dieser Gemeinsamkeit nun zu den Verschiedenheiten. Bei den Tieren und Pflanzen sind die Teile aus lebender Substanz aufgebaut. Sie sind fest miteinander verwachsen. Sie gehen aus einer gemeinsamen Keimzelle hervor. Das sind die drei wesentlichen Punkte, in denen sie sich von den künstlich gebildeten Einheiten unterscheiden, aus denen sich die Berufskörper und Erwerbsorganisationen aufbauen. Ich behaupte, daß keines dieser Unterscheidungsmerkmale von wirklich grundsätzlicher Bedeutung ist. Es handelt sich hier bloß um ein anderes Wachstums- und Bildungsprinzip, das schon bei den Organismen nachweisbar ist, jedoch erst beim Menschen zur Entfaltung kam und unseren eminenten Aufstieg ermöglichte.
Wir wenden uns jetzt einigen bisher als Nebensächlichkeiten abgetanen Phänomenen zu, die jedoch zum Verständnis der Evolution von allergrößter Bedeutung sind.

Erstes Objekt unserer Betrachtung: die Stacheln eines Rosenstrauches. Funktion dieser spitzen Bildungen ist es, größere pflanzenfressende Tiere vom Verspeisen der Blätter abzuhalten. Sie üben also Schutzwirkung aus. Aufgebaut sind sie aus Zellen. Später sterben diese ab, indem sie immer mehr verholzen. Der Stachel wird dadurch noch härter, seine Abwehrwirkung entsprechend größer. Das ist ein Beweis dafür, daß die Funktionserfüllung nicht unbedingt und notwendigerweise an den lebenden Zustand geknüpft ist. Im Falle dieser Stacheln wird die Funktionserfüllung sogar verbessert, wenn das lebende »Material« in den toten Zustand übergeht.[4]

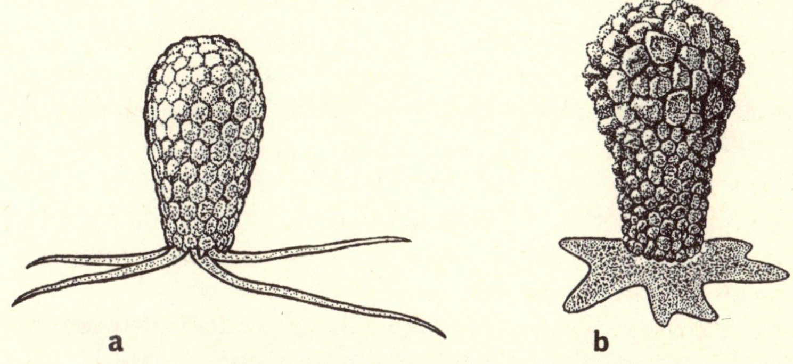

Abbildung 2: Organbildung bei Amöben

a) Amoeba euglypha baut aus selbstgebildeten Kalkplättchen ein schützendes Gehäuse auf.
b) Amoeba difflugia bildet ein ganz ähnliches Gehäuse aus Sandkörnchen. Sie verwendet also bereits fertig in der Umwelt vorhandene Einheiten und macht diese zu Bestandteilen ihres Wirkungskörpers.

Bei Bäumen ist es ähnlich. Wenn durch Verholzen der Zellen der Stamm abstirbt, verbessert sich dessen Funktionserfüllung. Die gewaltige Last der Baumkrone einer Eiche könnte wohl kaum von einem Stamm, der aus lebenden Zellen besteht, getragen werden. In anderen Fällen wird der Funktionsträger von vornherein aus totem Material aufgebaut. Das zeigen die Skelette der Radiolarien, die Panzer der Krebse und Insekten, die Schalen der Schnecken und Muscheln. Die lebenden Zellen üben hier nur noch die Funktion

der Herstellung aus. Der Funktionsträger selbst besteht von Anfang an aus anorganischem beziehungsweise totem Material.
Der Funktionsträger muß aber nicht einmal unbedingt von den Zellen selbst hergestellt sein. Das zeigen etwa Amöben, die Schutzpanzer bilden. Bei der Gattung *Euglypha* scheidet das Tier selbst kleine Kalkplättchen ab, bei der Gattung *Difflugia* wird durch Zusammenkitten von Sandkörnern ein ganz ähnlich aussehendes Gehäuse gebildet (Abb. 2). Vom Standpunkt der Energiebilanz bedeutet das, daß die Amöben der einen Gattung das Rohmaterial in ihren Körper aufnehmen und entsprechend gestalten müssen. Das dürfte teurer kommen als die Verwendung von Sandteilchen, wenn solche in der Umwelt reichlich vorhanden sind. Für beide Tätigkeiten ist – das muß man im Auge behalten – ein besonderes, irgendwo im Körper verankertes Aktionsrezept notwendig, das sich in der Generationsfolge bilden mußte. Wir stehen hier also schon bei Einzellern vor verschiedenen »Verfahren«, die zur Bildung eines ungefähr gleich wirksamen Funktionsträgers führen. Im einen Fall wird der Funktionsträger vom Körper selbst hervorgebracht, im anderen bedient sich der Körper schon bestehender Einheiten. Von der Bilanz her ergibt sich daraus kein grundsätzlicher Unterschied. Worauf es ausschließlich ankommt, sind die Abwehrwirkung des Panzers und dessen Herstellungskosten.
Solche Beispiele gibt es in großer Zahl. Die Bienen bauen ihre Waben aus körpereigenem Material, dem aus Drüsen abgeschiedenen Wachs. Die Wespen bauen ganz ähnliche Waben aus Pflanzenteilen, die sie zerkauen und mit Abscheidungen aus Munddrüsen zusammenleimen. Von der Bilanz her ist hier wie dort bloß von Bedeutung, was jeder dieser Vorgänge an Energie kostet und wie gut die Waben die benötigte Leistung erbringen. Ob sie aus Material bestehen, das vom Körper abgeschieden oder von anderswoher gewonnen wird, fällt nicht ins Gewicht.
Noch ein Beispiel: Besonders für Landtiere sind Organe wichtig, die dem Körper melden, wo oben und unten ist. Meist haben diese Funktionsträger die Form eines Bläschens, das mit druckempfindlichen Zellen ausgekleidet ist und in dem sich kugelige oder scheibchenförmige Körper befinden (Statolithen). Je nach der Lage des Tieres drücken diese auf die eine oder andere Seite, das wird dem Zentralnervensystem weitergemeldet und dort verarbeitet.

Bei den meisten Tieren werden die Statolithen von Zellen abgeschieden. Bei den zehnfüßigen Krebsen dagegen mündet das Bläschen mit einer Öffnung nach außen, und der Krebs stopft (nach jeder Häutung) durch diese Öffnung Sandkörner oder kleine Steine hinein, die ihm nun als Statolithen dienen. Daß sie für ihn wichtige – ja unentbehrliche Funktionsträger sind, steht außer Zweifel. Sind sie nun etwa nicht Teile seines Körpers, nur weil sie nicht von dessen Zellen abgeschieden wurden?

3

Nächste Frage: Ist nur *das* Teil eines Tieres oder einer Pflanze, was mit ihm verwachsen ist? Betrachten wir die Erwerbsformen einiger Wassertiere und einiger Spinnen (Abb. 3).

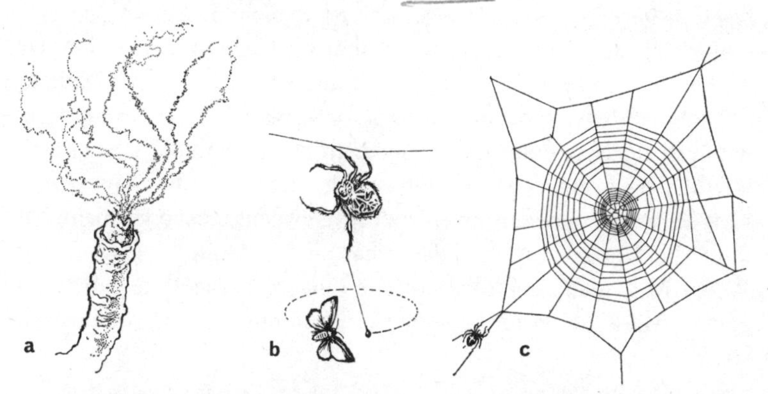

Abbildung 3: Verwachsene und nicht verwachsene Organe

a) An den klebrigen Farngarmen eines »Leimrutenfängers« (*Vermetus*) haften vorbeitreibende Kleinlebewesen fest.
b) Die Lassospinne (*Dicrostichus*) schleudert einen Faden mit klebrigem Endtröpfchen gegen Insekten und erbeutet sie so.
c) Das Fangorgan der Netzspinne. Ihr Netz ist nicht mehr mit ihrem Körper verwachsen.

Unter den Meereswürmern gibt es Arten, die Kleinlebewesen mittels klebriger Fortsätze fangen. Diese sind fadenartige, um das Maul angeordnete Organe, die wie eine Leimrute vorgestreckt werden. Vorbeischwimmende Kleinlebewesen kleben daran fest, die Fortsätze werden eingezogen, und die Beute wird verspeist. Auch in anderen Tiergruppen gibt es diese Erwerbsart, man faßt diese Tiere als »Leimrutenfänger« zusammen. Daß diese Leimruten vom Körper hervorgebrachte und mit diesem verwachsene Organe sind, steht außer Zweifel.

Eine ähnliche Erwerbsart übt die australische Spinne *Dicrostichus* aus. Sie scheidet aus einer Spinndrüse einen Faden ab, an dessen Ende sich ein klebriges Tröpfchen befindet. Diesen hält sie wie ein Lasso mit einem Vorderbein und schleudert ihn gegen vorbeikommende Insekten. Klebt eines daran fest, wird es herangezogen und verspeist. Das Fangwerkzeug ist hier noch immer vom Körper hervorgebracht – richtig verwachsen ist es aber nicht mehr.

Schließlich die uns wohlbekannten Spinnen, die ein Netz bauen. Dieses ist bereits völlig getrennt vom Körper der Spinne. Gehört es nun zu ihrem Körper oder nicht?

Nach bisheriger Denkgepflogenheit ist es nicht Teil des Körpers – einfach deshalb, weil es nicht mit ihm verwachsen ist. Stellen wir nun aber Leimrutenfänger, Lassospinne und netzbauende Spinne nebeneinander, dann wird offenbar, daß eine solche Trennung ganz willkürlich ist. Von der Bilanz her betrachtet – und diese ist es, die letztlich über Sein und Nichtsein entscheidet – ist es durchaus irrelevant, ob das Fangorgan am Körper festgewachsen ist oder nicht. Im Falle der Netzspinne wäre das sogar ein Nachteil.

Weder ist es also wesentlich, ob die Funktionsträger aus körpereigenem Material bestehen, noch daß sie mit diesem verwachsen sind.[5]

4

Dritter und wichtigster Punkt: Gehören nur solche Einheiten zu einem Tier oder einer Pflanze, die von der Keimzelle hervorgebracht wurden?

Der Panzer der Amöbe *Difflugia*, die Waben der Wespen und die Statolithen der zehnfüßigen Krebse haben uns bereits gezeigt, daß dem durchaus nicht so ist. Dafür gibt es aber noch viel eindrucksvollere Beispiele (Abb. 4).

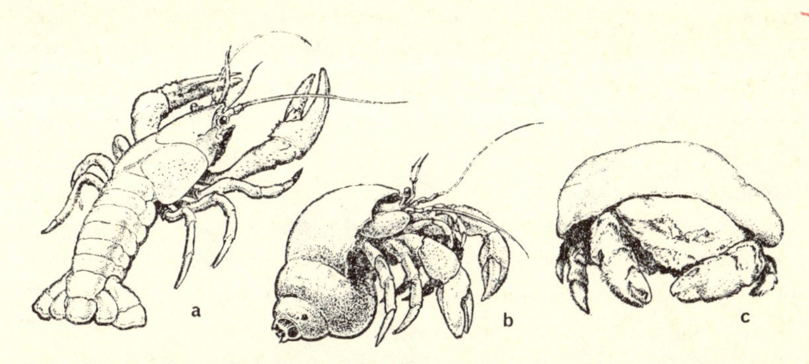

Abbildung 4: Organerwerb bei Tieren

a) Bei den Krebsen ist normalerweise der Schwanz ebenso gepanzert wie der übrige Körper (Flußkrebs).
b) Der Einsiedlerkrebs verwendet leere Schneckenhäuser als schützende Panzer; er »erspart« sich die Panzerung des Schwanzes.
c) Die Wollkrabbe (*Dromia vulgaris*) steigert die Abwehrkraft ihres natürlichen Panzers durch Tarnung. Sie schneidet mit ihren Scheren einen Schwamm derart zurecht, daß er ihren Rückenschild genau bedeckt. Mit dem letzten Gehfußpaar hält sie ihn fest. Ein fremder Organismus wird so künstlich verändert und in ein Schutzorgan verwandelt.

Der Einsiedlerkrebs ist jedermann bekannt. Während bei seinen Verwandten der Schwanz ebenso gepanzert ist wie der übrige Körper, ist das bei ihm nicht der Fall. Er verbirgt sein ungeschütztes Hinterende in leeren Schneckenhäusern, die somit die bei anderen Krebsen vom Panzer ausgeübte Schutzwirkung übernehmen. Daß diese Schneckenhäuser zu sehr wichtigen Funktionsträgern für den Einsiedlerkrebs werden, läßt sich experimentell leicht nachweisen. Nimmt man ihm das Haus weg, fällt er bald anderen Tieren zum Opfer. Das Schneckenhaus besteht weder aus lebendem Material, noch ist es mit ihm verwachsen, noch hat es die eigene Keimzelle hervorgebracht.
Die Wollkrabbe (*Dromia vulgaris*) tarnt sich, indem sie mit dem letzten Gehfußpaar einen Schwamm über ihren Rücken hält. Auch dadurch wird eine Schutzwirkung erzielt – die Leistung geht hier aber noch um ein Stück weiter als beim Einsiedlerkrebs. Bei diesem sind wohl Verhaltensrezepte entwickelt, die ihn befähigen, leere

Schneckenhäuser zu erkennen und sie seinem Körper anzugliedern – ja unter mehreren wählt er sogar eines von passender Größe aus. Aber irgendwelche Veränderungen nimmt er daran nicht vor. Die Wollkrabbe dagegen schneidet sich den Schwamm mit ihren Scheren zurecht, bis er die zum Bedecken ihres Rückens passende Größe und Gestalt hat. Dafür sind bereits wesentlich kompliziertere – auch hier wieder angeborene – Aktions- und Reaktionsprogramme notwendig.

In diesem Fall ist die dem Körper angegliederte fremde Einheit (der Schwamm) bereits ein anderer Organismus. Bei zahlreichen Tieren führen solche Nutzbarmachungen anderer Energone noch wesentlich weiter.

In der Außenhaut von Korallenpolypen und Muscheln findet man in großer Zahl einzellige Algen. Sie sind derart in das Körpergewebe verwoben, daß sie oft nur durch ihre Färbung von den übrigen Zellen zu unterscheiden sind. Beide Teile profitieren von diesem Verhältnis – es ist eine »Symbiose«. Die Algen benötigen Kohlendioxyd, das in den tierischen Zellen als Stoffwechselprodukt abfällt. Es kann von ihnen also unmittelbar aufgenommen werden. Die tierischen Gewebe wieder benötigen Sauerstoff – diesen geben die Algen ab. Beim Wurm *Convoluta*, in dessen Körper ebenfalls solche Algen leben, geht das Abhängigkeitsverhältnis bereits so weit, daß dieser – im Gegensatz zu seinen Verwandten – kein Nierensystem mehr ausbildet. Die Algen beseitigen seine Stoffwechselschlacken. Verhindert man bei jungen Würmern dieser Art, daß sie sich mit solchen Algen infizieren, gehen sie bald zugrunde. Ohne eine entsprechende Einheit, die die innere Entgiftung bewerkstelligt, ist dieser Organismus nicht lebensfähig. Sind diese Algen nun Organe von *Convoluta* oder sind sie es nicht? Sie entstammen nicht seiner Keimzelle.

Dieser Punkt ist so wichtig und wendet sich so radikal gegen das bisherige Grundkonzept[6] sowohl der Biologie als auch des allgemeinen Denkens, daß ich noch weitere Beispiele anführe.

Eine sehr schwer aufschließbare Nahrung ist die im Holz enthaltene Zellulose. Zu ihrer Verdauung (Spaltung) ist ein besonderes Ferment notwendig, das nur wenige Tiere erzeugen. Die Termiten, die ausschließlich von Holz leben, schaffen die Aufschließung auch ohne Produktion eines solchen Stoffes – und zwar mit Hilfe von Einzellern, die in einem Abschnitt ihres Darmes leben. Diese Organismen treten somit funktionell an die Stelle von sonst notwendigen Drüsen. Tötet man diese »Verdauungshelfer« – was durch Sterilisierung möglich ist –, frißt die Termite zwar weiter, verhungert jedoch. Auch hier stellt sich die Frage: Gehören diese Einzeller nun zu ihrem Körper oder nicht? Ohne sie kann das Energon »Termite« nicht existieren – doch aus der Keimzelle sind sie nicht hervorgewachsen.

Es geht noch weiter: Andere Insekten, die mit Hilfe ähnlicher Verdauungshelfer Blut und Pflanzensäfte aufschließen, haben diese in besonderen, oft recht komplizierten Behältern untergebracht. Es sind vom Erbrezept aufgebaute Organe, »Mycetome« genannt (Abb. 5). Bei manchen Arten werden eigene Kanäle und Spritzvorrichtungen ausgebildet, die lediglich die Funktion haben, die Verdauungshelfer auf die Eier zu übertragen – also die Weitergabe an die Brut zu sichern. Beim Brotkäfer beschmiert das weibliche Tier die abgelegten Eier mit Kot, und den ausschlüpfenden Jungen ist das Verhalten angeboren, einen Teil der Eischale aufzufressen. So gelangen sie an die für sie lebensnotwendigen Verdauungshelfer.

Sollen nun alle diese Hilfseinrichtungen (Organe, Verhaltensrezepte) zum Körper gezählt werden, weil sie vom Erbrezept geschaffen wurden, die Einheiten aber, die die eigentliche Funktion ausüben, nicht? Die bisher übliche Betrachtungsweise ist – gelinde gesagt – oberflächlich.[7]

Weder ist es Kriterium für die Zugehörigkeit zu einem Organismus, daß die Teile aus lebender Substanz bestehen müssen; noch müssen sie mit dem Körper fest verwachsen sein; noch müssen sie von der Keimzelle aufgebaut worden sein.

Sehr deutlich zeigt das auch das heute so aktuelle Thema der Organverpflanzung: Das Herz, das Dr. Barnard seinem Patienten Blaiberg einpflanzte, war nicht aus dessen Keimzelle entsprungen. Es gehörte zu einem anderen Körper, der 24 Jahre lang durchaus andere Wege ging. Für Blaiberg war das belanglos. Wesentlich für ihn war, daß sein eigener Funktionsträger »Herz« die erforderlichen Dienste nicht mehr leistete und er ohne einen solchen nicht weiterleben konnte. Eine andere Einheit konnte dazu gebracht werden, diesen Dienst zu übernehmen – woher sie stammte, war sekundär.

Schon seit längerer Zeit setzt man bei defekter Herztätigkeit

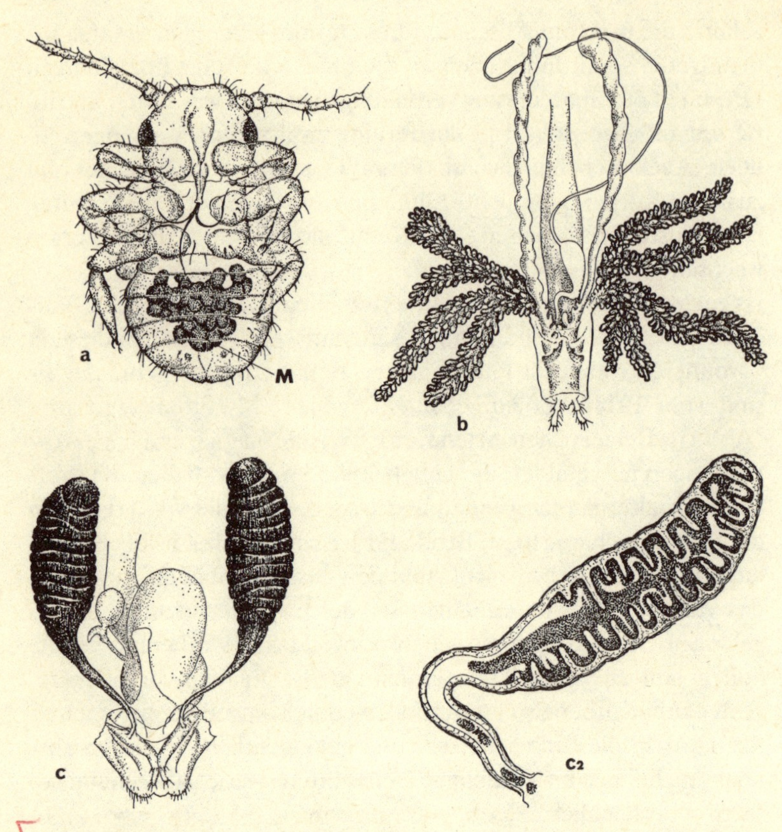

Abbildung 5: Körpereigene Organe zur Beherbergung und Übertragung von »Verdauungshelfern«

a) Blattfloh (*Psylla buxi*) mit verzweigten Mycetomen (»Symbiontenherbergen«) im Abdomen (M).
b) »Beschmiereinrichtung« bei *Cerogria heros*. Die Bakterien sind hier in sackartigen Ausstülpungen untergebracht, die in unmittelbarer Verbindung mit dem Legeapparat stehen. Die Eier werden so bei der Ablage mit Bakterien infiziert.
c) »Bakterienspritze« bei *Cleonus piger* (einem Rüsselkäfer). Hier sind die sackartigen Ausstülpungen mit einer Längsmuskulatur versehen, und die Mündungsöffnung ist von einem Schließmuskel umgriffen. c2: Schnitt durch eine solche »Spritze«. Das keulenförmige Organ ist im Inneren in Kammern aufgeteilt. Durch Zusammenziehen der Säcke werden die Bakterien auf die abgelegten Eier gespritzt.

Bisher hat man diese komplizierten erblichen Organe dem »Körper« der betreffenden Tiere zugeordnet, die darin enthaltenen Verdauungshelfer, die die lebenswichtige Funktion erbringen (und denen dieser ganze Aufwand dient), dagegen nicht. Näheres im Text.

»Schrittmacher« unter die Haut ein, die dem Herz die zu seiner Tätigkeit nötigen Kommandos geben. In diesem Fall ist es ein technisches Gebilde, das eine Nervenstruktur ersetzt. Hört es zu funktionieren auf, bedeutet das den Tod des Individuums.[8]
Um die hier vorliegende Problematik vom Evolutionsstandpunkt her zu würdigen, ist es notwendig, die Kompetenzen des Erbrezeptes näher zu betrachten.

5

Die Erbrezepte (Genom) sind keineswegs eine nebulose Vorstellung. Die »Schrift«, in der sie niedergelegt sind – der »genetische Code« – kann man bereits im Elektronenmikroskop sichtbar machen (Abb. 25). Die heute bereits sehr genaue Kenntnis ihres molekularen Aufbaus verdanken wir den Forschungserfolgen der Biochemie in den letzten Jahrzehnten. Mehr als zehn Wissenschaftler haben für Teilarbeiten auf diesem Gebiet Nobelpreise erhalten.[9]
Für die Höherentwicklung der Organismen im Verlauf der Evolution waren diese Funktionsträger eine notwendige Voraussetzung. Sie geben beim Fortpflanzungsvorgang alle erblichen Eigenschaften von einem Individuum auf das nächste weiter. Nur Änderungen an diesen Funktionsträgern selbst, also am »Erbgut«, können somit zu erblichen Änderungen in der körperlichen Struktur führen.
Die Bezeichnung »Rezept« wird nur von wenigen Biologen gebraucht.[10] Ich verwende sie, um den funktionellen Unterschied zur Steuerung zu unterstreichen. Rezept und Steuerung können zusammenfallen – bei den Erbrezepten dürfte das weitgehend der Fall sein. Funktionell handelt es sich aber um zwei sehr verschiedene Aufgaben – das kann man sich am Beispiel der vom Menschen gebildeten Energone besser klarmachen als bei den Vorgängen im Körper der Tiere und Pflanzen. Wie jeder Unternehmer weiß, ist es wesentlich einfacher, Leute zu finden, die nach gegebenem Programm Befehle erteilen können, als solche, die imstande sind, selbst neue zielführende Aktions- und Reaktionsprogramme zu entwerfen. Ganz allgemein gilt: Nicht die Steuerung ist die eigentliche Essenz zielführender Abläufe, sondern die dieser Steuerung zu-

grunde liegenden Koordinationsvorschriften. Was in der Evolution der Tiere und Pflanzen so enorm lange Zeit in Anspruch nahm, war nicht das Hervorbringen von Einheiten, die Befehle ausführen (und deren Ausführung überwachen) konnten, sondern das Hervorbringen der für diese Befehle notwendigen Rezepte.[11]

Theoretisch betrachtet ist *die erste und einfachste Organisationsstufe* die, auf der das jeweilige Erbrezept keine andere Leistung erbringt, als alle für den Organismus nötigen Organe aufzubauen. In diesem Fall ist die Tätigkeit der einzelnen Organe nicht koordiniert: eine zentrale Steuerung des Verhaltens fehlt dann. Bei den meisten Pflanzen sehen wir dieses Prinzip verwirklicht. Es gibt hier wohl mancherlei Wechselwirkungen zwischen den Teilen (Korrelationen), doch ein zentrales Organ zur Verhaltenssteuerung wird nicht ausgebildet. Jede funktionelle Einheit – Blätter, Äste, Kanäle, Wurzeln – leistet bestimmte Funktionen, und das Zusammenwirken aller führt zu einer im Durchschnitt positiven Energiebilanz.

Die zweite Stufe ist dann erreicht, wenn das Erbrezept zusätzlich zu allen übrigen Funktionsträgern noch einen besonderen aufbaut, dem die Verhaltenssteuerung obliegt. Dieses Prinzip ist bei allen Tieren verwirklicht, die ein Zentralnervensystem (Gehirn) ausbilden. Wichtig ist nun dies: Für jede Steuerung muß dieses Organ über ein entsprechendes Steuerungsrezept verfügen. Auf dieser zweiten Entwicklungsstufe werden auch diese Steuerungsrezepte vom Erbrezept aufgebaut. Das Erbrezept baut also in diesem Fall nicht nur den gesamten Körper und eine zentrale Steuerungsstruktur auf, es stellt darüber hinaus auch noch die Verhaltensrezepte her, nach denen dieser Steuermechanismus den Körper dirigiert. Das bedeutet also, daß das Verhalten *angeboren* ist. Ein Beispiel sind etwa die Insekten, die weitgehend durch solche Rezepte gesteuert sind. Ihre Aktionen und Reaktionen verlaufen demgemäß sehr maschinenhaft – ihre Fähigkeit, diese abzuändern und zu erweitern, ist gering. Wir sagen: Ihr Verhalten ist »instinktgesteuert«. Wie diese »Instinkte« im einzelnen funktionieren, wodurch sie ausgelöst werden und wie sie miteinander verknüpft sind, ist schon weitgehend erforscht.[12]

Die dritte Entwicklungsstufe – es gibt hier alle erdenklichen Übergänge und Überlappungen – ist dadurch gekennzeichnet, daß das Gehirn fähig wird, selbst neue Verhaltensrezepte aufzubauen.

Diese Fähigkeit kommt besonders den Säugetieren zu. Man nennt sie deshalb »Lerntiere«. Ihre Verhaltensrezepte sind zum guten Teil nicht erblich festgelegt, sondern sie lernen das für ihr Leben Notwendige während der Jugendperiode über den Vorgang des »Spielens« und »Übens«. Da diese Tiere somit nicht fertig zur Welt kommen, ist zusätzlich entsprechender Brutschutz und Brutpflege für ihre Entwicklung erforderlich.
Auf dieser dritten Stufe baut also das Erbrezept das Steuerungsorgan auf – *liefert aber nur noch einen Teil der für das Verhalten notwendigen Rezepte*. Das Gehirn ist leistungsfähiger geworden und vermag solche in individueller Auseinandersetzung mit der Umwelt selbst zu schaffen. Diese Tiere haben den Vorteil, sich in ihrem Verhalten den Umweltbedingungen weit besser anpassen zu können. Ihre Reaktionen sind weniger maschinenhaft. Sie sind nicht mehr das Werk des Erbrezepts. Ein anderer Funktionsträger hat ihre Bildung übernommen.

Die Vorteile dieser *Funktionsverlagerung* – vom Erbrezept auf das Zentralnervensystem – liegen auf der Hand. Das Erbrezept konnte sich in der Generationsfolge nur sehr allmählich verändern – etwa durch Mutationen. Zu Veränderungen im *angeborenen* Verhalten konnte es somit in der Evolution nur sehr allmählich kommen. Und war ein solches Verhalten nicht mehr zielführend – etwa bei Veränderungen der Umweltbedingungen –, dann konnte es auch nur sehr langsam wieder zurückgebildet werden. Das Zentralnervensystem dagegen konnte nun innerhalb einer einzigen Lebensspanne neue Verhaltensrezepte ausbilden, und taugten diese nicht, konnte es sich dieser wieder entledigen – sie einfach »vergessen«. Das aber bedeutete die Möglichkeit zu einer unabsehbaren Leistungssteigerung. Die Energone konnten so um ein Tausend- oder Hunderttausendfaches schneller zu zielführenden Aktions- und Reaktionsprogrammen gelangen.[13]
Zur Gänze hat auch der Mensch diese Stufe noch nicht erreicht. Auch uns sind noch manche Verhaltensnormen angeboren, werden also immer noch vom Erbrezept diktiert. Unser eher unklares Triebverhalten gehört hierher – aber auch konkrete Bewegungskoordinationen liegen noch in erblicher Fixierung vor. Das gilt zum Beispiel für die Suchbewegungen des Säuglings nach der Mutter-

brust und für das Saugen selbst. Auch die Ausdrucksbewegungen der menschlichen Mimik dürften weitgehend angeboren sein.[14]

Die Stufenfolge lautet also:

Erste Stufe: Das Erbrezept baut alle Organe auf, deren jedes dann in eigener Kompetenz wirksam ist.

Zweite Stufe: Das Erbrezept baut zusätzlich ein besonderes Organ auf, das Zentralnervensystem, welches das Zusammenwirken der Organe koordiniert, und liefert außerdem die dazu nötigen Rezepte.

Dritte Stufe: Das Zentralnervensystem übernimmt die Funktion der Rezeptbildung. Die Rezepte sind nun nicht mehr angeboren, sondern *erworben*

Diese evolutionäre Entwicklung wurde – meines Wissens – noch nie so dargestellt, ist aber im Prinzip jedem Biologen vertraut. Völlig übersehen wurde dagegen, daß sich parallel dazu noch analog ein zweiter Entwicklungsprozeß vollzog. *Damit komme ich zum Kernpunkt.*

6

Genauso wie die Schaffung der *Verhaltens*rezepte schrittweise in die Kompetenz des Zentralnervensystems überging, verlagerte sich auch die Schaffung der *Aufbau*rezepte auf dieses Organ.

Auf der *ersten* (niedersten) Stufe baut das Erbrezept sämtliche körperlichen Strukturen auf. Alle Funktionsträger sind somit »angeboren«.

Die *zweite* Stufe demonstriert uns der Einsiedlerkrebs. Die schützende Einheit für seinen Schwanz baut nicht mehr sein Erbrezept auf – sondern deren Beschaffung erfolgt über ein Verhaltensrezept. Dem Krebs ist angeboren, nach leeren Schneckenhäusern zu suchen und seinen Schwanz darin zu verstecken. Das bedeutet: Auch diese Organbeschaffung wird immer noch vom Erbrezept diktiert – aber nur mehr indirekt. Das Erbrezept baut diese Einheit (den Panzer) nicht mehr selbst aus Zellen auf, sondern bildet ein Verhaltensrezept, auf Grund dessen der Körper diese schützende Einheit erwirbt. Die Organbeschaffung geht also auf das Zentralnervensy-

stem über – die Vorschrift, wie das zu erfolgen hat, wird aber noch vom Erbrezept geliefert.
Die *dritte* Stufe in dieser Parallelentwicklung entspricht genau jener bei der Entwicklung der Verhaltenssteuerung: Das Zentralnervensystem wird schließlich fähig, auch Rezepte zur Organfindung oder zum Organaufbau selbst zu bilden. *Das ist genau die Schwelle, die der Mensch überschritten hat.* Die geistigen Fähigkeiten unserer Vorfahren erreichten einen Punkt, wo es ihnen möglich wurde, nicht nur individuell Rezepte für das Verhalten aufzubauen – sondern auch solche zur Bildung zusätzlicher Funktionsträger.
Jedes menschliche Kind, daß die Verwendbarkeit eines Stockes erprobt oder aus Teilen eine funktionelle Einheit zusammenzufügen versucht, demonstriert uns die Anfangsstadien in dieser Entwicklung. Die Möglichkeiten, die sich für die Machtentfaltung der Energone aus diesem Fortschritt ergaben, waren außerordentlich. Das Energon Urmensch konnte plötzlich den genetisch gewachsenen Leib durch beliebig viele zusätzliche Einheiten erweitern.

7

Eine vierte Entwicklungsstufe – auf *beiden* Entwicklungsgeleisen – folgte dichtauf. Durch die Fähigkeit des Nachmachens (die nur wenige Tiere haben), durch bewußtes Vormachen (Erziehung) und vor allem durch die Entwicklung der Informationsträger »Sprache« und »Schrift« gelangte der Mensch dahin, individuell gebildete Rezepte – sowohl solche des Verhaltens als auch der Organbeschaffung oder künstlichen Organbildung – *auf andere Menschen weiter zu übertragen.*
Die besondere Bedeutung der Sprache liegt darin, daß durch sie Erfahrungen *objektunabhängig* weitergegeben (»tradiert«) werden können. Objekte brauchen dem, der neue Rezepte entwickelt, nicht mehr in *natura* vorgezeigt werden – wie es beim Vormachen und Nachmachen der Fall ist –, sie können in Sätzen »beschrieben« werden. Durch die Schrift wurde dann die Informationsweitergabe sogar *personenunabhängig.* Durch dieses Hilfsmittel kann auch über Generationen hinweg eine Weitergabe an andere Menschen

erfolgen. Radio und Fernsehen erweiterten noch diese Möglichkeiten. Heute kann eine Information in Sekundenschnelle an Menschen in jedem Weltteil gelangen.[16]

Man muß sich klarmachen, was diese Fortschritte – von der Evolution her – bedeuten.

Individuell erzielte Verbesserungen brauchten nun nicht mehr über den Weg des Erbrezeptes weitergegeben zu werden. Dieses hätte eine solche Rezeptfülle auch niemals bewältigen können. Das Zentralnervensystem dagegen – ein aus Millionen, ja Milliarden von Zellen bestehendes Organ – kann eine ungleich größere Zahl von neuen Rezepten übernehmen.[17] *Selbst* Rezepte aufbauen kann wohl das Individuum innerhalb seiner Lebensspanne nur eine sehr beschränkte Anzahl. *Von anderen übernehmen* kann es dagegen – je nach individueller Lernbegabung – ganz außerordentlich viele.

So vermochte nun eine Generation auf den Erfahrungen der vorhergehenden weiterzubauen. Der Mensch gelangte nicht nur zu *erworbenem Verhalten*, sondern auch zu einer ständig ansteigenden Anzahl *erworbener Organe*. Er bildete »künstliche Organe« – zusätzliche Funktionsträger.

Das sind evolutionäre Zusammenhänge, die man bisher nicht erkannt hat und die ich in diesem Buch nachzuweisen versuche.[18]

Wenn dieser bedeutsame Entwicklungsverlauf bis heute nicht erkannt wurde, dann liegt das an einer uns seit Jahrtausenden eingefleischten, vom Sinnfälligen her diktierten Beurteilungsform. Die vom Menschen künstlich geschaffenen Einheiten bieten sich unserem beurteilenden Gehirn als etwas deutlich Getrenntes dar: deshalb erscheint es uns *selbstverständlich*, sie nicht als dem Körper, sondern der Umwelt zugehörig zu betrachten. Von der Lebensentwicklung her läßt sich jedoch nicht rechtfertigen, daß man auf Grund einer Funktionsverlagerung den Menschen von seiner »Technik« (im weitesten Sinne) abtrennt.

Man muß sich hier daran erinnern, daß es in der pflanzlichen und tierischen Evolution sehr oft zu Funktionsverlagerungen kam. – Wir kommen auf dieses Thema noch ausführlich zurück. Ein Beispiel: Innerhalb der Weichtiere (Mollusken) übernahm bei den Tintenfischen der Atemapparat zusätzlich die Fortbewegungsfunktion: sie schwimmen durch ruckweises Ausstoßen des Atemwassers. Niemand würde deshalb auf den Gedanken kommen, die Tintenfische auf Grund dieser Funktionsverlagerung aus der Lebensentwicklung ausklammern zu wollen. Am Entwicklungspunkt »Mensch« fand jedoch – funktionell betrachtet – auch nichts anderes als eine Funktionsverlagerung statt: das Zentralnervensystem übernahm zusätzlich die Funktion des Aufbaus weiterer Organe. Die Folgeerscheinungen – das wird nicht bestritten – waren in diesem Fall ungemein größer. Diese Funktionserweiterung wurde zum Ausgangspunkt für die Bildung eines ganzen Reiches neuer, größerer Lebenskörper – so wie bereits einige Einzeller zum Ausgangspunkt der Entwicklung des Reiches der vielzelligen Organismen geworden waren. Eine neue Lebens»sphäre« entstand so, wie Teilhard de Chardin es nannte (er nannte sie »Noosphäre«).[19] Die Folgeerscheinungen waren also außerordentliche – *doch eine prinzipielle Abtrennung des vorangehenden Evolutionsteils vom darauffolgenden rechtfertigen sie keinesfalls.*

Wie früh in der Evolution diese Entwicklung einsetzte, zeigt heute noch die bereits erwähnte Amöbe *Difflugia*. Schon dieser Einzeller bildet – *erwirbt also* – ein zusätzliches Organ: aus Sandkörnern baut er sich einen Panzer auf. Bei den Korallenpolypen, beim Wurm *Convoluta* und bei den Termiten sind es dann bereits andere Energone, die in das eigene Funktionsgefüge eingebaut werden. Solange die Rezepte für solches Verhalten noch vom Genom beigesteuert werden mußten, konnte dieser Entwicklungsweg nur sehr beschränkt weiterführen. Als jedoch das Zentralnervensystem auch diese Tätigkeit übernahm, und besonders als dann über Sprache und Schrift die gebildeten Rezepte auch noch direkt an andere Individuen weitergegeben werden konnten, sprengten die Energone gleichsam die »Ketten«, die bis dahin ihre Evolution gebremst hatten. Der Weg zu einer geradezu schrankenlosen Machtsteigerung war plötzlich frei.

Betrachten wir, wohin das im einzelnen führte.

Anmerkungen

[1] W. Eucken sprach sogar von »Bedarfsträgern«. (»Grundsätze der Wirtschaftspolitik«, Hamburg 1959, S. 62.)

[2] C. C. Schneider, »Lehrbuch der vergleichenden Histologie der Tiere«, Jena 1902, S. 123.

[3] In der ersten Fassung dieses Buches entschied ich mich für die Bezeichnung »Wirkungsträger«. Ich hielt diese Bezeichnung für neutraler und daher besser. Ich

schrieb: Eine Funktion kann sehr wohl auch wirkungsarm sein. Und Wirkungen sind es, aus denen sich letztlich jedes Energon zusammensetzt. Die materiellen Einheiten, die diese Wirkungen erbringen, sind Träger dieser Wirkungen – also »Wirkungsträger«. Diese Argumentation hatte eine gewisse Berechtigung, trotzdem war mein Entschluß falsch und hat sicher dazu beigetragen, daß meine Darstellung unanschaulich wurde. Denn »Wirkung« bezieht sich auf das gesamte anorganische Geschehen. Jeder rollende Stein hat Wirkung, jedes Wassermolekül, über das eine Welle sich fortsetzt, hat Wirkung. Die Energontheorie bezieht sich jedoch ausschließlich auf das Lebensgeschehen und dort – *und nur dort* – kommt es auf Funktionen im Sinne benötigter Leistungen an. Deshalb ist die Bezeichnung »Funktionsträger« richtiger und zweckmäßiger.

[4] Eine weitere Funktion dieser Stacheln ist die Verankerung der Äste beim »Hochklettern«. Auch diese Funktion kann der verholzte Stachel besser ausüben.

[5] Dies vertrat bereits Hand Domizlaff: »Allseitige Sichtbarkeit« gehöre nicht zu den »Bedingungen eines Lebewesens«. Der »Zusammenhalt« könne auch ein unsichtbarer sein. Den Ameisenstaat hätte man nur deshalb nicht als Lebewesen – Domizlaff spricht von »Großorganismus« – angesehen, weil er nicht »äußerlich festgewachsen« sei. (»Brevier für Könige«, Hamburg 1952, S. 98.)

[6] In der »Ökologie« werden Umweltbeziehungen eingehend behandelt, doch schließt man dort aus, daß eine mit dem Zellkörper nicht verbundene Struktur in ein körpereigenes Organ verwandelt werden kann.

[7] Heute deutet man sogar die Chloroplasten aller nucleobiontischen Pflanzen (das sind solche mit kernhaltigen Zellen) als rückgebildete Einzeller (Cyanophyceen), also als Symbionten. Dies würde ihre Fähigkeit zur Eigenvermehrung erklären.

[8] Seit Abfassung der ersten Ausgabe dieses Buches hat sich die Zahl verpflanzter oder durch künstlich hergestellte Strukturen ersetzter Organe außerordentlich vermehrt. Sie alle sind Beweise dafür, daß der bisherige Organbegriff nicht aufrechterhalten werden kann.

[9] J. Lederberg (1958), A. Kornberg (1959), S. Ochoa (1959), M. F. Perutz (1962), F. H. Crick (1962), J. D. Watson (1962), M. H. Wilkins (1962), F. Jacob (1965), J. Monod (1965), N. W. Niernberg (1968), H. G. Khorana (1968), R. H. Holley (1968), M. Delbrück (1969).

[10] Zum Beispiel von dem Virusforscher W. Weidel. (»Virus, die Geschichte vom geborgten Leben«, Berlin 1957.)

[11] In der Biologie, vor allem in der Verhaltensforschung, wird heute vielfach von angeborenen »Programmen« und von »Programmiertsein« gesprochen. Dieser Begriff hat jedoch den Nachteil, daß er sich stark mit der Vorstellung eines bewußten Agens, welches das Programm vorschreibt, assoziiert (agere, lat., handeln, tun). »Rezept« scheint mir neutraler. Ein solches kann übernommen werden, wie immer es auch zustande kam (recipio = ich empfange).

[12] Eine Übersicht über den Forschungsstand gebe ich in Band 4, 1. Teil. Eine umfassende Darstellung bietet J. Eibl-Eibesfeldt in seinem »Grundriß der vergleichenden Verhaltensforschung«, München 1967.

[13] Auf einen weiteren Vorteil wies Konrad Lorenz hin: Das Genom gewinnt erhöhtes Angepaßtsein an die lebenswichtigen Bedingungen »nur durch Erfolg«, während der lernbefähigte Organismus »auch durch seine Mißerfolge lernt«. (»Innate Bases of Learning«, S. 46.)

[14] Dies vermutete bereits Charles Darwin. (»The Expression of Emotions in Man and Animals«, London 1872.) Unbemerkt geschossene Filmaufnahmen bei verschiedenen Völkern haben dies bestätigt. (Siehe Band 4, »Expedition zu uns selbst«)

[15] Die oft zitierten Beispiele für »Werkzeuggebrauch« im Tierreich sind hier einzuordnen. (Der Spechtfink benützt Kaktusstacheln, um Insekten aus Bohrlöchern hervorzuholen, die Weberameise verwendet ihre Larven als »Weberschiffchen«, um Blätter aneinanderzubinden.) Es handelt sich hier fast durchweg um *angeborene* Leistungen. *Erworbener* Werkzeuggebrauch, die nächsthöhere Entwicklungsstufe, ist weit seltener. In diesem Buch wird die Bezeichnung »Werkzeug« vermieden, weil viele der vom Menschen künstlich gebildeten Funktionsträger nicht eigentlich Werkzeugcharakter haben: etwa Kleider, Schuhe, Stühle, Häuser, Brücken, Staßen. K. Stefanic-Allmayer spricht von »technischen Organen« (»Allgemeine Organisationslehre«, Wien 1950, S. 43). Doch diese Bezeichnung hat wieder den Nachteil, daß sie sich nicht so gut auf die tierischen Vorstufen anwenden läßt.

[16] M. McLuhan vertritt die Ansicht, daß die Menschheit gleichsam in den früheren Zustand der Dorfgemeinschaft zurückkehrte. So wie früher im Dorf fast jeder erfuhr, was sich Besonderes zutrug, so gelangen wir jetzt allmählich dahin, daß die Gesamtmenschheit geradezu augenblicklich an besonderen Ereignissen teilnimmt (Beispiel: Fernsehübertragung der ersten Mondlandung). Vgl. Anhang V.

[17] Die Speichertätigkeit des menschlichen Gehirns wird auf 10^6 bis 10^8 *bit* geschätzt. (M. H. Mirow, »Kybernetik«, Wiesbaden 1969, S. 125.) *Bit* ist das von Claude Shannon entwickelte Maß für Informationsgehalt: eine der modernen Informationstheorie – innerhalb der Kybernetik – zugrunde liegende Größe.

[18] Eine graphische Darstellung des Gesamtvorganges gebe ich in Anhang II.

[19] Teilhard de Chardin dürfte der einzige sein, der bisher in aller Konsequenz dafür eintrat, daß die Schöpfungen des Menschen – sämtliche vom Menschen »vitalisierte Materie« – ebenfalls Teil der Lebensentwicklung sind. (Besonders zu empfehlen »Die Hominisation«, Ineditum 1925, in: »Auswahl aus dem Werk«, Frankfurt 1967.) Auf die Grundgedanken Pater Teilhards gehe ich in Anhang IV näher ein.

III
Die Auswirkungen

Bildsam ändre der Mensch selbst die bestimmte Gestalt. Johann Wolfgang von Goethe (1798)

Jedes Medium hat die Macht, seine eigenen Postulate dem Ahungslosen aufzuzwingen.[1]
Marshall McLuhan (1964)

1

Die menschliche Intelligenz war der Ausgangspunkt für die nun folgende kometenhafte Entwicklung. Was wissen wir über die Struktur, welche diese Leistung erbringt? Worauf beruht diese besondere menschliche Fähigkeit und Eigenschaft?
Es gibt dafür eigentlich nur funktionelle Hinweise.
Morphologisch unterscheiden sich die Ganglienzellen und Gliazellen des menschlichen Gehirns nicht wesentlich von jenen des Affen. Die Großhirnrinde, in der sich die Assoziationszentren unseres bewußten Denkens befinden, ist beim Menschen wesentlich größer, doch in der Innenarchitektur konnten bis heute kaum grundsätzliche Unterschiede festgestellt werden. Dem rein Quantitativen scheint – so wenig schmeichelhaft das für uns auch sein mag – eine erhebliche Bedeutung zuzukommen. So wie Computer, wenn die Zahl ihrer Einheiten um das Hundert- oder Tausendfache vergrößert wird, zu ganz neuen Fähigkeiten gelangen, so scheint auch unsere höhere Intelligenz mit der größeren Zahl von Gehirnzellen in Zusammenhang zu stehen.[2] Natürlich ist es möglich, daß man hier noch zu weiteren bedeutsamen Entdeckungen kommt.
Wo dagegen der wesentliche Unterschied liegt, zeigen Experimente mit Schimpansen recht deutlich.[3] Befestigt man an der Decke ihres Käfigs eine Banane und gibt man ihnen zusammenfügbare Stockteile sowie Kisten, dann türmen sie diese schließlich aufeinander,

fügen die Stockteile zusammen, klettern auf den Kistenturm und angeln sich die Banane. Das gelingt erst nach vielen Versuchen und oft überhaupt nicht, liegt aber im Bereich ihrer Möglichkeit. Befinden sich dagegen die Stockteile und Kisten nicht gleichzeitig in ihrem Gesichtsfeld (sondern verstreut in zugänglichen Nebenkäfigen), dann können sie die Aufgabe nicht lösen. Diese Darstellung ist stark vereinfacht, zeigt aber – meines Erachtens –, worauf es offenbar ankommt. Das Gehirn des Affen (wie auch anderer intelligenter Tiere) vermag Ursachen und Wirkungen in der Vorstellung zu überschauen – *jedoch nur dann, wenn die beteiligten Elemente räumlich und zeitlich dicht beisammen liegen*. Nimmt das Tier sie an verschiedenen Orten oder zu verschiedenen Zeitpunkten wahr, ist sein Gehirn zur entsprechend notwendigen kombinatorischen Leistung nicht fähig.

Der Mensch dagegen kann im Bereich seiner »Phantasie« – also irgendwo im Gehirn selbst – Eindrücke und Erfahrungen verknüpfen, die er an ganz verschiedenen räumlichen und zeitlichen Punkten empfangen hat. Das bedeutet einen eminenten Fortschritt. Auf der Bildfläche unserer Vorstellung können wir faktisch jeden Bewußtseinsinhalt mit jedem anderen in Beziehung setzen. Wir können dort, ohne auch nur einen Finger zu krümmen, neue Verhaltensrezepte entwerfen – »Pläne« für Handlungsfolgen oder für die Bildung uns dienlicher Strukturen. Wir können diese Pläne sogar – immer noch »in der Phantasie« – auf ihre Brauchbarkeit untersuchen. Wir können sie verwerfen, ergänzen, abändern. Wir können »theoretisch« erkunden, wie ein Funktionsträger für diesen oder jenen Zweck aussehen müßte. Nach diesem suchen wir dann oder fertigen ihn künstlich nach unserer Vorstellung an.[4]

Vielleicht stellt sich eines Tages heraus, daß wir diese unschätzbare Fähigkeit nur einer graduellen oder gar quantitativen Weiterentwicklung des tierischen Denkapparates verdanken. Die sich daraus ergebenden Folgeerscheinungen waren jedenfalls ungeheuer. Das gesamte Wirkungsnetz der menschlichen Machtentfaltung läßt sich aus der *einem Prämisse* dieser funktionellen Neuerung ableiten.

2

Erste Auswirkung: Künstliche Organe sind nicht an den Körper gekettet. Sie brauchen nicht ständig mit herumgetragen zu werden. Der Mensch legt ein Kleid an, wird es ihm zu warm, kann er es wieder ausziehen. Er nimmt ein Messer zur Hand – braucht er es nicht mehr, legt er es wieder weg. Er steigt in ein Auto ein – und verläßt es wieder, wenn es ihn an das gewünschte Ziel gebracht hat.
Jedes Tier muß alle seine Organe – sieht man von den wenigen künstlichen Organen ab, die auch Tiere bereits selbst schaffen (Nest, Fangvorrichtung etc.) – ständig mit sich herumtragen. Das bedeutet vor allem, daß die Tiere kaum Organe hervorbringen konnten, die sie nicht wirklich laufend brauchten. Die Last war einfach zu beschwerlich – und jedes Organ muß im Verband der übrigen seinen Platz haben, muß ernährt, gepflegt, erneuert werden und anderes mehr. Kamen solche Bildungen zustande, dann wogen die Vorteile die Nachteile nicht auf. Individuen mit solchen Bildungen konnten sich nicht durchsetzen – also kam es zu keiner Weiterentwicklung, sie verschwanden wieder. Wir sind gewohnt, in den Tieren Wunderwerke, vollkommene Strukturen zu sehen – doch wenn wir den Menschen mit seinen ablegbaren Organen zum Vergleich nehmen, wird offenbar, wie ungeheuer eingeschränkt die Evolution bis zu diesem Entwicklungspunkt blieb.
Die Tiere konnten sich – mit wenigen Ausnahmen – immer nur auf eine bestimmte Lebensweise spezialisieren. Mit den dafür geschaffenen Organen waren sie dann auf Gedeih und Verderb verhaftet. Nur in den seltensten Fällen sehen wir die Fähigkeit entwickelt, sich überflüssiger Funktionsträger zu entledigen. So werfen etwa die Termitenmännchen nach ihrem Hochzeitsflug die Flügel ab.[5] Solche Einheiten gehen dann aber endgültig verloren und können dem Leistungskörper nicht wieder angefügt werden.
Der Mensch legt seine künstlichen Organe ab – Kleider, eine Hacke, einen Speer... ein Auto. Benötigt er sie wieder, dann bedient er sich ihrer erneut.
Manche künstlichen Organe fixieren wir an einem Ort: dann belasten sie uns überhaupt nicht. Etwa: eine Maschine, eine Bibliothek, eine Mühle, ein Elektronenmikroskop. Benötigen wir ihre Dienste, dann bewegen wir uns zu ihnen hin, betätigen sie, benützen sie. Der

einzelne Berufskörper oder die Erwerbsorganisation kann so große unbewegliche Einheiten umfassen, zu denen sich die bewegliche, lebende Struktur – der »Mensch« – nach Bedarf hinbewegt, um sie zu aktivieren.

Zweite Auswirkung: Mit den neuen Vorteilen verbanden sich von Anbeginn dieser Entwicklung auch neue Nachteile, neue Probleme. Jede nicht mit dem Körper verwachsene Einheit kann verloren – vor allem auch gestohlen werden.

Wer seine Brille verlegt hat oder wem sein Fahrrad gestohlen worden ist, der kann sich dieser Einheiten nicht mehr bedienen. Jedes künstliche Organ dient dem Menschen nur so lange, als es in dessen Verfügbarkeit, in dessen Wirkungsgewalt verbleibt.[6] Wir brauchen diese Funktionsträger nicht ständig mit uns zu tragen – doch wenn sie von uns getrennt sind, müssen zusätzliche Einrichtungen dafür sorgen, daß sie uns erhalten bleiben.

Eine funktionelle Hilfseinrichtung zur Verringerung der Gefahr des »Vergessens«, »Verlegens« und »Verlierens« nennen wir »Ordnung halten«. Indem wir allen beweglichen künstlichen Organen einen ganz bestimmten »Ruheplatz« zuweisen (in Laden, Ordnern, Kästen, Gebäuden), erleichtern wir unserem Gehirn die Kontrolle. Bei am Ort fixierten Einheiten – etwa bei einem Brunnen oder einem Zaun – ist dieses Problem weniger akut. Da ihr Standort ein für allemal derselbe bleibt, besteht hier weniger die Gefahr, daß wir ihn vergessen.

Weit schwerwiegender ist bei allen zusätzlichen Funktionsträgern – ob sie nun ortsfixiert oder beweglich sind – die zweite Problematik, wie sich nämlich verhindern läßt, daß sie geraubt werden, also ihre Verfügungsgewalt von anderen Menschen an sich gerissen wird. Das ist deshalb so kritisch, weil fast jedes künstliche Organ auch anderen Menschen Dienste leisten kann.

Hier kommen wir zu einem wichtigen Punkt. Auch jedes Tier und jede Pflanze sind in dauernder Gefahr, daß ihnen Körperteile entrissen werden. Diese aber dienen dem Räuber dann stets nur zur Nahrung – können jedoch von diesem kaum je im Sinne ihrer Funktion verwendet werden. *Wenn eine Eidechse einer Libelle die Flügel abbeißt, dann kann sie mit diesen Flügeln nicht fliegen.*

Nicht verwachsene Organe können dagegen auch von anderen Individuen im Sinne ihrer Funktion verwendet werden. Das zeigt sich schon bei den Wohnbauten, Nestern und Fangvorrichtungen, die sich Tiere anfertigen. Sie können von anderen übernommen werden. Bei den kunstvollen Geräten und Anlagen, die der Mensch im Lauf der Zeit geschaffen hat, trat dieses Problem immer mehr in den Vordergrund. Jede zusätzliche Einheit mußte wirksam geschützt werden.

Aufpassen, Verteidigen, Verstecken, Einschließen sind Gegenmaßnahmen gegen diese zweite Gefahr. Sie bedeuten jedoch – für die Energiebilanz – eine erhebliche Belastung. Der einzig wirklich wirksame und für das Individuum rationelle Schutz besteht in der Schaffung einer Interessengemeinschaft mit Arbeitsteilung. Einige Energone spezialisieren sich darin auf die Schutzfunktion – Polizei, Soldaten, Richter – und werden von den übrigen erhalten. Diese können dann ungestört ihrer individuellen Erwerbstätigkeit nachgehen. Ihre künstlichen Organe bleiben dann, auch wenn sie getrennt sind, an sie gebunden – in ihrer Verfügungsgewalt. Eine besondere Form der Bindung wird so geschaffen: das durch eine Gemeinschaft geschützte »Eigentumsrecht«.

Man hat viel darüber nachgedacht, wie und warum es zur Bildung der menschlichen Verbände und Staatswesen kam. Von der Evolution her betrachtet, mußte es notwendigerweise dazu kommen – ebenso wie es etwa bei größeren Tieren zur Bildung besonderer Atmungs- oder Kreislauforgane kommen mußte. Die vom Menschen an mögliche weitere Energonentfaltung stützte sich auf die Bildung von künstliche Organen: diese waren mit der Hypothek belastet, daß sie vor Raub geschützt werden müssen. Solchen Schutz kann aber – wirkungsvoll und rationell – nur die Hilfseinrichtung »arbeitsteilige Gemeinschaft« bieten.

Eine Tendenz zur Bildung von *kleinen* Gruppen ist uns Menschen von unseren rudelbildenden Vorfahren her angeboren. Zur Bildung großer Gemeinschaften kam es jedoch in zwangsläufiger Verknüpfung von Ursachen und Wirkungen. *Die künstlichen Organe zogen sie als notwendige Folgeerscheinung nach sich*. Menschen, die zur Bildung von organisierten Gemeinschaften gelangten, waren eo ipso im Vorteil. Darum setzte sich diese Tendenz durch. Die von Darwin als steuernder Faktor erkannte »natürliche Auslese« setzte auch hier den Hobel an. Wenn wir heute allerorts riesige Menschengemeinschaften sehen, dann liegt die eigentliche Ursache nicht darin, daß dieser oder jener sie erfunden hat – denn es wurde auch anderes erfunden, das sich nicht durchsetzte – sondern darin, daß diese Einrichtung von eminentem Vorteil war und jenen Energonen, die über sie verfügten, Überlegenheit verlieh.

Die kulturelle, künstlerische, »seelische« Entwicklung des Menschen, in der man die Hauptsache zu sehen pflegt, ist von der Evolution her eine Begleiterscheinung – freilich für uns persönlich eine sehr wichtige (siehe Anhang III). Was im Auge behalten werden muß, ist die harte Tatsache, daß es keinerlei Aktivität und darum auch keine Kultur ohne Energieüberschüsse gibt. Dagegen gibt es kein mir bekanntes Argument. Sehr bedeutende Energieüberschüsse sind stets für alles andere die Voraussetzung. Zu solchen aber gelangten die Energone im zweiten Evolutionsteil nur mit Hilfe ihrer künstlichen Organe. Und diese zogen – als eine von zahlreichen Folgeerscheinungen – auch die Gemeinschaftsbildung nach sich.

3

Dritte Auswirkung: Die künstlichen Organe sind auswechselbar. Das bedeutet, daß ein Mensch sich alternierend auf diese oder jene Tätigkeit spezialisieren kann. Nehme ich eine Schaufel zur Hand, dann bin ich auf Graben spezialisiert. Nehme ich einen Bleistift zur Hand, dann bin ich auf Schreiben spezialisiert. Setze ich mich in ein Ruderboot, dann bin ich auf Fortbewegung auf dem Wasser spezialisiert. Lorenz nannte den Menschen einen »Spezialisten im Nichtspezialisiertsein«. Das ist nur beschränkt richtig, da unser Gehirn hochspezialisiert ist. Nach meiner Meinung ist es richtiger, zu sagen: Der Mensch ist ein »Spezialist in vielseitiger Spezialisation«. Damit werden wir der Besonderheit der Keimzelle »Mensch« besser gerecht. Nie hat sich vorher etwas ähnlich Chamäleonhaftes entwickelt. Indem wir einmal diesen und dann wieder jenen vom Körper getrennten Funktionsträger einsetzen, verwandeln wir uns einmal in dieses und dann wieder in jenes hochspezialisiertes Wesen.

Unsere Hände waren dazu Voraussetzung. Ob uns die gefällt oder nicht: daß wir sie haben, verdanken wir der kletternden Lebensweise unserer Vorfahren. Andere Tiere konnten zu keiner vergleichbaren Entfaltung gelangen. So ist etwa das Gehirn der Delphine besonders leistungsfähig – trotzdem könnte aus Delphinen auch in einer Million Jahre nichts dem Menschen Vergleichbares werden. Einfach deshalb, weil sie kein Organ haben, das sich zur Herstellung von künstlichen Funktionsträgern und zu deren Verknüpfung mit ihrem Körper eignet. Mit ihren Flossen könnten sie nie einen Faustkeil herstellen, eine Hacke ergreifen oder Klavier spielen. Uns ist dies möglich – nicht nur deshalb, weil unser Gehirn so leistungsfähig ist.

Die Auswechselbarkeit der künstlichen Organe führt in weiterer Konsequenz dazu, daß mehrere Menschen abwechselnd das gleiche Organ verwenden können. Und: *daß es von einem Energon auf ein anderes vererbbar ist.*

Man halte sich vor Augen, was letzteres innerhalb des Evolutionsprozesses bedeutet. Bis zum Entwicklungspunkt »Mensch« starben mit jeder Pflanze und jedem Tier auch alle Körperteile, aus denen sich diese Energone aufbauten (von Fortpflanzungsvorgängen sehe ich hier ab). Stirbt ein Rosenbusch, dann sterben auch alle seine Blätter. Stirbt eine Giraffe, dann sterben auch ihre vier Beine, ihr Herz und ihre Augen. Nichts davon kommt den Nachkommen zugute – es sei denn (was auch manchmal vorkommt), daß diese die Eltern auffressen.[7] Bei den menschlichen Berufskörpern änderte sich dies. Stirbt ein Schuster, dann kann sein Sohn – oder ein anderer entsprechend geschulter Mensch – »den Betrieb übernehmen«. Die künstlichen Organe bewahren ihre Funktionsfähigkeit über den Tod ihres Besitzers hinaus. Ein anderer Mensch, ein anderes steuerndes Zentrum schlüpft in die Struktur aller dieser künstlich geschaffenen Einheiten, reaktiviert sie. Oder »der Betrieb wird liquidiert«: Werkzeuge und Einrichtungen werden »veräußert«. Auch dann leben die einzelnen Teile in anderen Berufs- oder Luxuskörpern fort.

Gewisse Vorstufen gibt es immerhin auch hier schon bei den Tieren. Das Gehäuse der Schnecke dient nach deren Tod in ganz analoger Funktion dem Einsiedlerkrebs. Dieser stirbt – und ein anderer zieht in dieses Gehäuse ein. Bei tierischen Wohnbauten ist es ähnlich.

Vierte Auswirkung: Die künstlichen Organe sind nicht so stark durch ihre Vorgeschichte belastet. Bei den tierischen und pflanzlichen Körpern konnten sich neue Funktionsträger immer nur in kleinen Schritten und meist nur aus schon bestehenden Einheiten entwickeln. Jedes Organ ist hier – wie Hesse und Doflein es ausdrückten – »doppelt bedingt«: nicht nur durch die Art der »Verrichtung«, sondern auch »durch seine Geschichte«. Die Werkzeuge und Maschinen des Menschen zeigen zwar oft ähnliche Belastungen. Auch hier entwickelt sich oft ein Werkzeug aus einem anderen und kann dann die Spuren des ursprünglichen Verwendungszweckes nur allmählich überwinden. Im Prinzip aber ist jedes künstliche Organ eine totale Neubildung – oder kann es zumindest sein. Bei den Tieren und Pflanzen ist es das fast nie. Betrachten wir hier die Organe genauer, dann können wir meist aus Struktur und Funktionsweise den geschichtlichen Werdegang des betreffenden Energons ablesen. Vom Konstruktionsstandpunkt aus betrachtet, sind die Organismen nur selten vollkommen (siehe Band 1 »Wie der Fisch zum Menschen wurde«).

Fünfte Auswirkung: Künstliche Organe können praktisch aus jedem Material geformt werden; solche, die aus Zellen gebildet sind, können das nicht. Pflanzen und Tieren war es zum Beispiel nicht möglich, Metalle zu verwenden. Denn um diese zu formen, muß man sie auf Temperaturen erhitzen, die die lebende Zelle nicht erträgt. Außerhalb des Körpers können dagegen Funktionsträger geschaffen werden (Öfen), die solchen Temperaturen standhalten.

Sechste Auswirkung: Die künstlichen Organe müssen nicht unbedingt mit körpereigener Energie betrieben werden, sondern es ist prinzipiell möglich, daß Fremdenergie sie *direkt* betreibt.[8]
Wenn ein Mensch sein Boot mit Hilfe eines Segels vom Wind treiben läßt, dann nimmt er die Windenergie nicht in Form von Nahrung in seinem Körper auf, setzt sie dort um und überträgt sie dann auf das Boot (wie es etwa beim Rudern der Fall ist), sondern der Wind treibt das künstliche Organ Boot *direkt*. Spannt der Bauer einen Ochsen vor seinen Pflug, dann nimmt er dessen Kraft nicht erst in sich auf, sondern der Ochse zieht das künstliche Organ Pflug *direkt*. Schmelzen wir Metall in einem Ofen oder braten wir Fleisch

über einem Herd, dann geht die Energie des Feuers nicht in unseren Körper ein, sondern verrichtet *direkt* Dienste für uns. Lassen wir unser Auto durch die im Benzin enthaltene Energie treiben, dann brauchen wir das Benzin nicht zu trinken, sondern die Energie treibt das künstliche Organ Auto *direkt*. Auch für diese Vorgänge gibt es im Pflanzen- und Tierreich viele Vorstufen, aber erst der Mensch konnte – mit Hilfe künstlicher Organe – Fremdenergien in wirklich großem Umfang in den Dienst seiner Erwerbsstrukturen einspannen.

Das Bild der Energone, deren Zentrum der Mensch ist, entfernt sich so immer mehr von der geläufigen Vorstellung. Diese Lebenskörper höherer Ordnung – *welche die eigentliche Realität sind* – bestehen aus Teilen, die nicht nur nicht miteinander verwachsen sind, sondern die auch noch vielfach ganz unabhängig aus verschiedenen Energiequellen betrieben werden.

4

Siebente Auswirkung: Die künstlichen Organe muß der, dem sie dienen sollen, nicht unbedingt selbst herstellen. Innerhalb einer Gemeinschaft können sich einzelne auf die Herstellung dieses oder jenes nicht verwachsenen Funktionsträgers spezialisieren. Das war die Grundlage für Handwerk, Gewerbe und Industrie und im weiteren für die Einrichtung »Markt«, für den Universalvermittler »Geld« und für den »Handel«. Auch das sind nicht willkürliche Schöpfungen der menschlichen Erfindungskraft, sondern notwendige Folgeerscheinungen in der durch die künstlichen Organe ausgelösten Entwicklung.

Durch Spezialisierung werden die künstlichen Organe auch besser und billiger. Sie können so zu einem Preis und in einer Qualität erzeugt werden, die sonst für den Gebraucher nicht erreichbar ist. Durch Industrialisierung und Massenherstellung steigerten sich diese Vorteile noch wesentlich.

Auch dieser Entfaltungsprozeß hatte organisierte Gemeinschaften zur Voraussetzung. Nur in solchen bot sich dem einzelnen die Möglichkeit, sich ganz auf eine Aufgabe zu konzentrieren. Somit gelangte eine Gemeinschaft, in welcher dieser Spezialisierungsprozeß stattfand, zu besseren künstlichen Organen. Das verbesserte beim einzelnen – wie auch bei der Gemeinschaft – die Bilanz und damit die Überlegenheit über weniger organisierte Menschengruppen. Kraft seiner Intelligenz erkannte der Mensch dies und förderte diese Entwicklung. Auch in dieser Hinsicht zogen also die künstlichen Organe die Bildung und innere Organisation von größeren Gemeinschaften funktionell nach sich.

Achte Auswirkung: Künstliche Organe müssen nicht unbedingt von einem Energon allein finanziert werden. Es können auch mehrere ihre Energieüberschüsse zur Finanzierung zusammenlegen und das geschaffene Organ dann gemeinsam (etwa eine Brücke) oder abwechselnd (etwa einen Traktor) benützen. Auch das ist ein Faktor, der die Gemeinschaftsbildung begünstigte. Innerhalb eines Staatskörpers können bei verhältnismäßig geringer Aufwendung aller Bürger *Gemeinschaftsorgane* geschaffen werden, die das Machtpotential jedes einzelnen steigern.
Die wichtigsten Gemeinschaftsorgane waren zunächst jene zur Sicherstellung von Leben und Eigentum, also Organe zur Aufrechterhaltung der Sicherheit innerhalb des Staatsgebietes und nach außen hin. Diese großen Funktionsträger nennen wir einerseits Landesverteidigung, anderseits Legislative und Exekutive. Weitere wichtige Gemeinschaftsorgane sind Kanalisation, Wasserleitung, Straßen, Energieversorgung, Bahnen, Post, Telephon, Bildungsstätten, Feuerwehr und anderes mehr.
Diese organisierten Strukturen sind teilweise so gewaltig, daß man sie – nach dem gewohnten Denken – nur schwer als konkret zu jedem einzelnen gehörig ansehen kann. Verfolgt man jedoch den Entwicklungsweg der vom Menschen gebildeten Energone und ihrer Funktionsträger, dann sind sie es ohne Zweifel. In einem Staat ist die gesamte Struktur der Landesverteidigung, ebenso wie die Post, die Staatsbiliothek oder eine beliebige Straße für jeden Erwerbskörper – vom Hausierer bis zum Produktionsbetrieb, von der Ehefrau bis zur Versicherungsanstalt – ein Funktionsträger. Hier dürfen wir das im Recht längst übliche Denken zu Hilfe nehmen. Jedem Erwerbskörper obliegt die Miterhaltung dieser Gemein-

schaftsorgane über den Weg der Steuern und Abgaben – und jeder hat das Recht auf die Vorzüge ihrer Wirkung.
Die Wirkungsstruktur der Erwerbskörper, welche die Keimzelle »Mensch« aufbaut, wird immer verzweigter: sie wird immer schwieriger zu überschauen. Behält man jedoch die künstlichen Organe und ihre Auswirkungen auf die Energonstruktur im Auge, dann verfügt man über den Schlüssel zum Verständnis der meisten dieser Verflechtungen.

Neunte Auswirkung: Die künstlichen Organe können auch »gemietet« werden. Der Mensch muß sie nicht zur Gänze erwerben, sondern kann sie – bei geringeren Kosten – nur für die Zeit des benötigten Gebrauchs in seinen Besitz bringen. Das bedeutet eine weitere Energieeinsparung. Zu besonderer Bedeutung kam dieser Vorgang als Mittel zum Erwerb von menschlicher Leistung.
Miete ich etwa die Dienste eines Botengängers, dann wird dieser für die betreffende Zeit mein Funktionsträger, mein künstliches Organ. Miete ich die Dienste eines Rechtsanwaltes, eines Friseurs oder einer Dampfschiffgesellschaft, dann ist es ebenso. Lasse ich mich versichern, dann wird die betreffende Versicherungsgesellschaft für die Gültigkeitsdauer der Police mein Funktionsträger. Gehen wir in ein Theater, dann mieten wir – in diesem Fall zu unserem »Luxus« – anteilig die Dienste des Theaters und des Ensembles.
Heute sind die großen Gemeinschaften so organisiert, daß jedem Menschen geradezu unzählig viele potentielle Funktionsträger zur Verfügung stehen. Hat er genug Energieüberschüsse, um ihre Dienste zu mieten, dann werden sie – für eine entsprechende Zeit – ihm dienende Organe.
Das bedeutet eine bereits kaum mehr zu überschauende Vielheit von Wechselwirkungen und Verflechtungen. Zentrum ist immer noch ein organisch gebildeter Kern: die Keimzelle Mensch. Rings um diese lagert sich eine immer größere Anzahl von organisierten Einheiten, die kurzfristig angegliedert werden und dann benötigte Funktionen für den betreffenden Erwerbskörper erbringen. Ja solche Dienste können bereits ausgeführt worden sein, ehe das Zentrum Mensch noch auf den Gedanken gekommen ist, sie in Anspruch zu nehmen. Das gilt für sämtliche Produkte, die nicht auf

Bestellung, sondern auf Lager produziert werden. Kaufe ich ein Grammophon, dann erwerbe ich durch den Kaufpreis anteilig ein Leistungsergebnis der betreffenden Fabrik. Dieses ist aber bereits erbracht worden, wenn ich den Mietpreis für diese Leistung – den Preis für das Grammophon – bezahle.

5

Zehnte Auswirkung: Auch Pflege, Reparatur und Erneuerung der künstlichen Organe kann anderen, die sich darauf spezialisieren, übertragen werden. Hier allerdings steht dem Vorteil auch ein Nachteil gegenüber. Pflanzen und Tiere sind sehr autark. Sie pflegen und reparieren die einzelnen Funktionsträger im »eigenen Betrieb«, können manche bei Verletzung oder Verlust sogar neu herstellen. Bei den künstlichen Organen des Menschen kann es dagegen schwierig werden, eine Reparatur ausgeführt zu erhalten. Das fällt aber nur geringfügig ins Gewicht gegenüber dem Vorteil, daß im Prinzip jeder Funktionsträger *gesondert pflegbar* und fast ausnahmslos *ersetzbar* wird.

Elfte Auswirkung: Wird ein künstliches Organ nicht mehr gebraucht, kann es ohne weiteres »liquidiert« werden. Man wirft es weg – oder kann es sogar »verkaufen«. Bei Tieren und Pflanzen sieht die Sache anders aus. Nicht selten kam es zu Veränderungen der Umweltbedingungen, oder ein Energon wechselte auf eine andere Erwerbsform über: dann wurden Organe überflüssig und zur Bürde. Nur Veränderungen im Erbrezept konnten sie beseitigen, das mochte jedoch hundert oder tausend Generationen lang dauern. Bis dahin brachte jedes neu entstehende Energon der betreffenden »Art« immer wieder diese überflüssig gewordenen Einheiten hervor und mußte sie auch noch laufend ernähren. Die Möglichkeit, solche funktionslose Teile im Handumdrehen abstoßen zu können – oder sie sogar noch (bei Verkauf) in einen Energiewert zu verwandeln – war ebenfalls ein wichtiger Fortschritt.

Zwölfte Auswirkung: Von geradezu ungeheurer Bedeutung war es, daß durch die künstlichen Organe plötzlich die Energone nicht mehr artgleiche Nachkommen hervorbringen mußten. Jede Tanne kann immer nur Tannen produzieren, ein Löwe immer nur weitere Löwen. Aus den Erträgnissen der vom Menschen gebildeten Berufskörper und Betriebe brauchen aber durchaus nicht immer nur artgleiche Energone gebildet zu werden. Aus dem Ertrag einer Schusterwerkstatt kann sehr wohl auch ein Tabakgeschäft oder ein Nachtlokal finanziert werden.

Im Menschen überwand die Evolution das gewaltige Handikap der erzwungenermaßen artgleichen oder (bei Mutationen) artähnlichen Vermehrung. Sind die Lebensbedingungen für Maikäfer schlecht, für Veilchen dagegen günstig, dann kann trotzdem der Maikäfer nur Maikäferjunge, nicht aber Veilchen hervorbringen. Der bloße Gedanke an eine solche Eventualität erscheint uns grotesk – aber nur deshalb, weil wir daran gewöhnt sind, die artgebundene Vermehrungsweise als etwas Selbstverständliches hinzunehmen. Vom Energonaspekt her betrachtet war dies eine starre Eingleisigkeit, zunächst praktisch nicht zu umgehen – aber eben doch eine Bürde.

Die vom Menschen gebildeten Energone sind von dieser Artgebundenheit befreit, sie sind hinsichtlich ihrer Vermehrung nicht mehr an die Art »festgenagelt«. Ist etwa die Konjunktur für Kinos ungünstig, dann ist der Eigentümer durchaus nicht gezwungen, weitere Lichtspieltheater zu eröffnen. Das Kapital – oder genauer: dessen beweglicher Anteil – wandert dann meist in andere Erwerbsbereiche, wo es bessere Verdienstchancen gibt. Auf Grund der nicht verwachsenen Funktionsträger – *und nur auf Grund dieser* – gelangten also die Energone dahin, daß die Individuen einer Art auch Individuen einer ganz anderen hervorbringen konnten.[9]

Es kam so auch zu einer weit größeren Individualität in der Ausbildung der Energone. Während ein Hirschkäfer dem anderen fast genau gleicht oder eine Tanne fast genau der anderen, zeigen bereits Berufskörper der gleichen »Art« weit größere strukturelle Unterschiede. Der Artbegriff – von den Biologen am Herstellungsvorgang fixiert – verliert nun seine Schärfe. Die gleiche Erwerbsart erzwingt nach wie vor eine weitgehend ähnliche Grundstruktur, aber die Anpassungsfähigkeit an die jeweiligen Umweltbedingungen wurde ungemein größer. Noch im Mittelalter gab es nicht wenige Berufsstrukturen, die sich über viele Generationen hinweg konstant verhielten. Durch die Fortschritte der Technik und der Kommunikationsmittel werden jedoch die Energone zunehmend Einzelerscheinungen, die wohl immer noch – wie gezeigt werden wird – nach dem gleichen Prinzip, nach dem gleichen inneren Wertgerüst aufgebaut sein müssen, aber in den Einzelheiten ihrer Struktur fast ebenso variabel sind wie die Umwelten, in denen sie sich entfalten.

Dreizehnte Auswirkung: Schließlich eröffneten die künstlichen Organe der Keimzelle Mensch auch die Pforten zu Kultur, Kunst und Lebensannehmlichkeit – zu unserem eigentlichen »Menschsein«. Um es kraß auszudrücken: Ein Tier konnte kaum eine seiner Annehmlichkeiten dienende Gartenschaukel oder ein Silberbesteck für seine Nahrungsaufnahme hervorbringen. Auf Grund des Konkurrenzkampfes konnten Tiere kaum zu Organen gelangen, die bloß ihrer »Annehmlichkeit« und »Freude«, nicht aber der Erwerbsanstrengung oder der Fortpflanzung dienten. Entstanden solche, dann waren sie im Erwerbskampf eine Belastung. Sie warfen ihre Energone entsprechend zurück, eliminierten sie.
Bei den aus nicht verwachsenen Funktionsträgern aufgebauten Energonen wurde das plötzlich anders. Der erfolgreiche Geschäftsmann kann sehr wohl Überschüsse auch für seine Annehmlichkeiten verwenden, und die dazu dienenden Funktionsträger (Sommervilla, Motorboot, Abendkleid) müssen deswegen durchaus nicht seinen Berufskörper behindern.
Gerade das Streben nach Annehmlichkeit und Freude – im weitesten Sinne – wurde für den Menschen zum größten Ansporn bei seinen Erwerbsanstrengungen. Ist ein Seifenfabrikant gezwungen, was er verdient, immer nur wieder in die Seifenfabrikation hineinzustecken, dann ist sein Leistungsimpuls sicher geringer, als wenn er die Erträgnisse auch zu einer Fahrt nach Mallorca oder zum Ankauf eines roten Sportkabrioletts verwenden kann.
Die künstlichen Organe eröffneten der Keimzelle Mensch nicht nur eminente Möglichkeiten zur Schaffung erfolgreicher Erwerbskörper, sondern aktivierten in ihr auch ganz entscheidende Impulse. Wenn die Welt so wurde, wie sie heute ist, dann liegt das sehr an diesem einen, so bedeutsamen funktionellen Fortschritt.[10]

6

In der Physik vollzog sich in den letzten achtzig Jahren ein bedeutsamer Wandel. Die Welt, für Newton noch durchaus anschaulich, entzog sich immer mehr der menschlichen Vorstellung und dem menschlichen Begreifen. Die Vorgänge in den Atomen kann unser Gehirn nicht mehr bildhaft reproduzieren. Wir können sie nur noch *dem Geiste nach* (über Formeln und Zahlen), jedoch nicht mehr *den Sinnen nach* verstehen.

Die Schlußfolgerungen der Energontheorie führen in der Biologie und in einigen Geisteswissenschaften – was man dort kaum willkommen heißen wird – zu einem ähnlichen Übergang. Manches, das sich in unserem bisherigen Denksystem höchst einfach und übersichtlich darstellte, verschwimmt zu einer geradezu unüberschaubaren Fülle von Verflechtungen. Anderseits aber führt diese neue Betrachtungsweise zu einer beträchtlichen Vereinfachung des Denkens. Es wird möglich, *sämtliche* Strukturen, welche die Lebensentwicklung weitertragen, *in ein und dasselbe Begriffssystem einzuordnen.* Es wird möglich, in den mannigfachen Sparten der Biologie, der Wirtschafts- und Staatwissenschaften zu einer einheitlichen Verständigungsmöglichkeit zu gelangen. Ja es sollte möglich werden, Erkenntnisse in einem Gebiet zur Erklärung von Phänomenen in anderen, bisher völlig abgetrennten heranzuziehen.

Bei sämtlichen Energonen ist die zentrale Tätigkeit – mit der ihre Existenz steht und fällt – der Erwerb von Energie. Diesen nehmen wir nun genauer aufs Korn.

Anmerkungen

[1] Die von McLuhan verwendete Bezeichnung »Medium«, die auch von seinen Übersetzern beibehalten wird, deckt sich begrifflich mit der Bezeichnung »künstliches Organ«. Als Medien bezeichnet McLuhan sämtliche künstlichen »Ausweitungen« des Menschen, die Gesamtheit der von uns geschaffenen Hilfsmittel.

[2] Siehe B. Rensch, »Die Abhängigkeit der Struktur und der Leistungen tierischer Gehirne von ihrer Größe«, in »Die Naturwissenschaften«, Bd. 45, 1958, S. 145ff. Besondere Differenzierungen beim Menschen sind das Sprachzentrum und die funktionelle Ausrichtung der beiden Großhirnhälften: der linken auf mathematisch-analytisches Denken, der rechten auf integrative, emotionelle und künstlerische Fähigkeiten.

[3] Vgl. W. Köhler, »Intelligenzprüfungen an Menschenaffen«, Berlin 1921.

[4] Schon Platon nannte den Menschen »ein Tier, das Utopien entwirft«. Spinoza sagte, der Geist »sei keine Kraft, die mit Vorstellungen hantiert«, sondern bestehe »selbst im Vorstellungsverlauf und in der Verkettung von Vorstellungen«. (Ethik II, S. 48.) Interessant ist die Frage, inwiefern auch den dem Bewußtsein nicht zugänglichen Gehirnzentren ein ähnlicher Projektionsschirm zur Verfügung steht. Viele Leistungen der sogenannten »Intuition« dürften in der »unterbewußten« Tätigkeit dieser Gehirnteile ihre Erklärung finden. (Vgl. dazu Konrad Lorenz: »Innate Bases of Learning«.)

[5] Der parasitäre Krebs *Sacculina* wirft sogar den Großteil seines Körpers samt Beinen und Augen ab, wenn er seinen »Wirt«, eine Krabbe, gefunden hat und nun wie eine Pflanze Wurzeln in diesen hineinsendet.

[6] In der Betriebswirtschaft spielen ähnliche Grundvorstellungen eine Rolle. So definiert W. Bouffier das Kapital als »die in Geldwert ausgedrückte *Verfügungsgewalt* über Vermögensgüter« (»Einführung in die Betriebswirtschaftslehre«, Wien 1946, S. 23).

[7] Das ist etwa bei den Larven der Gallmücke *Miastor* der Fall. R. Hesse beschreibt dies so: »Sie fressen die Mutter aus, ernähren sich also von deren Körperbestandteilen, bis nur noch der Schlauch der Körperkutikula übrig ist, der schließlich zerreißt und die Jungen freigibt.« Dies ist eine der so mannigfachen Formen der »Brutpflege«, der »Ernährung des Keimes«. (»Tierbau – Tierleben«, Jena 1943, S. 411.)

[8] Besonders auf diesen Punkt hat Wilhelm Ostwald hingewiesen (»Die energetischen Grundlagen der Kulturwissenschaft«, S. 81 ff.).

[9] A. Naef schrieb: »Natura non facit saltus! Jedes Formelement ist an vorherige gebunden und bestimmt nachfolgende, sofern es nicht an einem blinden Zweigende des Lebensbaumes steht. Es gibt morphologisch nichts schlechthin neu Auftretendes!« (»Handwörterbuch der Naturwissenschaften«, Jena 1932, Bd. 7, S. 4.) Gerade dies änderte sich am Entwicklungspunkt Mensch. Von hier ab wurde jeder »Saltus« (Sprung) möglich. Durch den Funktionsträger Zentralnervensystem und dessen Leistung »menschliche Intelligenz« konnte von nun ab *schlechthin alles neu auftreten.*

[10] Der hier so oft verwendete Vergleich zwischen Mensch und Keimzelle hat nur *funktionelle* Gültigkeit. Die Keimzellen schaffen durch laufende Teilungen den vielzelligen Körper: somit sind letztlich sie dann mit diesem identisch. Bei den menschlichen Ausweitungen bleibt dagegen die »Keimzelle« individuell erhalten – geht also nicht selbst in die Struktur ein, die sie schafft. Sie bleibt Individuum – auch wenn dessen Individualität im Rahmen der so gebildeten Körper eingeschränkt wird. Von der Funktion her aber ist der Vergleich vertretbar: Sowohl die Keimzelle wie auch der Mensch bilden Lebensstrukturen höherer Integrationsstufe.

IV
Schlüssel und Schloß

Alle Zwecke, Ziele, Sinne sind Ausdrucksweisen und Metamorphosen des einen Willens, der allem Geschehen inhäriert, des Willens zur Macht.
Friedrich Nietzsche (1895)

Im Organismus werden die den Vorrat an geordneter Energie erhöhenden Leistungen nur durch andere möglich, die in seiner Umgebung um so mehr Unordnung schaffen.
W. Troll (1948)

1

Mancher wirtschaftlich orientierte Leser, der sich für die heutige Konjunktur und für die Entwicklung der Weltlage interessiert, wird es wahrscheinlich für einen recht sinnlosen Umweg halten, durch Betrachtung irgendwelcher Pflanzen oder Tiere zu ernsthaften Schlußfolgerungen auf seinem Interessengebiet zu gelangen. Bis heute hat man in der Wirtschaft die erste Entwicklungshälfte der Probleme, mit denen man sich dort beschäftigt, völlig außer acht gelassen.

Welcher Entwicklungsweg im einzelnen zur Zelle geführt hat, wissen wir nicht – und werden es wahrscheinlich auch niemals wissen. Bei den Vielzellern läßt sich aus fossilen Resten manches über ihren weitverzweigten Entwicklungsgang erschließen; die Einzeller haben dagegen nur sehr wenig Spuren hinterlassen. Den Anfang der ganzen Lebensentwicklung wird man wahrscheinlich in absehbarer Zeit ziemlich genau rekonstruieren und experimentell nachvollziehen können: die künstliche Herstellung von selbstvermehrungsfähigen Molekulargefügen ist den Biochemikern bereits gelungen. Aber die Entwicklungsfolge, die von diesen ersten Anfängen bis zu der bereits ungeheuer komplizierten Organisationsstruktur »Zelle« geführt hat, dürfte dem menschlichen Spürsinn wohl für alle Zeit entzogen bleiben.

Von der Energontheorie her läßt sich trotzdem eine konkrete Aussage über jedes Zwischenstadium in dieser Entwicklung machen. Jedes Zwischenstadium in der Energonfolge muß so beschaffen gewesen sein, daß es aktive Energiebilanzen erzielte. Sonst riß – zwangsläufig – an diesem Punkt die Entwicklungskette ab. Wie gezeigt werden soll, läßt sich aus dieser Prämisse recht viel über die dafür notwendige Struktur – und damit auch über die Struktur *jedes* dieser uns wahrscheinlich unbekannt bleibenden Zwischenglieder – aussagen.

2

Das Verhältnis jedes Energons zu seiner Energiequelle gleicht dem eines Schlüssels zu seinem Schloß. So wie ein Schlüssel derart beschaffen sein muß, daß er ein bestimmtes Schloß aufzusperren vermag, so muß auch jedes Energon so beschaffen sein, daß es zur Erschließung einer bestimmten Energiequelle befähigt ist. Das ist die Voraussetzung für alles weitere.
Nicht ganz passend an diesem Vergleich ist, daß jeder Schlüssel ein Werkzeug ist, das erst gehandhabt werden muß. Kein Schlüssel öffnet in eigener Initiative ein Schloß. Alle Energone sind dagegen selbständig aktive Körper. Sie sind somit – um bei unserem Bild zu bleiben – Schlüssel, die *von sich aus* Schlösser aufsperren.
Bleiben wir trotzdem bei diesem Vergleich. Der »Bart« eines Schlüssels – die wichtigste Einheit an ihm – wird nicht eigentlich vom Hersteller bestimmt. Dieser fertigt zwar den Schlüssel an, doch welche Form der Bart haben muß, das bestimmt das Schloß. Je nach dessen Mechanismus muß der Bart so oder anders beschaffen sein. Nur dann sperrt er das Schloß auf. Das ist eine bedeutsame kausale Verknüpfung, die in der Energontheorie eine wichtige Rolle spielt. Das Schloß stellt den Schlüssel nicht her – und doch bestimmt es dessen Form. Der Hersteller liefert zwar alle zur Herstellung nötige Arbeit – doch wie das Ergebnis seiner Arbeit aussehen muß, bestimmt er nicht. Gelingt es ihm, die vom Mechanismus des Schlosses vorgezeichnete Form zu treffen, dann sperrt der Schlüssel, und nur dann. Anderseits kann es auch vorkommen, daß ein Schlüssel ein Schloß öffnet, für das er gar nicht hergestellt wurde.
Genauso verhält es sich bei den Energonen. Jene ihrer Funktions-

träger, die das Aufschließen einer Energiequelle besorgen, müssen in Form und Anordnung deren Besonderheiten entsprechen. Die Energiequelle stellt sie nicht her, diktiert aber doch, wie sie beschaffen sein müssen. Wie und auf welche Weise sie zustande kommen, ist somit sekundär; wichtig ist bloß, daß sie die richtigen Eigenschaften haben. Fragen wir somit nach dem »Ursprung« dieser Eigenschaften, dann dürfen wir diesen nicht beim Hersteller suchen. Diese notwendigen Eigenschaften haben ihren Ursprung *in der Beschaffenheit der Energiequelle*.

3

Das geheimnisvolle Etwas »Energie«, dem alle Energone nachstellen, tritt als *freie* (bewegliche) oder *gebundene* (ruhende) Energie in Erscheinung.[2] Nur erstere ist für die Energone interessant, nur sie kann Arbeit leisten. Dabei ist das »Gefälle« wichtig – ebenso wie bei einem Wasserfall. Je höher der Punkt, von dem aus er herabstürzt, desto reicher an Energie sind die einzelnen Teilchen – um so mehr Arbeit können sie leisten. Ostwald nannt diese Potenz »Intensität«.

Das Meer enthält beispielsweise genug Wärmeenergie, um sämtliche Maschinen der Welt zu betreiben. Diese kann aber nicht genützt werden, denn es ist ruhende Energie. Könnten wir das Meer unmittelbar an den eisigen Weltraum heranbringen, dann wäre sofort ein Gefälle, eine »Intensität« da, und die Ausnützung dieser Energiequelle könnte in Angriff genommen werden.

Aber auch nicht jede freie Energie nützt jedem Energon. Schlägt etwa ein Blitz in ein Kaninchen ein, dann wird diesem zwar eine enorme Menge von freier Energie zugeführt, doch geht es daran zugrunde. Ostwald nannte Energieformen, die ein energieerwerbendes System verarbeiten kann, dessen »Rohenergie«. Die dann netto eingenommene Menge nannte er »Nutzenergie«. Das Verhältnis zwischen Roh- und Nutzenergie nannte er »Güteverhältnis«. Auf dieses kommt es im Konkurrenzkampf an. Es bestimmt den Wirkungsgrad des betreffenden Energons.

Bei jeder Umwandlung von einer Energieform in eine andere entsteht ein gewisser Prozentsatz an Wärme, die für das Energon – wenn es nicht gerade Wärme braucht – einen Verlust darstellt. Diese Energie verflüchtigt sich in die Umgebung, ihr Gefälle gleicht sich aus. Sämtliche Organismen (Pflanzen wie Tiere) sind nun so beschaffen, daß sie mit Hilfe größerer Mengen von Rohenergie kleinere Quanten von Nutzenergie auf ein höheres Energieniveau heben – also deren Intensität steigern (Abb. 6). Das erweckt den

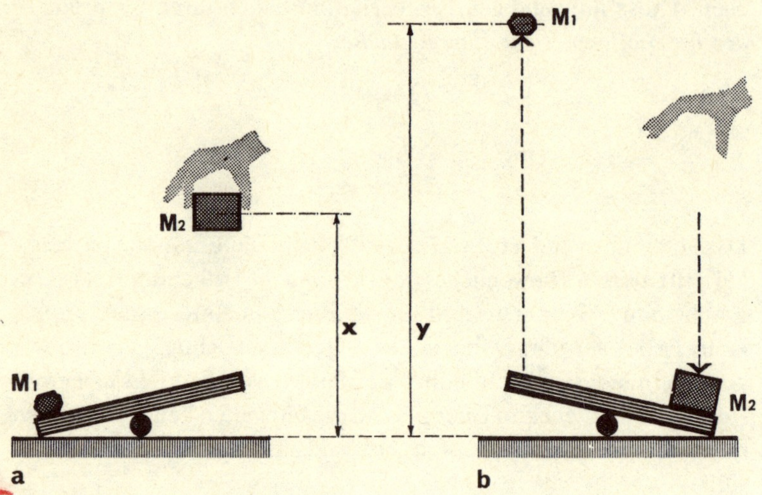

Abbildung 6: Veranschaulichung der dem Lebensprozeß zugrunde liegenden Energieumwandlung

a) Auf einem Waagebalken liegt der 10 Gramm schwere Körper M1. Seine potentielle Energie im Schwerfeld der Erde ergibt sich aus seiner Masse (Gewicht) und seinem Abstand zum Erdmittelpunkt (Gravitationszentrum). Körper M2 ist um die Strecke x weiter vom Erdmittelpunkt entfernt: seine potentielle Energie ist somit nicht nur größer auf Grund seiner größeren Masse (Gewicht), sondern auch auf Grund seines weiteren Abstandes vom Gravitationszentrum.
b) Körper M2 (von Hand freigegeben) »fällt«: seine potentielle Energie verwandelt sich in kinetische Energie. Durch seinen Aufprall wird der Waagebalken herabgedrückt und M1 wird in die Höhe geschleudert. Dabei entfernt sich M1 weiter vom Gravitationszentrum (y) als M2 vor seinem Fall gewesen war (x). M1 wird so »auf ein höheres Energieniveau gehoben«.
Eine ebensolche Energieumwandlung liegt dem Lebensprozeß zugrunde. Sämtliche Lebewesen vermögen mit Hilfe vereinnahmter Energie kleinere Energiemengen auf ein höheres Energieniveau »zu heben«. Der Vorgang wirkt der Entropie *nicht* entgegen. Insgesamt geht (durch Wärmeentwicklung) freie Energie verloren – wird »zerstört«. Trotzdem steigert das Lebewesen sein individuelles Energiepotential – das dann dazu eingesetzt wird, die diesen Umwandlungsprozeß bewirkende Struktur zu vergrößern und zu vermehren.

Eindruck, als wirkten die Organismen dem allgemeinen Gefälleausgleich in der Natur entgegen. Das tun sie jedoch nicht. Insgesamt geht auch bei diesen Vorgängen immer freie Energie verloren, *die »Entropie« nimmt zu.*[3]
Wo gab es nun auf unserem Planeten passende Energiequellen für Energone?

4

Einige Gruppen von »Bakterien« zeigen heute noch, wie sich aus anorganischen Verbindungen Energie gewinnen läßt. Schwefelbakterien oxydieren Schwefelwasserstoff, Nitritbakterien Ammoniak, Eisenbakterien spalten Ferro- und Ferriverbindungen. So wie wir durch Anzünden von Kohle Wärme – also Energie – gewinnen, so sind diese Bakterien derart beschaffen, daß sie einen chemischen Ablauf in Bewegung setzen, wenn sie mit der richtigen Substanz in Berührung kommen. Dabei wird Energie frei – und mit dieser betreiben sie ihren winzigen »Betrieb«. Geht das Geschäft gut – je Mol abgebauten Schwefelwasserstoffes gewinnt ein Schwefelbakterium ungefähr 75 Kalorien –, dann vergrößern und vermehren sie sich durch Erwerb und Einbau entsprechender Stoffe.
Da jedoch diese Energiequellen insgesamt eher spärlich sind, kam es hier zu keiner weiteren Entfaltung. Als Spezialisten florieren diese besonders kleinen Energone bis auf den heutigen Tag, doch eine evolutionäre Höherentwicklung fand bei ihnen nicht statt.[4]
Eine ungeheuer ergiebige Quelle an freier Energie sind dagegen die in ständigem Strom von der Sonne zur Erde herüberflutenden Lichtstrahlen (Photonen). Auf ihre Ausbeutung sind alle jene Energone ausgerichtet, die wir unter der Bezeichnung »Pflanzen« (genauer »autotrophe« Pflanzen) zusammenfassen.[5]
Der eigentliche Schlüsselbart, der das Schloß Sonnenlicht aufschließt, ist bei allen Pflanzen gleich oder zumindest sehr ähnlich. Es sind Pigmentmoleküle, die bei manchen niederen Pflanzen noch im ganzen Zellkörper verteilt sind; bei den höheren sind sie in bandförmigen, plattenartigen oder kugeligen Körpern – den »Plastiden« – zusammengefaßt.

Diese Funktionsträger reagieren derart auf das einfallende Sonnenlicht, daß in ihrem Gefüge einzelne Elektronen auf eine höhere Umlaufbahn überspringen – so wie in Abbildung 6 das Gewicht M1 auf ein höheres Energieniveau gehoben wird. Sie werden auf diese Weise energiereicher – und diese Energie wird dann über eine Stufenfolge von Reaktionen (über die sogenannte Redox-Kette) in chemische Energie verwandelt. Sie wird gleichsam in kleine Käfige eingesperrt.

Ein solcher »Käfig« ist in erster Linie das Adenosindiphosphatmolekül, kurz ADP genannt. Es gleicht einer Batterie, die aufgeladen wird. Durch Hinzunahme eines Phosphorsäuremoleküls wird es in Adenosintriphosphat (ATP) verwandelt, die Bindungsenergie stellt dann die erhöhte »Ladung« dar. Wird in der Pflanzenzelle für den laufenden Betrieb Energie benötigt, dann gibt diese Batterie ihr Quantum an freier Energie schnell und bei geringerem Wärmeverlust wieder ab. Ein solches Auf- und Entladen – also ein Rückverwandeln in ADP – kann sich im Laufe eines Tages hundert- und tausendmal wiederholen.

Innerhalb der Plastiden laufen noch zwei weitere Vorgänge ab: Wieder mit Hilfe der Lichtenergie wird eine andere Molekülart (NADP) mit Wasserstoff beladen, und anschließend werden dann – in der »Dunkelreaktion« – Kohlehydratmoleküle aufgebaut: zuerst Zucker, dann Stärke, Zellulose und sonstige benötigte Stoffe.

Wesentlich bei diesen Vorgängen ist, daß auch in den so gebildeten Molekülen die jeweils zum Aufbau benötigte Energie (abzüglich eines Wärmeverlustes) gefangen bleibt. Auch jedes Körpermolekül ist somit ein Energie»käfig«. Benötigt die Pflanze die darin gefesselte Energie, dann braucht sie das Molekül bloß abzubauen, zu »zertrümmern« – also den Käfig zu öffnen.

Den gesamten Vorgang dieser Energiegewinnung nennt man Photosynthese. Das Aufbauen körpereigener Struktur nennt man »Assimilation«; den entgegengesetzten Vorgang, das Öffnen der Käfige, nennt man »Dissimilation«. Hier besteht nun folgender wichtiger Zusammenhang: Zur *Assimilation* benötigt die Pflanze Kohlendioxyd und Wasser, gleichzeitig gibt sie Sauerstoff ab. Bei der *Dissimilation* dagegen entzieht sie der Umgebung Sauerstoff und gibt Kohlendioxyd ab. Da jedoch insgesamt die Assimilation stark über-

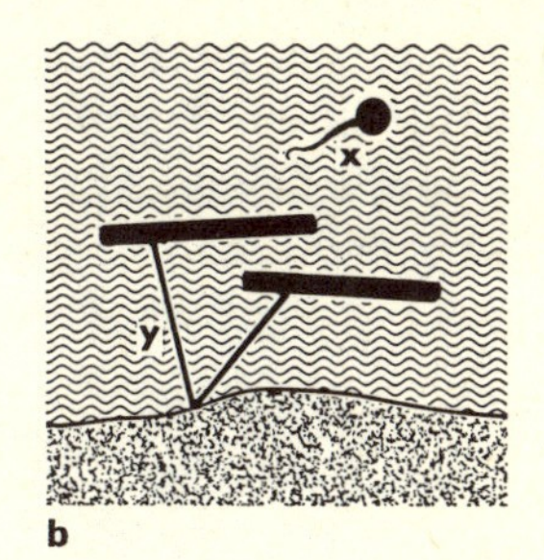

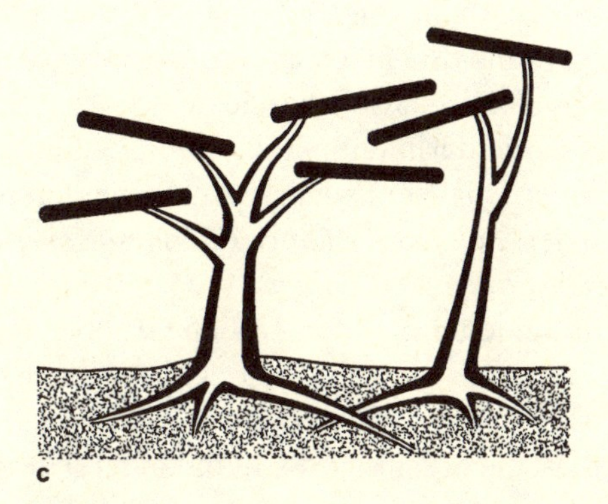

Abbildung 7: Hauptstadien der Pflanzenevolution

a) Die zur Photosynthese befähigten Einheiten (Energone) schweben frei im Wasser (x) oder überdecken den Grund (y). In beiden Fällen sind zusätzliche Funktionsträger wichtig: bei x solche, um das Energon in den belichteten Zonen schwebend zu erhalten, bei y Funktionsträger zur Verankerung am Boden.
b) Der frei schwebende Typ x wird durch ein Fortbewegungsorgan (etwa eine Geißel) befähigt, sich aktiv zu erwerbsgünstigen Wasserzonen hinzubewegen. Der Typ y entwickelt Stiele, welche die zur Photosynthese befähigten Einheiten vom Grund abheben: sie haben so mehr Chance, nicht von Sand und Schlamm überdeckt zu werden.
c) An Land sind die Pflanzen nicht von Wasser umgeben und müssen dieses aus dem Boden gewinnen: als zusätzliche Funktionsträger werden hier Saugwurzeln nötig. Im Konkurrenzkampf heben diese Pflanzen die zur Photosynthese befähigten Einheiten möglichst hoch empor: die tragenden Stämme müssen entsprechend dicker und fester werden.

Auf Stufe b genügen Einrichtungen (etwa Kanäle) zur Ernährung der Stiele, auf Stufe c wird dagegen ein doppeltes Röhrensystem nötig: eines, das Wasser (samt Salzen) zu den Erwerbseinheiten (Blättern) emporfördert, ein zweites, das Energie- und Stoffträger (die »Assimilate«) zu den Zweigen, Stämmen und Wurzeln bringt.

wiegt, sind die Pflanzen insgesamt Konsumenten von Kohlendioxyd und Produzenten von Sauerstoff.
Damit schaffen die Pflanzen in doppelter Hinsicht die Voraussetzung dafür, daß sie gefressen werden – *von den »Tieren«.*

5

Schon unter den Einzellern gibt es zahlreiche Arten, die nicht mehr Sonnenenergie erwerben, sondern zu einer räuberischen Erwerbsart übergegangen sind. Sie fallen andere Organismen an, entreißen diesen Körpermoleküle – also Energiekäfige –, zertrümmern diese und gewinnen so die darin enthaltene Energie. Sie tun also genau das gleiche wie die Pflanzen, wenn diese dissimilieren. Der Unterschied ist bloß der, *daß diese Räuber Energiespeicher aufschließen, die sie nicht selbst aufgebaut haben.*
Damit sind wir bei jener anderen großen Gruppe von Energonen, die wir »Tiere« nennen – und aus deren Kreis wir selbst hervorgegangen sind. Die Energiequelle, die von diesen Energonen aufgeschlossen wird, ist die organische Struktur anderer Organismen. An diese müssen sie herankommen und ihnen Teile entreißen. Das ist eine grundsätzlich andere Aufgabe als das Einfangen von Sonnenenergie. Während die Sonnenstrahlen ganz von selbst und gratis zu den Pflanzen kommen, müssen die Tiere ihre *Beute* aufspüren, verfolgen und überwältigen. Hier muß der Schlüssel, um sein »Schloß« zu öffnen, auch anders beschaffen sein.
Für diesen Energontyp sind neben Pflanzen auch sämtliche Tierkollegen eine mögliche Erwerbsquelle. Denn auch in jedem tierischen Körpermolekül ist die zu dessen Aufbau eingesetzte Energie gefesselt. Praktisch bedeutet das, daß es für die tierische Erwerbsart ungleich mehr und verschiedenartige Erwerbsquellen gibt. Während die photosynthetisierenden Pflanzen alle auf das gleiche Sonnenlicht ausgerichtet sind und sich bei ihnen nur im Stofferwerb – besonders jenem des Wassers – wesentliche Unterschiede ergeben, ist für die Tiere jede Beute ein etwas anderes Schloß und erfordert zu seiner Aufschließung einen entsprechend andersgearteten Schlüsselbart.

Auch bei jeder Tierart erklärt somit nicht der Herstellungsvorgang die für sie nötige Grundstruktur, sondern dafür ist in erster Linie die Beschaffenheit ihrer Beute verantwortlich. Je nachdem wie diese aussieht, sich benimmt, bewegt, allenfalls verteidigt, muß das tierische Energon entsprechend gestaltet sein, um an den fremden Energiebesitz zu gelangen.

Für den chemischen Abbau der geraubten Moleküle brauchen auch die Tiere Sauerstoff. Da die Pflanzen diesen freundlicherweise ausatmen, liefern diese nicht nur sich selbst als mögliche Beute, sondern auch noch das zu ihrer Verbrennung (Oxydation) Notwendige.

6

Da Sonnenlicht in so überreicher Menge vorhanden ist, sind bei den Pflanzen Fortbewegungsorgane meist nicht nötig.[7] Demgemäß finden wir die meisten Arten – besonders an Land – unbeweglich am Ort festsitzend. Auch Sinnesorgane sind für sie nur beschränkt nötig. Die meisten können die Richtung des Lichtes und die Richtung der Schwerkraft wahrnehmen – und bei den Landpflanzen nehmen die Wurzelspitzen Feuchtigkeit wahr –, aber die hierfür entwickelten Funktionsträger sind verhältnismäßig einfach und mit den komplexen Sinnesorganen der höheren Tiere nicht zu vergleichen. Da Strukturen, die die Bilanz nicht fördern, ein Ballast sind, ist nicht weiter verwunderlich, wenn diese Energone nur über Organe verfügen, die sie wirklich brauchen.

Dagegen wurden bei den Tieren Fortbewegungs- und Sinnesorgane zu einer wichtigen Voraussetzung der räuberischen Tätigkeit. Die Schwämme und die Korallenpolypen, die pflanzenhaft am Ort festsitzen, bilden eine Ausnahme. Sie ernähren sich von vorbeitreibenden Kleinlebewesen: ihnen spült die Meeresbewegung die Beute gleichsam von selbst ins Maul. Sie brauchen bloß durch zusätzliche Wimpernbewegung noch etwas nachzuhelfen. Die meisten Tiere sind jedoch mit Flossen, Beinen, Flügeln und sonstigen Fortbewegungswerkzeugen ausgerüstet – ebenso mit hochentwickelten Sinnesorganen: Augen, Nase, Ohren und so weiter.

Das wiederum sind nicht Spiele einer launischen Phantasie, sondern Gebote der nackten Notwendigkeit. Ohne solche Einrichtungen könnten diese Schlüssel nicht an ihr Schloß gelangen – hätten sich also nie weiterentwickeln können.

Auch die innere Organisation ist bei den Tieren notwendigerweise straffer. Zielführende Fortbewegung setzt die Koordination zahlreicher Teilbewegungen (etwa Muskelbewegungen) voraus – ebenso die Abstimmung mit Sinnesmeldungen.

In ungeheurer Vielheit wurden Beutefangorgane entwickelt: Mäuler und Tatzen, Saugstacheln, nadelscharfe Zähne, Kauplatten und vieles mehr. Zu jeder solchen Struktur gehören auch entsprechende Verhaltensrezepte, denn nur dann können diese Funktionsträger dem Erwerbsziel dienen. Die Zentralstruktur des Erwerbes ist jedoch der Darm.[8] Bei den Amöben wird die Beute noch umflossen und direkt in das Protoplasma aufgenommen, alle Vielzeller besitzen dagegen besondere, auf den Vorgang der »Verdauung« spezialisierte Funktionsträger.

In unserer menschlichen Vorstellungswelt sind Magen und Darm eher untergeordnete Organe, während wir in unserem »Ich«, das eine Leistung unseres Gehirns ist, das Zentrum unser selbst erblikken. Das Primat dieses »Ichs« ist wohl kaum je angezweifelt worden, schon bloß der Gedanke, dies zu tun, erscheint monströs. Nur in Witzblättern sehen wir Freßlinge dargestellt, bei denen die Völlerei zur zentralen Funktion wurde. Gegenüber diesen Vorstellungen und Wertungen ist es nicht eben leicht, die Betrachtungsweise der Energontheorie zu vertreten. Verfolgt man jedoch nüchtern den Weg der Evolution, dann ist das gesamte Zentralnervensystem durchaus keine ursprüngliche und zentrale Erscheinung. Es ist eine Spezialanpassung an die tierische Erwerbsform, ein Funktionsträger, der dort zwangsläufig Kontrollmacht über den Körper gewann. Beim Menschen geht diese Macht schließlich so weit, daß unser »Ich« – etwa im Falle eines Selbstmörders – nicht nur sich selbst, sondern auch alle übrigen Funktionsträger vernichtet. Von der Evolution her betrachtet bedeutet das die erstaunliche Machtübernahme einer an sich sekundären Hilfseinheit.

Der Verdauungstrakt zeigt deutlich eine immer weitergehende Arbeitsteilung und Spezialisierung. Die eroberte organische Nahrung wird, bei den Zähnen beginnend, Stück für Stück bearbeitet, aufge-

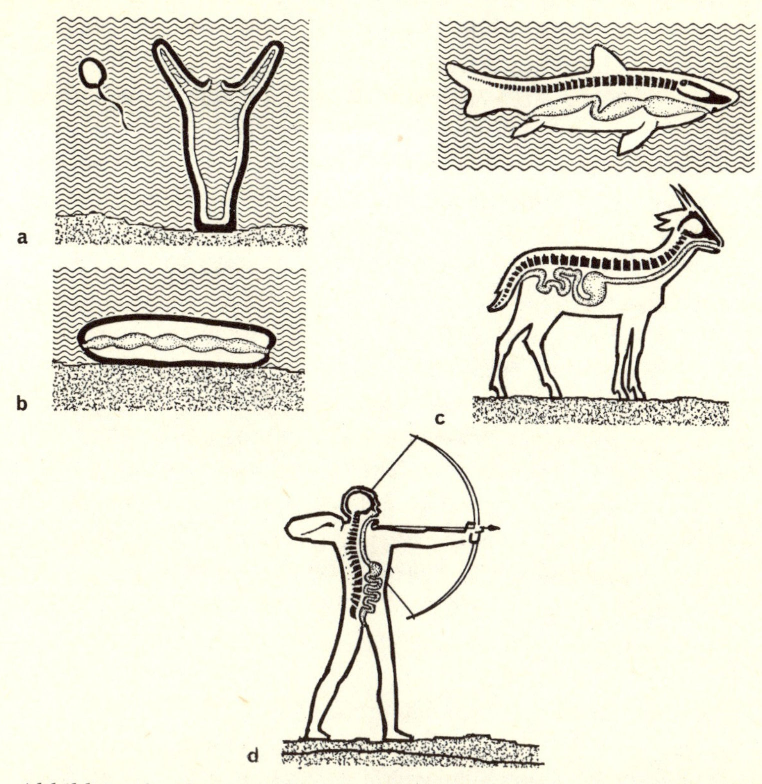

Abbildung 8: Hauptstadien der Tierevolution

a) Die zur Einverleibung fremder Organismen oder Organismenteile fähigen Einheiten (Energone) schweben frei im Wasser (Beispiel: Einzeller) oder bilden eine auf dem Boden festsitzende Erwerbsstruktur (Beispiel: vielzelliger Polyp). Die Beute wird entweder direkt in den Zellkörper aufgenommen (Einzeller) oder in einem Hohlraum von darauf spezialisierten Zellen »verdaut«.
b) Ein durchgängiger »Darm« hat sich entwickelt, in dem die Zertrümmerung der erbeuteten organischen Moleküle Schritt für Schritt erfolgt. Primitive Sinnes- und Fortbewegungsorgane ermöglichen es dem Darm, sich fortzubewegen und nach Beute zu suchen.
c) Die Fähigkeit der Fortbewegung steigert sich durch zusätzliche Funktionsträger (Flossen, Beine, Flügel), die Sinnesorgane werden leistungsfähiger. Die vordere Darmöffnung spezialisiert sich auf das Losreißen von Beuteteilen (Maul, Zähne).
d) Die Leistungskraft und Reichweite der körperlichen Funktionsträger wird durch zusätzliche, aus Umweltbestandteilen geformte künstliche Organe gesteigert (etwa durch Pfeil und Bogen). Auch die »Verdauung« der geraubten »Nahrung« wird durch außerkörperliche Einheiten verbessert (Herd, Feuer, Topf).

schlossen. Wie auf einem Fließband wandert sie weiter. Durch Drüsenabscheidungen werden die Zellwände bearbeitet, im Magen werden ätzende Säuren auf sie losgelassen, im Dünndarm wird sie schließlich resorbiert. Biologisch betrachtet – und besonders von der Energontheorie her –, ist jeder tierische Organismus *ein sich fortbewegender Darm*. Sinnesorgane steuern ihn, Beine, Flossen, Flügel bewegen ihn zur Beute hin, und die entsprechend ausgebildete Vorderöffnung, das Maul, muß dann zupacken und verschlingen (Abb. 8).

Zwischen Pflanzen und Tieren besteht ein markanter Unterschied. Für das Einfangen von Sonnenstrahlen sind möglichst große Flächen nötig – *nach außen gerichtete Flächen*. Die »Blätter« wurden hier zum eigentlichen Erwerbsorgan; sie enthalten die Plastiden. Bei den Landpflanzen werden diese Funktionsträger – im Konkurrenzkampf um das Licht – noch auf besonderen Stielen und Stämmen möglichst hoch emporgehoben (Abb. 7). Das Tier dagegen benötigt große *innere Flächen* zur Bearbeitung des Geraubten, zur »Verdauung«. Hier sind es Zotten und Falten in Magen und Darm, die die innere Oberfläche vergrößern – außerdem die Darmlänge selbst.

Zur Gasaufnahme sind ebenfalls große Oberflächen nötig. Bei den Pflanzen wird die Oberfläche der Blätter ausgenützt und durch ein weitverzweigtes »Interzellularsystem«, das in den »Spaltöffnungen« an der Blattoberfläche mündet, noch vergrößert. An diesen Flächen findet auch die Verdunstung statt, die den Saftstrom von den Wurzeln hochsaugt. Bei den Tieren – besonders den größeren Vielzellern – genügt dagegen nur in seltenen Fällen die Körperoberfläche, um den nötigen Gasaustausch zu vermitteln. Bei den Tausendfüßlern und Insekten entwickelte sich ein den ganzen Körper durchziehendes Röhrensystem, die »Tracheen«, das in feinsten Ästchen bis tief in einzelne Organe eindringt. Bei den Fischen und Landwirbeltieren erfolgt die Gasübernahme durch Kiemen oder Lungen, und das Blut übernimmt hier den Weitertransport zu den einzelnen Bedarfsstellen.

7

Als die pflanzlichen und tierischen Energone vom Wasser her das trockene Land besiedelten – die Pflanzen zuerst, die Tiere der Beute nachfolgend –, mußten sie mit vielen neuen Schwierigkeiten fertig werden. Sie mußten sich entsprechend »anpassen«.
Dabei wurde die eigentliche Schlüssel-Schloß-Passung durch diesen Übergang kaum berührt. Der jeweilige Schlüsselbart – bei den Pflanzen die Plastiden, bei den Tieren der von den Sinnesorganen gesteuerte und zur Fortbewegung fähige Darmschlauch – brauchte sich nicht zu verändern. Wesentliche Unterschiede ergaben sich jedoch hinsichtlich der Stoffgewinnung und der inneren Stützung des Körpers.
An Land wurde die Wasserbeschaffung zum Problem, die Beschaffung gasförmiger Stoffe dagegen vereinfachte sich. Im Meer und in Süßwasserseen ist nur verhältnismäßig wenig Sauerstoff in gelöster Form vorhanden. Weit größere Oberflächen sind darum im Wasser nötig, um die erforderlichen Mengen zu gewinnen. Der Vergleich zwischen dem Menschen und dem so wesentlich kleineren Tintenfisch zeigt dies deutlich. Bei diesem beträgt die Oberfläche der Kiemen 1700 bis 1800 Quadratmeter, beim Menschen jene der Lungen bloß 90 bis 100 Quadratmeter. Hier ergab sich somit an Land die Möglichkeit zu wesentlichen Einsparungen.
Der Mangel an Wasser wurde dagegen zu einem limitierenden Faktor. In den weiten Wüstengebieten fehlt es nicht an Sonnenstrahlen und Kohlendioxyd, doch ohne Wasser ist den pflanzlichen Energonen ihr Erwerbsvorgang nicht möglich. Kein Wunder, wenn mancher Botaniker nicht im Energieerwerb, sondern im Stofferwerb das eigentlich Wesentliche erblickt. Auch auf besten Böden können Pflanzen nur etwa den hundertsten Teil der zu ihnen gelangenden Sonnenenergie für sich nutzbar machen. Die pflanzlichen Energone schwimmen gleichsam in Energie. Ihre Fähigkeit, dies auszunützen, ist grundsätzlich nur durch den Stofferwerb und das eigene Umsetzungsvermögen beschränkt – sowie durch die Konkurrenzkraft anderer Pflanzen.
Durch ihre Beweglichkeit haben es die Tiere etwas leichter. Sie müssen nicht unbedingt an einem bestimmten Punkt Wasser finden. Für sie genügt es, wenn irgendwo in ihrem Aktionskreis eine passende Wasserquelle vorhanden ist.

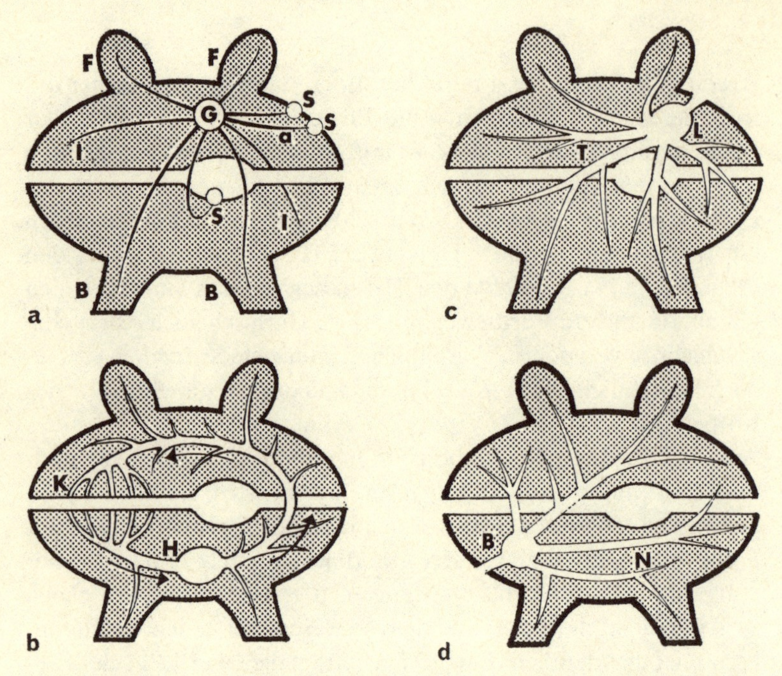

Abbildung 9: Zur tierischen Erwerbsform notwendige Hilfseinrichtungen

a) Ein Funktionsträger zur Koordination der Sinnes- und Fortbewegungsorgane wird nötig: etwa ein Nervensystem mit Gehirn (G). Sensorische (afferente) Leitungen befördern Information von äußeren und inneren Sinnesorganen (S) zum Gehirn; motorische (efferente) Leitungen übermitteln Befehle vom Gehirn an Fortbewegungsorgane (B, F) und innere Organe (I).
b) Bei größeren tierischen Energonen wird ein Funktionsträger zur Verteilung der geraubten Energie- und Stoffmengen an die einzelnen Körperabschnitte nötig. Am besten eignet sich ein Kreislaufsystem mit entsprechender Pumpe (H). Am hinteren Darmende wird das Erwerbsergebnis aufgenommen (K) und allseits verteilt.
c) Zur Aufschließung der an die einzelnen Körperteile gelangenden »Nahrung« ist Sauerstoff nötig; dieser kann nicht ebenfalls vom Darm in genügender Menge aufgenommen werden. Ein eigener Funktionsträger zur Gasaufnahme und -verteilung wird darum nötig: etwa Tracheen (T). Dieses Röhrensystem kann auch die ausgeatmeten Gase (CO_2) abführen. Seine Leistung kann durch einen Blasebalg – etwa eine Lunge (L) – gesteigert werden.
d) Andere als gasförmige Stoffwechselschlacken können durch das Röhrensystem der Gasbeförderung nicht abgeschieden werden – und auch nicht (ohne weiteres) durch das Kreislaufsystem. Ein weiterer Funktionsträger für diese Leistung wird nötig – etwa Nephridien (N). Die Sammlung der Abfälle kann in einer Blase (B) erfolgen.

Durch Funktionserweiterung oder Funktionspartnerschaft (vgl. S. 211ff. und Abb. 20a) können diese funktionellen Einheiten auch teilweise miteinander verschmelzen: sich gegenseitig die Arbeit erleichtern. So kann etwa – wie bei Säugetieren – der Blutkreislauf auch die Verteilung der aufgenommenen Gase und die Ableitung der Stoffwechselschlacken zu den abscheidenden Funktionsträgern (Tracheen, Nephridien) mit übernehmen.

Dagegen sind Tiere und Pflanzen gleichermaßen von der Gefahr der Austrocknung betroffen. In heißen Trockengebieten können deshalb nur solche Energone gedeihen, deren Außenhaut die Verdunstung möglichst unterbindet. Beispiele: Eidechsen und Kakteen.
Da die Luft 775mal leichter ist als Wasser und entsprechend weniger Widerstand bietet, wurde die Fortbewegung an Land einfacher. Anderseits aber fiel hier die tragende Kraft des im Wasser wirksamen Auftriebes weg – was den an Land gewonnenen Vorteil zum Teil wieder aufhob. Mit Schlängel- und Flossenbewegungen war es hier nicht getan.[9] Der Körper muß hier von besonderen Funktionsträgern vom Boden abgehoben werden. Auch wurden als Gegenwirkung zur Schwerkraft stärkere Skelette nötig. Während sich im Wasser der über 100 Tonnen schwere Grönlandwal mühelos fortbewegt, ist unter den heute lebenden Landtieren der höchstens 6 Tonnen schwere Elefant die äußerste Grenze. Da das Gewicht eines Körpers mit dem Kubus der linearen Ausdehnung anwächst, die Tragfähigkeit einer Stütze jedoch nur mit dem Querschnitt, also mit dem Quadrat, sind an Land durch die Erdschwerkraft dem Größenwachstum absolute Grenzen gesetzt. Das ist der Grund, warum der Elefant nicht mit so dünnen Beinen auskommt wie der Weberknecht, und warum eine junge Eiche längst keinen so dicken Stamm braucht wie eine alte.
An Land kamen außerdem viel extremere Werte von Hitze und Kälte hinzu; Schnee, Eis, Sturm, Regen und anderes mehr. Das energieerwerbende Blatt der Pflanze und der energieerwerbende bewegliche Darm, den wir »Tier« nennen, konnten in vielen Gegenden nur Fuß fassen, wenn sie diese oder jene zusätzlichen Funktionsträger der *Abschirmung* hervorbrachten. Ohne solche wurde ihre Bilanz zwangsläufig passiv.
Die Gestalt der Tiere und Pflanzen erklärt sich somit *nicht* aus ihrer Herstellungsart, *nicht* aus dem Weg ihres Zustandekommens. Sie

wird vielmehr weitgehend durch die Beschaffenheit der Energie- und Stoffquellen diktiert. Diese haben mit dem Herstellungsvorgang nicht das geringste zu tun – und sind doch für wesentliche Strukturelemente verantwortlich. Auf diese merkwürdige Verknüpfung von Ursachen und Wirkungen kommen wir in Kapitel VII ausführlicher zurück.

8

Auch das Phänomen, daß ein Schlüssel in ein Schloß paßt, für das er gar nicht geschaffen wurde, gibt es bei den Energonen.
Ein gutes Beispiel dafür ist der Coloradokäfer, der bis 1850 bloß als Kostgänger wildwachsender Nachtschattengewächse auf nordamerikanischen Hochebenen bekannt war. Dann kam dieser Käfer mit dem künstlich gepflanzten Kartoffelkraut in Berührung – und seither ist er zu einem gefürchteten Schädling geworden. Hier traf also ein Energon auf eine andere, viel reichere Energiequelle; hier traf ein Schlüssel unvermutet auf ein neues Schloß, welches er auf das vorzüglichste aufsperrte. Ähnliche Vorgänge dürften sich in der Evolution nicht selten zugetragen haben.[10]
Jede neu entstehende Tier- oder Pflanzenart gleicht einem Schlüssel, der nach einem Schloß sucht. Kommt es durch Veränderungen im Erbrezept zu solchen Neubildungen, dann treten diese mit allen auf die gleiche Energiequelle ausgerichteten Energonen in Konkurrenz. Dabei kann es vorkommen, daß sie dieser Erwerbsquelle gegenüber höhere Eignung haben – oder eine bisher noch überhaupt nicht ausgebeutete Energiequelle zu erschließen vermögen. Im ersten Fall drängen sie die Konkurrenz beiseite, im zweiten haben sie den Vorteil von Monopolisten. Die neue Art breitet sich aus.
Ist die Energiequelle beständig, dann kommen – innerhalb der neuen Art – die besser geeigneten Typen in Vorsprung. Im Laufe von unzähligen Generationen entsteht so – durch »natürliche Auslese« – ein immer besser dieser Quelle angepaßter, immer mehr auf ihre Erschließung spezialisierter Schlüssel. Ist die Quelle nicht beständig, dann sind Typen, die nicht extrem spezialisiert sind, besser daran. Der Wirkungsgrad ihrer Tätigkeit ist dann zwar geringer, aber sie bleiben universell genug, um bei Versiegen der einen Energiequelle auch noch andere aufschließen zu können.

Da sämtliche höheren Pflanzen um das gleiche Sonnenlicht buhlen, ist ihre strukturelle Verschiedenheit nicht allzu groß. Für die Tiere ist dagegen jede neu entstehende Tier- oder Pflanzenart eine völlig neue Energiequelle. Demgemäß sind bei ihnen die Schlüssel-Schloß-Beziehungen außerordentlich verzahnt.
Einzellige Kieselpanzeralgen werden von Kleinkrebsen verspeist. Den Kleinkrebsen stellt der Süßwasserstint nach, diesem wieder der Hecht, dem Hecht der Seeadler, auf dessen Körper wieder Schmarotzer leben. Jedes dieser Tiere ist ein Schlüssel, der ein Schloß aufsperrt – und gleichzeitig selbst ein Schloß für andere Schlüssel. Auch die Schmarotzer haben Verfolger. Und auf jedes tote Lebewesen stürzen sich die Fäulnisbakterien – die selbst wieder für andere Energone eine Erwerbsquelle darstellen. So geht es weiter...
Besonders die Schmarotzer zeigen, wie weit Spezialisierungen gehen können. So schmarotzt auf Zehnfußkrebsen die Assel *Ergyne Rissoi*. Auf dieser schmarotzen Wurzelkrebse. Und auf einem Wurzelkrebs fand man als Schmarotzer – die Assel *Danalia*. In diesem Fall wurde in drei verschiedenen Größenstufen jeder Spezialschlüssel wieder zur Erwerbsquelle für einen entsprechend kleineren.
Für sämtliche schmarotzenden Energone ist die Fortpflanzung das große Problem. Die von ihnen ausgebeuteten Energiequellen sind in der Regel sehr ergiebig. Besonders Schmarotzer, die im Darm von anderen Tieren leben, sind dort allseits von vorverdauter Nahrung umgeben und brauchen diese nur aufzunehmen. Ein besonderer Mund und Darm wird hier überflüssig; die Aufnahme kann unmittelbar durch die Außenhaut erfolgen. Aber wie soll das Energon sich fortpflanzen? Bringt es im Körper seines »Wirtes« Junge hervor, dann gehen diese zwangsläufig mit dem Tod des Wirtes ebenfalls zugrunde. Nur wenn diese Schlüssel über Verhaltens- und Aufbaurezepte verfügen, die sie über diese Klippe hinwegheben, können sie als Art bestehenbleiben.
Es kam hier zur Ausbildung von sehr komplizierten Entwicklungswegen. Es gibt Parasiten, die im Laufe ihres Lebensweges nicht nur ihr Verhalten, sondern auch ihre Gestalt mehrmals verändern.
Verhältnismäßig einfach ist der Vorgang noch bei dem Wurm *Acanthocephalus anguillae*, der im Darm unserer Weißfische parasitiert. Seine Eier gehen mit dem Kot des Fisches ab, fallen auf den Grund

und müssen nun darauf warten, daß ein bestimmter Flohkrebs – *Gammarus pulex* – sie verspeist. Damit ist die erste Hürde genommen. Im Magen des Krebses schlüpfen aus den Eiern Larven, welche die Darmwand durchbohren und dann in der Leibeshöhle des Krebses schmarotzen. Das ist aber sozusagen nur ein Zwischenverdienst. Alsbald kapseln sich die Würmer ab – und jetzt muß ein günstiges Schicksal ein zweites Mal nachhelfen. Der Flohkrebs dient den Weißfischen als Nahrung, er muß also von einem Weißfisch gefressen werden. Ist das der Fall, dann wird im Magen des Fisches der Krebs verdaut – und die Kapsel bleibt zurück. Jetzt treten Haken in Aktion, mit denen der Parasit sich an der Darmwand festklammert – und damit ist endlich der Schlüssel an seinem Schloß. Der Wurm wächst jetzt heran... und produziert Eier.

In diesem Fall ist nur *eine* erwerbsfähige Zwischengestalt eingeschoben. Es gibt aber auch Fälle, bei denen der Parasit dreimal oder noch öfter seine Gestalt ändert. Jede dieser Daseinsformen stellt eine besondere Anpassung an eine Zwischenstation in diesen komplizierten Entwicklungswegen dar. Beim Saugwurm *Baccinger baccinger* gelangen die Nachkommen erst auf dem Umweg über eine Muschel und einen Krebs in den Fischdarm, der ihre eigentliche Erwerbsquelle ist. In manchen Fällen werden auch weite Wanderungen quer durch den Körper der Wirte ausgeführt. Beim Leberegel der Katze gelangen die Larven vom Darm aus durch den Gallengang in die Leber, beim Leberegel des Rindes durchbohren sie die Darmwand, wandern durch die Leibeshöhle und erreichen auf diesem Weg ihr Ziel. – Auch hier gibt es verschiedene »Methoden«, *auch hier ist nur das Endergebnis von Wichtigkeit.*

Gelingt dem Parasiten seine komplizierte Wanderung zu dem zu erschließenden Schloß, dann ist sein Reingewinn enorm – dann kann er auch eine enorme Zahl von Nachkommen produzieren. Das gleicht die hohe Verlustquote wieder aus. So ist es möglich, daß auch solche Energonarten sich erhalten und weiterentwickeln konnten.

Weniger klar zu überschauen ist die kettenartige Verknüpfung von Schlüssel-Schloß-Beziehungen bei Nichtspezialisten. Der Hering ernährt sich von mehreren Dutzend verschiedenen Tierarten, und über ein Dutzend verschiedener Räuber stellen ihm selbst nach. Somit ist dieses Energon der Schnittpunkt sehr unterschiedlicher

»Nahrungsketten«, die einerseits in ihn »einmünden«, anderseits von ihm aus in sehr verschiedene »Richtungen« weiterführen.

9

Die Erwerbsart bei Pflanzen und Tieren ist zwar grundsätzlich verschieden, trotzdem ist eine genaue Abgrenzung oft schwierig. Es gibt praktisch alle erdenklichen Übergänge.
Unter den Einzellern gibt es eine Reihe von Arten, die über Plastiden verfügen, sich daneben aber auch räuberisch betätigen können. In diesen Zwischenformen zeigt sich noch heute deutlich der gemeinsame Ursprung von »Pflanzen« und »Tieren«. Hier, bei den Einzellern, verschwimmen noch die Grenzen. Hier teilten sich die beiden großen Entwicklungswege.
Unter den vielzelligen Tieren gibt es keine Art, die wieder zu Plastiden gelangt wäre. Die Räuber unter den Energonen bleiben gleichsam ihrer Berufsehre treu. Sie blieben beim Raub. Anders die vielzelligen Pflanzen.
Unter diesen gibt es genügend Arten, die teilweise oder ganz Parasiten wurden – also andere Organismen zur Erwerbsquelle haben. Ein »Halbparasit« ist die Mistel. Sie raubt den Bäumen, auf deren Ästen sie sich ansiedelt, bloß Wasser und Nährsalze, erspart sich also eine eigene Wassergewinnung aus dem Boden. Ein »Vollparasit« ist dagegen die Hopfenseide (*Cuscuta*). Mit fangarmartigen Funktionsträgern umschlingt sie Hanf und Hopfen, dringt in deren Gewebe ein, zapft deren Siebröhren ab. Hier wird nicht nur das Wasser samt den Nährsalzen geraubt, hier werden dem Wirt Assimilate – also »Energiekäfige« – entzogen. Die Blätter sind völlig rückgebildet und funktionslos. Der Herkunft nach ist *Cuscata* zweifellos unter die Pflanzen einzureihen, ihrer Erwerbsart nach ist sie jedoch ein Tier.
Bei Pilzen ist es ähnlich. Sie sind darauf spezialisiert, die Reste von abgestorbenen Organismen (Moderstoffe) aufzuschließen. Auch sie sind der Herkunft nach Pflanzen, in der Erwerbsart sind sie jedoch in das andere Lager hinübergewechselt.
Trotz dieser und weiterer Verflechtungen bietet die Natur bis her-

auf zum Menschen ein sehr einheitliches Bild. Zwei Hauptwege des Energieerwerbes wurden beschritten. Auf jedem der beiden kam es zur Ausbildung einer Vielzahl sehr verschieden aussehender Erwerbsstrukturen, die den Strom der Lebensentwicklung in immer neue Gebiete vortrugen.[12]

Bemerkenswert ist, daß die tierische und pflanzliche Erwerbsart einander gegenseitig zur Voraussetzung haben. Ohne Pflanzen hätten sich die Tiere nicht entwickeln können, ohne Tiere nicht die Pflanzen. Der Grund dafür ist einfach. Die Pflanzen sind auf das von den Tieren ausgeatmete Kohlendioxyd angewiesen, die Tiere wieder brauchen den von den Pflanzen ausgeatmeten Sauerstoff. Der kaum schwankende Kohlendioxyd- und Sauerstoffgehalt der Erdatmosphäre ist eines der erstaunlichsten und am wenigsten beachteten Phänomene. In der Gesamtheit halten sich die pflanzliche und tierische Gasproduktion genau die Waage. Wäre die pflanzliche Tätigkeit stärker, so würde der Sauerstoffgehalt ansteigen; wären die Tiere in der Übermacht, würden Luft und Meer zunehmend mit Kohlendioxyd angereichert. Nichts dergleichen geschieht. Selbst das Auftauchen des Menschen hat daran – wenn man von den Großstadträumen absieht – einstweilen nichts geändert.[13]

In dieser ungeheuer verketteten und verfilzten Gemeinschaft von tierischen und pflanzlichen Energonen trat dann der Mensch in Erscheinung. Fast zwei Millionen Jahre lang war er nicht viel mehr als ein besonders intelligentes Tier. Aber allmählich kam es dann zu entscheidenden Veränderungen. So wie das Energon Zelle die Evolution zu viel höher organisierten und mächtigeren Erwerbskörpern emporgeführt hatte, so setzte nun zum zweitenmal ein ähnlicher, aber noch gewaltigerer Entwicklungsprozeß ein – auf dessen schwindelerregender Höhe wir heute selbst stehen.

Diese Entwicklung betrachten wir als nächstes.

Anmerkungen

[1] Dem Team des Nobelpreisträgers A. Kornberg gelang es 1968, autoreproduktive Ribonucleinsäure herzustellen, die im Aufbau und in der Wirkung dem Erbrezept eines Virus entspricht. Manfred Eigens »Hypercyclus« (1971) zeigt im Modell auf, wie aus anorganischen Molekülen selbstorganisierende Strukturen von Macromolekülen entstehen können.

[2] Ostwald schrieb, man müsse unterscheiden zwischen dem »ruhenden Anteil, der sich niemals mehr aus sich selbst in Bewegung, das heißt in Umwandlung versetzen kann«, und dem beweglichen, »der allein zu Geschehnissen in der Welt Anlaß gibt«. (»Die energetischen Grundlagen der Kulturwissenschaft«, Leipzig 1909, S. 31.)
[3] Auf diesen Zusammenhang bezieht sich die im Motto gegebene Äußerung von W. Troll (»Allgemeine Botanik«, Stuttgart 1948, S. 350.)
[4] Die kleinste zur Selbstvermehrung fähige Lebenseinheit ist nach M. Staudinger die Bakterienspore. Sie besteht, nach seiner Berechnung, aus zirka 15 Molekülen zu 10^6 Atomen, 150 Molekülen zu 10^5 Atomen, 500 Molekülen zu 10^4 Atomen; die restlichen 30 Prozent setzen sich aus zirka 550000 Molekülen zu 10^1 bis 10^3 Atomen zusammen. (W. Wieser, »Gewebe des Lebens«, Bremen 1959, S. 234.)
[5] Wenn ich im weiteren von »Planzen« schlechthin spreche, dann sind stets solche, die »Photosynthese« betreiben, also Sonnenenergie umwandeln, gemeint. Die oben genannten Bakteriengruppen werden gewöhnlich auch unter »Pflanzen« eingereiht, doch zur Vereinfachung – wie es auch dem Sprachgebrauch entspricht – schließe ich sie im folgenden aus.
[6] Die vollständige Bezeichnung dieser chemischen Verbindung lautet: Nicotinamidadenindinucleotidphosphat.
[7] Manche niedere Algen (besonders Einzeller) verfügen über Geißeln und vermögen sich zu Plätzen hinzubewegen, die ihnen günstige Lichtverhältnisse bieten.
[8] Bereits Cuvier nannte den Darm das Hauptcharakteristikum der Tiere (»premier charactère des animaux«). (»Le Règne Animal«, Brüssel 1836, S. 11.)
[9] Auch die Schlangen schlängeln sich nicht bloß, sondern stemmen sich mit nach hinten gerichteten Schuppen und vor allem mit ihren »Bauchschienen« über den Boden hinweg.
[10] Der umgekehrte Fall, daß ein »vorzüglicher« Schlüssel an ein falsches Schloß gerät, ist für die Beurteilung der Lebewesen fast noch wichtiger. Die Katze ist eine ungemein leistungsfähige und hochdifferenzierte Struktur: werfen wir sie ins Meer, dann ist sie hilflos und geht zugrunde. Ein absolutes »besser« und »schlechter« gibt es somit bei den Schlüsseln, die wir »Organismen« nennen, nicht. Nur gegenüber einer bestimmten Energiequelle und Umwelt gibt es eine solche Wertung.
[11] Beim Bandwurm *Tacnia solium* wurde die Zahl der Eier auf jährlich 42 Millionen berechnet, beim Spulwurm *Ascaris lumbricoides* auf 64 Millionen. Beim Fadenwurm *Shaernularia bombi*, der in der Leibeshöhle von Hummeln schmarotzt, haben Eiröhren und Uterus keinen Platz mehr im Körper, wachsen aus ihm heraus, so daß der Wurm schließlich nur noch wie ein winziger Anhang des Uterus aussieht. Das ist der im Tierreich seltene Fall, daß ein Organ das hundertfache Volumen seines Organismus erreicht.
[12] Das ist der Grund, warum ich auch von der Energontheorie her die geläufige Unterteilung in Pflanzen und Tiere beibehalte. Hier liegen zwei große klar unterschiedene Gruppen vor – ebenso wie im zweiten Evolutionsteil jene der Berufstätigen und Erwerbsorganisationen. Auf diese Weise wird freilich nach verschiedenen Kriterien eingeteilt: erst nach der Art des Energieerwerbes, dann nach der Integrationsstufe. Formal richtiger wäre die Einteilung: Einzeller, Vielzeller, Berufstätige, Erwerbsorganisationen. Da jedoch jedes Einteilungssystem etwas künstlich in die Natur Hineingetragenes ist, scheint mir übertriebene Konsequenz hier nicht am Platz.
[13] Das schrieb ich vor sechzehn Jahren. Inzwischen haben sich die Verhältnisse leider bedenklich verändert. Durch die Abgase der Industrie und weitere Wechselwirkungen steigt der CO_2-Gehalt der Atmosphäre bedenklich an – was Erwärmung und Abschmelzen der Polkappen nach sich ziehen kann.

V
Energiequelle Bedarf

Wie ein Dunst lagert ein Gemisch von Schlagworten und veralteten Ideologien über der Wirklichkeit.
W. Eucken (1952)

Für den Automobilhändler oder Bauunternehmer in einer Kleinstadt, der hinter einem Kunden oder einem Großauftrag her ist, geht es dagegen um alles oder nichts. (Bezeichnenderweise sprechen die Beteiligten selbst von Halsabschneiderei.)
John K. Galbraith (1966)

1

Oskar Hertwig bezeichnete den Menschen als den »schwierigsten Gegenstand naturwissenschaftlicher Betrachtungsweise«. Ich glaube, man hat bis heute noch kaum damit begonnen, den Menschen wirklich naturwissenschaftlich zu betrachten.
Nehmen wir an, wir könnten einem Tier oder einer Pflanze die notwendige Intelligenz einimpfen, um die Entwicklung des Menschen kritisch zu betrachten. Diese Lebewesen wären dann in einer ähnlichen Situation, wie wir es vielleicht sein werden, falls wir eines Tages auf einem anderen Himmelsgestirn mit noch weiter fortgeschrittenen Energonen in Berührung kommen. Pflanze und Tier würden sicher mit größtem Interesse das menschliche Getriebe verfolgen. Das Lebewesen Mensch, aus ihrer Mitte hervorgegangen... siehe da, was es alles erreicht hat!
Unsere Erwerbsformen würden die beiden sicherlich besonders interessieren. Sie würden sich im menschlichen Getriebe diesbezüglich nicht leicht zurechtfinden. Immerhin gäbe es für sie Anhaltspunkte, um an eigene Erfahrungen anzuknüpfen...
Nehmen wir an, die beiden beobachten einen Landwirt: Dieser erbeutet Pflanzen – das ist nichts Neues. Aber die Art, wie er dabei vorgeht, ist ungewöhnlich. Statt nach eßbaren zu suchen, reißt er uneßbare aus. Statt Körner zu essen, steckt er solche in den Boden. Hier würde sich den beiden Beobachtern das Phantasiewesen

Mensch auf das deutlichste zu erkennen geben. Es verknüpft in seinem Gehirn das, was es jetzt tun, mit einer Wirkung, die sich erst in vielen Monaten einstellen wird.

Dem tierischen Beobachter wäre hier die Primitivität der eigenen Erwerbsart deutlich vor Augen geführt. Allen tierischen Energonen ist die Kenntnis, wie die jeweilige Beute aussieht, ganz oder weitgehend angeboren. Bestimmte Sinneseindrücke lösen entsprechende Angriffshandlungen aus. Ist das Tier ein Pflanzenfresser, dann bewegt es sich zur Beute hin und beginnt an ihr zu knabbern; ist es ein Räuber, dann verfolgt es die Beute, reißt Stücke von ihr ab, versucht sie zu überwältigen. Ist ein Tier gesättigt, dann erlischt seine »Freßgestimmtheit«. Der Anblick der Beute löst dann kein Futtersuchverhalten mehr aus. Wird es später wieder hungrig, setzt die Reaktion wieder ein.

Auch das Tier hat somit gewisse Vorstellungen in seiner »Phantasie«. Diese sind ihm aber angeboren. Und der Sinneseindruck, den das Tier sucht, und seine Reaktion – sofern es freßgestimmt ist – sind unmittelbar verbunden. Daß man dagegen durch Tätigkeiten, die dem Freßvorgang entgegengesetzt sind – wie die diversen Tätigkeiten des Landwirts –, die Ausbeute noch steigern kann, ist entschieden neu!

Immerhin: in manchen Ameisenstaaten werden Pilzbeete angelegt und regelrecht gepflegt und gedüngt. Das ist aber ein angeborenes Verhalten. Individuell vermag kein Tier ein solches Verhaltensrezept zu entwickeln.

Alle Tiere und Pflanzen leben gleichsam eingebettet in das natürliche Gleichgewicht tausendfacher Wechselbeziehungen. Der Mensch dagegen verändert dieses Gleichgewicht willentlich. Was ihm schadet, beseitigt er. Was ihm nützt, fördert er. Auch indem er Tiere *nicht* aufißt, sondern hegt, *gelangt er zu mehr und leichter zugänglicher Nahrung.*

Gleichzeitig gelangt dieser Mensch – wieder in seiner Phantasie – zu der Vorstellung, daß alle übrigen Lebewesen praktisch für ihn da sind. Er gefällt sich in der Überzeugung, daß diese von höherer Stelle eingesetzt sind, um ihm das Benötigte zu liefern. Zu den Haustieren entwickelt er eine patriarchalische Zuneigung – *und verspeist sie.*

2

Die für den Menschen eigentliche, typische Erwerbsform ist jedoch eine andere. Sie würden den beiden Beobachtern noch weit mehr Kopfzerbrechen bereiten.
Da ist etwa der Schuster, der ihnen bereitwillig erklärt, was er tut. Indem er Leder in Stücke zerschneidet, mit Nadel und Zwirn zusammennäht, leimt und sonstiges daran tut, entsteht das künstliche Organ Schuh. Es kann zum Schutz des Fußes angelegt werden. Später sehen die beiden den Schuster beim Essen. Wie kam er zu dieser Nahrung – zu diesen organischen Molekülen? Der Schuster zeigt auf die Schuhe. Durch Zerschneiden von Leder und entsprechendes Zusammenfügen gelangte er an organische Substanz. – Das muß den beiden unbegreifbar sein.
Hier geht die Leistung der menschlichen Phantasie noch um ein Stück weiter. Hier sieht ein Energon voraus, zu welchem Ergebnis eine Tätigkeit über eine recht komplizierte Kausalkette führen kann. Zwischen Ursache und Wirkung liegt in diesem Fall nicht nur ein langes Intervall – wie bei Ackerbau und Viehzucht. Hier ist zwischen Ursache und Wirkung noch eine unübersichtliche Verknüpfung dazwischengeschaltet.
Die Biologen Wolfe und Cowles haben bei Schimpansen festgestellt, daß man sie dahin bringen kann, ähnliche Zusammenhänge zu verstehen.[1] Durch Arbeitsleistung an einer Hebelvorrichtung konnten diese Affen Münzen erwerben und mit diesen dann aus einem Automaten Leckerbissen beziehen. Sie lernten dies – und lernten auch den Wert verschiedenartiger Münzen begreifen. Mit der einen Sorte konnten sie Futter erwerben, mit der zweiten die Käfigtür öffnen, die dritte brachte den Pfleger dazu, mit ihnen zu spielen. Auch hier war eine verzwickte Verknüpfung in die kausalen Zusammenhänge eingeschaltet – allerdings lagen die zu kombinierenden Elemente räumlich und zeitlich dicht beisammen.
Immerhin: das Affengehirn vermag bereits derartige Leistungen zu erbringen – vorausgesetzt, daß das Tier entsprechend unterwiesen wird. Das nötige Verhaltensrezept muß also von anderswoher beigesteuert werden. *Selbst aufbauen kann der Affe ein solches nicht.*

Was ist nun bei der menschlichen Erwerbsform durch *Tausch* das zu öffnende Schloß? Und wie sieht hier der Schlüsselbart aus, durch den die jeweilige Energiequelle aufschließbar wird?

Bei der Pflanze sind die Sonnenstrahlen das Schloß und die Plastiden der Schlüsselbart. Bei den Tieren sind Pflanzen oder andere Tiere das Schloß und der bewegliche, von Sinnesorganen geleitete Darm der Schlüsselbart. Hilfseinrichtungen des Erwerbs sind bei den Pflanzen die Wurzeln, die Saftkanäle, die Spaltöffnungen. Bei den Tieren sind Hilfseinrichtungen des Erwerbs die Fortbewegungsorgane, das besonders gestaltete Vorderende des Darms (Maul), die Verdauungsdrüsen, entsprechende Verhaltensrezepte und anderes mehr.

Beim menschlichen Tausch ist das jeweils zu öffnende Schloß eine höchst unsichtbare und obskure Angelegenheit innerhalb des Zentralnervensystems anderer Menschen. Der Erwerbende kann diese Erwerbsquelle nicht unmittelbar sehen, riechen oder ertasten. Wir nennen sie »menschliche Bedürfnisse«: es sind verborgene Impulse, die »Nachfragebereitschaft« erzeugen. Gesellen sich zu diesen noch verfügbare Überschüsse, dann konstituieren sie eine Erwerbsquelle: den »Bedarf«.[2]

Das Gefühl des »Hungers« wird von einem angeborenen Instinktmechanismus erzeugt – es schafft Bedarf. Der Angsttrieb ist ein ebenfalls angeborener Mechanismus – er schafft ein Bedürfnis nach Sicherheit und Schutz, zum Beispiel nach einer Behausung. Die Einwirkung von Kälte führt zu einem Bedarf an Kleidern. Sehr stark ist der menschliche Sexualtrieb – er führt zum Bedarf an einem Geschlechtspartner. Da dessen Erwerb meist auf Umwegen betrieben werden muß, schafft dieser Trieb auch noch manchen sekundären Bedarf – etwa nach gefälligen Kleidern, einem Auto, Schmuck, Kosmetika und ähnlichem.

Zu diesen *Grundbedürfnissen* kamen beim Menschen noch weitere hinzu. Einerseits liegt das am menschlichen Erfolg und den damit verbundenen Überschüssen, anderseits liegt es daran, daß der Mensch nicht mehr gezwungen ist, diese Überschüsse in arteigene Vermehrung umzusetzen.

Tiere *freuen* sich ebenfalls ihres Lebens, rollen zum puren Vergnü-

gen auf dem Boden herum. Viel mehr »Luxus« können sie sich aber mit ihren Überschüssen nicht leisten. Geht es einem Tier gut – dann pflanzt es sich fort.
Beim Menschen ist es ebenfalls noch so – darüber hinaus aber wurde er zu einem Spezialisten im Schaffen von »Annehmlichkeiten«. Gerade die Annehmlichkeit wurde bei fast allen Menschen zum Ziel und Zentrum des Lebens. Jede körperliche, geistige und sonstige Regung, die auch nur im entferntesten positive Empfindungen auslöst, wurde mit Beharrlichkeit erkundet. Für die Befriedigung all dieser zusätzlichen Bedürfnisse sind nun aber meist entsprechende Überschüsse die Voraussetzung. So wurde das Streben nach Annehmlichkeit, Glück und Genuß zu einem besonders starken Impuls für das Erwerbsstreben.
Essen, Kleidung, Wohnung, Ehe schaffen einen ziemlich festliegenden, ziemlich klar vorgezeichneten Bedarf. Alles, was darüber hinausgeht, aller »Kultur«- oder »Luxusbedarf«, ist dagegen labil und beeinflußbar. Erziehung, Prägung und Mode spielen hier eine entscheidende Rolle. Sind erst die Grundbedürfnisse befriedigt, dann eröffnet sich eine Vielheit von Möglichkeiten, gewonnene Überschüsse annehmlichkeitssteigernd zu verwenden.
Das ist der höchst vage Bedarf, *auf den mehr als die Hälfte aller vom Menschen gebildeten Erwerbsstrukturen ausgerichtet sind* – eine Unzahl von Schlössern, die im Tauschweg aufgeschlossen werden können. Auf diese Ausbeutung hat sich der Mensch besonders spezialisiert. Gäbe es nur die Grundbedürfnisse, dann würde sich bloß Landwirten, Fleischern, Gemüsehändlern, Bäckern, Molkereien sowie Schneidern, Schustern, Baumeistern und ähnlichen Gewerben eine Erwerbsbasis bieten. Was jedoch die menschliche Entfaltung besonders auszeichnet, das sind die unzähligen anderen Bedürfnisse, die überhaupt erst bei uns – und zwar auf Grund unserer Intelligenz und Phantasie – in Erscheinung traten.
Der pflanzliche und tierische Beobachter würden wahrscheinlich gar nicht so sehr über die menschliche Machtsteigerung staunen – als darüber, wozu diese verwendet wird. *Nicht eigentlich im Erwerbsimpuls, sondern in der Verwendung des »Gewinns« unterscheidet sich der Mensch von allem, was in der Evolution vor ihm entstanden ist.* Der Mensch hat den Spieß umgedreht. Was bei den Tieren ein notwendiger Mechanismus ist, durch den sie gelenkt werden,

haben wir zum Gegenstand intensiver Erforschung und Ausbeutung gemacht.
Auf die Erschließung dieses zusätzlichen Bedarfes sind mehr als die Hälfte aller menschlichen Erwerbsstrukturen ausgerichtet. Das sind die Schlösser, die sie aufzusperren bemüht sind. Diese »Beute« tritt nicht weniger vielgestaltig auf als jene, der die tierischen Energone nachstellen.

4

Wie muß der Schlüsselbart beschaffen sein, um diese Vielheit von Energiequellen aufzuschließen?
Beim Schuster ist der Schlüsselbart der von ihm hergestelle Schuh. Das zu öffnende Schloß – die Energiequelle – ist der Bedarf an ebendiesem Objekt. Diesen befriedigt er, indem er dieses Objekt erzeugt, und für den Erwerb des Objekts ist der Tauschpartner bereit, einen Teil seines Energiepotentials abzugeben. Konkret: er gibt dafür Geld, einen Anweisungsschein auf beliebige menschliche Leistung.
Bei allen sonstigen Verkaufsprodukten ist es ganz ebenso: *sie sind das eigentliche Erwerbsorgan bei dieser vom Menschen entwickelten Erwerbsform.* Die Erwerbsquelle nennen wir ganz allgemein »Markt«.[3] Was bei den Pflanzen die Plastiden sind, beim Tier der Darm, das ist beim Menschen, der durch einen Tauschakt erwirbt, das von ihm erzeugte oder sonstwie beschaffte Verkaufsobjekt.
Hier könnte dem tierischen Beobachter eine Parallele auffallen. Zahlreiche Insektenlarven genießen im Inneren von Ameisenbauten ein recht unbeschwertes Leben. Sie werden von den Ameisen gepflegt, gefüttert, herumgetragen – denn sie scheiden aus Drüsen eine wohlschmeckende Flüssigkeit ab. Die Ameisen eilen zu ihnen wie Trinklustige ins Gasthaus. Dieses Wechselverhältnis hat sich auf Grund angeborener Verhaltensrezepte entwickelt – funktionell entspricht es durchaus dem menschlichen Tausch. Diese Ameisengäste (»Symphilen«) produzieren etwas, wofür bei anderen Energonen Bedarf herrscht, und erhalten dafür eine entsprechende Entschädigung: Nahrung und Schutz. Von der Energiebilanz her entspricht das voll und ganz dem Tauschvorgang beim Menschen.

Am Beispiel der Korallenpolypen könnte sich der tierische Beobachter die Erwerbsform »über einen Umweg« noch besser klarmachen. In der Haut der Fangarme dieser Tiere befinden sich besondere Zelleinheiten, nicht minder kompliziert und wirkungsvoll als die Plastiden der Pflanzen. Es sind kugelige Gebilde mit einem Stift (Abb. 10). Wird dieser berührt – etwa von einem Kleinlebewesen,

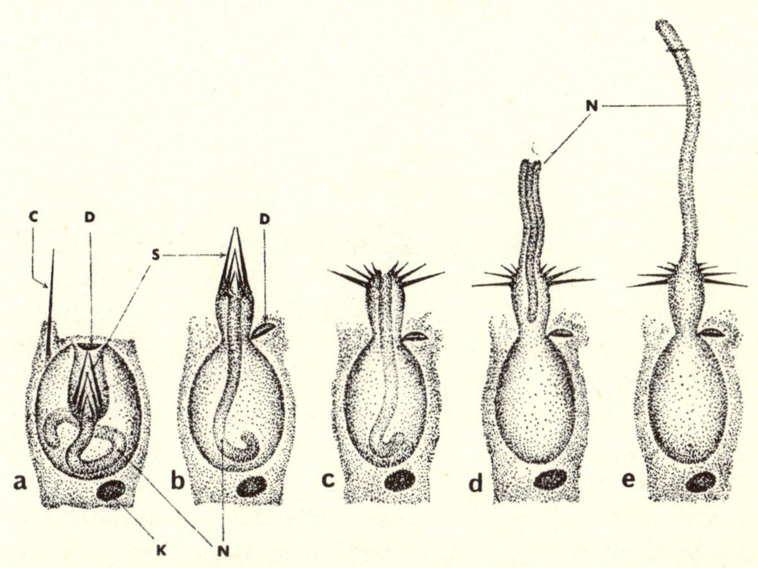

Abbildung 10: Beispiel für einen hochspezialisierten Funktionsträger bei niederen Tieren

Nesselzelle (a) mit darin enthaltener Nesselkapsel aus dem Ektoderm des Fangarmes eines Korallenpolypen. K = Zellkern, C = Cnidocil, D = Deckel, S = Stilette, N = Nesselschlauch. Bei Berührung des Cnidocils entlädt sich die Kapsel: die Stilette stoßen vor (b) und durchbohren die Haut kleiner Beutetiere. Durch Auseinanderklappen der Stilette (c) wird die Wunde noch erweitert. Der Nesselschlauch wird ausgestülpt (d, e), und die lähmende Nesselflüssigkeit gelangt in den Körper der Beute. Wenn ein räuberischer Organismus dem Korallenpolypen zu nahe kommt und den Cnidocil berührt, erfolgt die Entladung ebenfalls. Die Nesselzelle ist somit ein Funktionsträger des Beutefanges wie auch der Feindabwehr – eine Doppelfunktion. Sie kann allerdings ihren Dienst nur einmal verrichten.

dann setzt sich ein Mechanismus in Bewegung. Ein Pfeil schießt vor, reißt eine Wunde, erweitert diese; ein Schlauch dringt in die Wunde ein, und eine lähmende Flüssigkeit ergießt sich in den ge-

troffenen Organismus. Dieser wird auf diese Weise wehrlos gemacht und kann verspeist werden.
Das scheint mit den Tauschakten der Menschen wenig zu tun zu haben – eher mit den Erwerbsformen der Banditen –, hat aber doch mit diesen etwas gemeinsam. Jede dieser Kapseln – sie werden »Nesselkapseln« genannt – kann *nur einmal* schießen. Dann ist sie verbraucht. Andere Zellen der Außenhaut stellen weitere schußbereite Kapseln her.
Das Gemeinsame liegt darin, daß im Zuge der Erwerbshandlung *diese Einheit verlorengeht.* Das Gesamtpotential wird also entsprechend vermindert. Genauso ist es aber auch mit den Tauschprodukten des Menschen. Im Erwerbsvorgang verlieren wir sie. Wir erzeugen oder beschaffen sie unter eigenem Energieaufwand – und gelangen durch ihre Abgabe in den Besitz von mehr Energie, als uns ihre Bereitstellung kostete. Ob es sich um Kragenknöpfe, Maschinen oder Christbaumkerzen handelt – überall ist es so. Ein besonderes Etwas wird hergestellt oder beschafft – und geht dann im Verlauf des Erwerbsvorgangs *verloren.*
Nach der Energontheorie sind Raub und Tausch nichts voneinander grundsätzlich Verschiedenes. Der Beraubte schreit zwar um Hilfe und setzt sich mit allen Kräften zur Wehr, während beim Tauschvorgang beide Teile ein freundliches Lächeln aufsetzen und jeder mit dem Vorgang zufrieden ist. In der Bilanz des Erwerbenden kommt dies jedoch überhaupt nicht zum Ausdruck (Abb. 11). In beiden Fällen kommt es zunächst zu einem Absinken seines Potentials an verfügbarer Energie – durch Suche und Verfolgung der Beute *oder durch die Erstellung des Erwerbsorgans.* Im Anschluß daran geht dann mehr Energie ein, als verausgabt wurde.
In beiden Fällen gelingt es einem Energon, einem anderen Teile seines Energiepotentials zu entziehen. In beiden Fällen kostet das Anstrengung. Ob diese dazu verwendet wird, den Energieträger zu überwältigen, oder dazu, etwas herzustellen, was diesen dazu bewegt, *freiwillig* einen Teil seines Potentials preiszugeben, ist sekundär. In der Bilanz scheint es nicht auf.

Andere Tauschakte gehen so vor sich, daß der Erwerbende nicht ein von ihm hergestelltes Produkt, sondern eine *Leistung* anbietet. Auch dazu wird der tierische Beobachter Parallelen finden.
In den tropischen Meeren sind wurmförmige Fische darauf spezialisiert, größere Kollegen von ihren Parasiten zu reinigen. Man nennt sie »Putzerfische« – sie sind der menschlichen Entlausungsanstalt oder dem Berufstätigen »Friseur« nicht ganz unähnlich. Will ein großer Fisch geputzt werden, dann schwimmt er zu einem Korallenstock, in dem solche Putzerfische leben, stellt sich darüber und spreizt die Kiemen. Diese angeborene Bewegung ist ein Signal. Die Putzerfische verlassen daraufhin – ebenfalls ein angeborenes Verhalten – ihre Schlupfwinkel, schwimmen zu dem Fisch hin und beginnen ihn zu säubern. Sie leisten einen Dienst und erhalten dafür gewissermaßen eine Bezahlung. Sie fressen die Parasiten und brauchen solcher Nahrung nicht lange nachzustellen. Sie wird ihnen bei diesem Tauschgeschäft »direkt vors Haus« serviert.

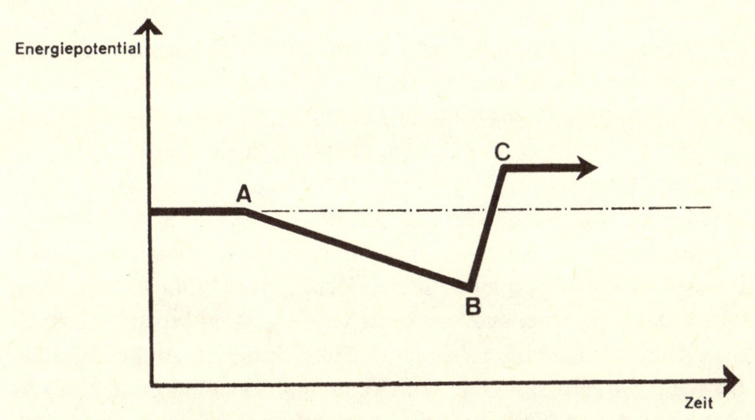

Abbildung 11: Bilanzverlauf bei Raub und Tausch

Durch die bei A beginnende Erwerbsanstrengung (Suchen, Verfolgen und Überwältigen der Beute, beziehungsweise Herstellen eines Tauschobjektes und Suchen nach einem Interessenten) sinkt das Energiepotential des Energons ab. In Punkt B ist das Erwerbsziel erreicht: der Raub oder Tausch ist sichergestellt. Das Erwerbsergebnis fließt nun in das Energon ein. Es muß (im Durchschnitt) zu einem Energiepotential führen, das höher liegt als der Ausgangswert A. Nur dann kann das Energonindividuum bestehen und die Energonentwicklung (Lebensentwicklung) weitertragen.

Der Entlauser entlaust, der Friseur frisiert, der Putzerfisch säubert. Der menschlichen Berufsausübung liegen Verhaltensrezepte zugrunde, die auf Intelligenzleistungen beruhen; beim Putzerfisch sind sie angeboren. Von der Bilanz her ist jedoch dieser Unterschied nebensächlich, kommt nicht zum Ausdruck.
Genauer präzisiert stellt sich der Erwerb über Dienstleistungen so dar: Wird nicht ein Produkt, sondern eine Tätigkeit angeboten, dann wird der Anbieter zum Funktionsträger des Nachfragers. Er erbringt für diesen eine benötigte Leistung. Damit wird er für diesen *zu einem gemieteten künstlichen Organ*.
Das ist nicht wirklich überraschend, wurde aber bisher noch nie so definiert. Mieten wir die Dienste eines Friseurs, eines Arztes oder einer Versicherungsgesellschaft, dann werden diese Energone für die Zeit der Miete Bestandteile unseres eigenen *Leistungskörpers* (Erwerbskörpers oder Luxuskörpers).

6

Die Erwerbsform durch Tausch zog mancherlei Folgen nach sich: zunächst die Entwicklung des Geldes. Erst durch diesen Funktionsträger konnte jede angebotene Leistung gegen eine beliebige andere eingetauscht werden. Vor allem aber wurden auch die Erträgnisse teilbar.
Wie sollte etwa ein Schwertschmied zu einem Huhn kommen? Sein Schwert war mehr wert – der investierte Energieaufwand war weit größer als der des Bauern zur Aufzucht eines Huhnes. Außerdem wollte der Bauer vielleicht gar kein Schwert. Der Universalvermittler Geld löste alle diese Probleme. Eine dritte Person benötigt ein Schwert. Sie zahlt mit Geld. Das kann dann in kleine Einheiten zerlegt werden – und für einige davon erwirbt der Schwertschmied das Huhn.
Weitere Hilfsleistungen folgten – notwendigerweise. Der Anbieter und der Nachfrager müssen sich treffen: Wie sollen sie einander finden? Die »Märkte« waren die dafür notwendige Einrichtung. Als weitere Folge entwickelte sich dann ein eigener Berufstyp: der Vermittler. Wir sprechen von »Händlern«, »Vertretern«, »Kommissä-

ren«, »Maklern«, »Agenten«. Bei diesem Erwerbsvorgang können sowohl Produkte wie auch Dienste vermittelt werden. Das hier aufzuschließende Schloß ist gleichsam ein doppeltes. Einerseits muß ein Angebot, anderseits eine Nachfrage gefunden werden – die beiden müssen zur Deckung kommen. Kauft der Händler dem Hersteller sein Produkt fix ab, dann kann man in ihm einen Anbieter sehen, der bloß das Angebotene nicht selbst erzeugt. Nimmt er das Produkt in Kommission, dann ist die Mittlertätigkeit perfekt. Sogar dazu gibt es schon Vorstufen im Tierreich.
In Afrika betätigen sich einige Vogelarten – die Honiganzeiger – als echte Vermittler. Sie stellen fest, wo Bienenstöcke sind, suchen dann nach einem Honigdachs und fliegen vor diesem mit auffälligen Bewegungen hin und her. Das ist angeborenes Verhalten – ebenso die Fähigkeit des Honigdachses, dieses Signal in seiner Bedeutung zu verstehen. Er folgt dem Vogel und wird von diesem zum Bienenstock geführt. Den räumt er dann aus. Der Vogel erhält in diesem »Vermittlungsgeschäft« eine Provision in Form von Naturalien. Der Honigdachs ist am Honig interessiert, das Wachs der Waben läßt er übrig. Dieses vermag der Vogel aufzuschließen. Ohne den Dachs könnte er nicht an diese Nahrung gelangen. So aber legt der Dachs sie für ihn frei.
Für die menschliche Erwerbsform »Tausch« waren Gemeinschaftsbildung und entsprechender Schutz wichtige Voraussetzungen. Zu fördernden Hilfseinrichtungen wurden: Verkehrsmittel, Telephon, Telegraph, Zahlungsverkehr, Sicherstellung des Geldwertes. Auch diese Einrichtungen ließen sich nur als Gemeinschaftsorgane finanzieren und sicherstellen.

7

Beide Beobachter, Tier und Pflanze, würde wahrscheinlich interessieren, wieviel sich auf diese Weise verdienen läßt. Auch hier würden sie Parallelen zu ihren Erwerbsformen entdecken.
Was im Tierreich für den Räuber die reichlich vorhandene Beute, das ist für den über Tausch Erwerbenden starker Bedarf. Wimmelt es in einem Gebiet von Beutetieren, dann fällt den auf ihre Verfol-

gung spezialisierten Raubtieren der Erwerb nicht schwer. Sie brauchen nicht lange zu suchen. Der gleichen Einnahme steht dann eine verhältnismäßig geringe Ausgabe gegenüber. Ebenso braucht bei starkem Bedarf der Anbietende nicht lange hausieren zu gehen. Was er anzubieten hat, wird ihm aus der Hand gerissen. Auch seine Energieausgabe ist somit geringer. Bei gleicher Einnahme hat er eine bessere Bilanz.

Eine Möglichkeit zur Bilanzverbesserung besteht im menschlichen Tausch darin, die einem Bedarf zugrundeliegenden Bedürfnisse zu beeinflussen. Beim Grundbedarf sind hier zwar enge Grenzen gesetzt, denn dieser ist ziemlich stabil (»unelastisch«). Beim Luxusbedarf dagegen ergibt sich ein weites Feld von Möglichkeiten. Hier ist der Mensch längst nicht so sicher, für welche der vielen ihm angebotenen Annehmlichkeiten er sich entscheiden soll. Hier liegt das eigentliche Wirkungsgebiet der Beeinflussung: die Werbung.

Was wird da beeinflußt? Jedenfalls der Träger von Überschüssen: seine Lebensgestaltung, seine »Bedarfsstruktur«. Also letztlich jenes unsichtbare Etwas, das irgendwo in seinem Zentralnervensystem agiert. Hier kam es – wie jeder weiß – zur Entwicklung raffinierter Mittel, den anderen derart zu beeinflussen, daß er gerade das für wünschenswert hält, was ihm angeboten werden soll.

Selbst bei diesem Vorgang könnte der tierische Beobachter feststellen, daß er nicht völlig neu ist. Auch bei mancher räuberischen Erwerbstätigkeit werden die in anderen Energonen verborgenen Verhaltensrezepte beeinflußt und aktiviert. Unter den Fischen führt das der Angler vor Augen. Er liegt im Schlamm versteckt, am Ende eines stark verlängerten Flossenstrahls verfügt er über eine weiche Hautbildung, die er vor dem Maul hin und her bewegt. Die kleinen Fische halten das für ein Beutetier, schießen herzu – und enden im Magen des Anglers. Bei diesem ist also der Erwerbsakt dadurch erleichtert, daß die Verhaltensrezepte seiner Beute manipuliert werden. Statt daß er dieser nachstellen muß, kommt sie selbst vor sein Maul. Durch Werbung erreicht der Produzent ebenfalls, daß er nicht seinen Käufern nachlaufen muß, sondern daß diese sich »von selbst« um seine Produkte bemühen. Vom funktionellen Prinzip her beurteilt, gibt es kaum einen wesentlichen Unterschied zwischen den beiden Vorgängen.

Noch mehr ist bei diesen Vorgängen gleich. Die Motive müssen verschleiert werden. Der Angler hat nur Erfolg, wenn der Beutefisch wirklich an seinen Vorteil »glaubt«. Bei dem, der auf einen Reklametrick hereinfällt, ist es nicht anders.

8

Den pflanzlichen Beobachter würden wahrscheinlich die größeren Betriebe besonders interessieren. Hier endlich wäre für ihn etwas entdeckt, was an die eigene Erwerbsart erinnert. Auch diese Erwerbskörper eilen nicht hastig durch die Gegend, wie es die tierischen Kollegen tun, sondern sie sitzen breit und gemächlich am Ort fest. Allerdings doch mit einem wesentlichen Unterschied: Manche ihrer Funktionsträger machen sich selbständig unterwegs. Direktoren, Verkäufer, Marktforscher unternehmen heute Reisen um die ganze Welt. Hier wäre es an der Pflanze, ihre Bewunderung auszusprechen. Wie beschränkt ist doch der Aktionskreis ihrer Wurzeln! Und welche Mühe hat sie, ihre Samen und Geschlechtsprodukte zu verbreiten! Derart bewegliche Einheiten kämen ihr sehr gelegen.
Hier hat der Mensch Erwerbskörper gebildet, die gleichsam tierische und pflanzliche Merkmale miteinander verbinden. Die Hauptlast des Körpers sitzt unbeweglich am Ort: das ist ein ungeheurer Vorteil. Diese Last muß nicht der jeweiligen Beute folgen. Nur noch einzelne Organe – besonders die Erwerbsorgane: die Verkaufsprodukte – folgen ihr. Durch die Verkehrs- und Handelsorganisationen kreisen diese schließlich um die ganze Welt. Nur der Bart des Schlüssels bewegt sich in diesem Fall, sucht nach Schlössern. Und durch weitere organisatorische Einrichtungen – Geld, Zahlungsverkehr – strömt der Erlös den gleichen Weg wieder zurück... in den festsitzenden Körper des Unternehmens.
Eine weitere Parallele zur Situation bei den Tieren und Pflanzen: Auch bei den Berufstätigen und Betrieben gibt es sowohl Spezialisten als auch Universalisten, sind Vor- und Nachteile hier wie dort die gleichen. Der Spezialist kann besser und rentabler arbeiten, er schlägt die weniger spezialisierte Konkurrenz aus dem Felde. Doch wehe, wenn seine Erwerbsquelle – sein »Absatzmarkt« – nicht stabil ist. Dann ist er schlechter dran. Dann ist der Universalist, der

weniger rentabel arbeitet, sich aber leichter umstellen kann, im Vorteil. Während der Spezialist zugrunde geht, wechselt der Universalist auf andere Erwerbsgeleise über.

Die im Organismenbereich so typischen kettenartigen Verknüpfungen gibt es auch in der menschlichen »Wirtschaft«. So wie in endlosem Kreislauf ein Tier vom anderen lebt und selbst wieder Beute des nächsten ist, so leben auch viele menschliche Berufe von anderen und können selbst wieder Erwerbsquelle für soundso viele sein. Wird eine Erwerbsform durch Umwelteinflüsse betroffen, dann stört das – hier wie dort – das Gleichgewicht. Hier wie dort gibt es Konjunkturen und Krisen. In den einzelnen Wirtschaftsräumen – ebenso wie in den Lebensräumen der Natur (»Ökosystemen«) – herrschen ständig sich verändernde, hundertfach ineinander verflochtene, schwer zu überblickende Wechselwirkungen und Abhängigkeiten: ein stets fluktuierendes Gleichgewicht.

Durch die menschliche Einrichtung »Staat« kann sich hier allerdings eine Änderung ergeben. Solange dieser nichts tut, als die äußere und innere Ordnung sicherzustellen, besteht zwischen den menschlichen Wirtschaften und den Lebensgemeinschaften der Natur kein wesentlicher Unterschied. In diesem Fall wird den Berufstätigen und Betrieben zwar ein Teil ihrer individuellen Verteidigung abgenommen (wofür sie über den Weg der Steuern zahlen), während die Tiere und Pflanzen – wenn sie nicht ebenfalls Staaten bilden – ihre Schutzwirkungen individuell erbringen müssen. Aber das eigentliche Kräfteverhältnis wird in diesem Fall nicht wirklich berührt. Die stärkeren, fähigeren Energone setzen sich hier wie dort durch, und in ihrem Kielwasser folgen andere, die direkt oder indirekt von diesem Erfolg mit profitieren.

Anders wird die Sache, wenn der Staat lenkend in die Wirtschaft eingreift. Dann verwandelt sich dieser selbst in einen großen Erwerbskörper und beginnt – logischerweise – die eigenen Bestandteile als Funktionsträger zu betrachten. Er findet plötzlich an diesem und jenem etwas auszusetzen... dann nämlich, wenn sie nicht dem »allgemeinen Interesse« dienen. So wie der einzelne Unternehmerbetrieb es nicht völlig seinen Abteilungen überlassen kann, was diese tun oder nicht tun, so beginnt dann auch der Staat manche Interessen einzuschränken, andere zu fördern... er versucht die Vielzahl der Tätigkeiten zu *integrieren*.

Das ist ein Vorgang, der im Tier- und Pflanzenreich keine wirkliche Parallele hat. Denn die Tierstaaten – jene der Insekten – sind stets Vereinigungen von artgleichen Individuen, die sich sekundär differenzieren. Durch Zusammentreten und Integration von *verschiedenen* Arten ist es hier nie zur Bildung wirklicher Energone gekommen.

Was man bisher nicht richtig gesehen hat, ist folgendes: Die vom Menschen gebildeten Staaten bestehen nicht eigentlich aus dem genetisch gebildeten, nackten Homo sapiens. Sie bestehen vielmehr aus Berufstätigen und Erwerbsorganisationen – Energonen –, die voneinander ebenso verschieden sind wie eine Heuschrecke von einer Seelilie, wie ein Wanderfalke von den in seinem Darm hausenden Parasiten. Besonders im »modernen Staat«, der in zunehmendem Maße Wirtschafts- und Sozialpolitik betreibt, vollzieht sich etwas, das dem tierischen und pflanzlichen Beobachter wahrscheinlich als das allererstaunlichste erscheinen müßte. Aus Tausenden oder Zehntausenden von verschiedenartigen Erwerbsstrukturen bildet sich hier ein größeres einheitliches Lebensgebilde.[4]

In der heutigen Wirtschaftsbetrachtung stehen Richtungen einander gegenüber, die entweder den Einzelbetrieb vom Staatsganzen her bewerten (besonders die Zentralverwaltungswirtschaften des Ostens) oder in ihren Betrachtungen vom Einzelbetrieb her ausgehen (etwa in Deutschland oder in den USA). Die sich ergebenden Divergenzen laufen auf die Frage hinaus: Welche Interessen sind wichtiger? Welche haben den Vorrang? Die Interessen des »Ganzen« oder der »Teile«?

Bleiben wir zunächst bei den Einzelinteressen.

Anmerkungen

[1] J. B. Wolfe, »Effectiveness of Token-Rewards in Chimpanzees«, in »Comparative Psychological Monographs«, Bd. 12, 1936, S. 1–72; J. T. Cowles, »Food-Tokens as Incentives for Learning by Chimpanzees«, in »Comparative Psychological Monographs«, Bd. 14, 1937, S. 1–96.

[2] In der Wirtschaft definiert man als *Bedürfnis* »eine bewußte Mangelempfindung mit Streben nach deren Beseitigung« und als *Bedarf* »die Gesamtheit der Bedürfnisse, die sich am Markt in Form von Nachfrage wirksam niederschlagen«.

[3] Ich halte mich hier an Sombart: »Unter dem Wort Markt verstehen wir im allgemeinsten und abstraktesten Sinne den Inbegriff der Absatzmöglichkeiten und Absatzgelegenheiten.« (»Der moderne Kapitalismus«, München 1921, S. 185.)

[4] W. Eucken war der Ansicht, daß die Wirtschaft im Gegensatz zu den physikalischen, chemischen und biologischen Vorgängen keinen »invarianten Gesamtstil« hätte: es fehle ihr »die offen zugrundeliegende Gleichförmigkeit der Naturvorgänge«, sie zeige »eine gewaltige Vielgestaltigkeit und geschichtliche Vielförmigkeit«. (»Die Grundlagen der Nationalökonomie«, S. 22.) Dazu ist zu sagen, daß das Wirkungsgeflecht der Pflanzen und Tiere ebenso vielgestaltig und vielförmig ist und die Wechselwirkungen in der Wirtschaft keine grundsätzlich anderen sind. Nur durch die Staatsbildungen – sowie durch Religionen, Ideologien, Sitte, Brauchtum etc. – ergeben sich kompliziertere Verflechtungen. In den Lebensräumen der Natur ist das »Laissez faire, laissez passer« gewahrt. Übergeordnete eingreifende Einheiten gibt es dort nicht. Die »natürliche Auslese« entscheidet darüber, was sich durchsetzt.

VI
Das Gerüst der Konkurrenzfähigkeit

Diese Weltordnung, dieselbige für alle Wesen, schuf weder einer der Götter noch der Menschen, sondern sie war immer da und wird ewig sein: lebendes Feuer, erglimmend nach Maßen und verlöschend nach Maßen. Heraklit (540–480 v. Chr.)

Ein Hemd waschen: in vier Tagen DM 1,80, in zwei Tagen DM 2,70, in einem Tag DM 3,60.
Hotel Breidenbacherhof, Düsseldorf (1967)

1

Der Leser stelle in seiner Phantasie folgende vier Bilder nebeneinander: Erstens einen kleinen Meereswurm, der tief in den Boden eingewühlt lebt. Er frißt Sand, verdaut die darin enthaltenen organischen Teilchen, den Rest scheidet er am anderen Ende aus. Zweitens einen orientalischen Goldschmied in einer winkeligen Nebengasse. Er hämmert in seinem winzigen Laden an der Werkbank; in einem kleinen Schaufenster prangen die Werke seiner Kunst. Passanten gehen draußen vorbei. Drittens eine Buche im Hochwald. Ihr schlanker Stamm ist kahl; hoch oben verflicht sich ihre Baumkrone in jene der benachbarten Bäume. Viertens ein weltweites Handelsunternehmen. Irgendwo in einer Hauptstadt sitzt die lenkende Zentrale, Waren umkreisen nach allen Richtungen den Globus, Telegramme werden abgesandt, Geldanweisungen gehen von einem Ort zum anderen.
So verschieden diese Bilder auch sind, jeder dieser Körper steht und fällt mit der gleichen Eigenschaft – *Konkurrenzfähigkeit.* Hat er diese nicht, dann verschwindet er früher oder später von der Bildfläche.
Über die eminente Bedeutung dieser besonderen Qualität besteht weder in der Wirtschaft noch in der Biologie der geringste Zweifel. In der Biologie deckt sie sich weitgehend mit dem »Selektionswert«. Die Konkurrenzfähigkeit nach *allgemein gültigen* Kriterien

praktisch zu messen wurde jedoch weder in der Biologie noch in der Wirtschaft ernsthaft versucht. Schon die Betriebe sind so verschieden, daß es völlig aussichtslos erscheint, für sie alle eine gemeinsame Meßskala zu finden. In diese Problematik auch noch sämtliche Berufsformen sowie alle Tiere und Pflanzen mit einbeziehen hieße das Unmögliche herausfordern.

Im folgenden soll jedoch gezeigt werden, daß die Konkurrenzfähigkeit – die »Konkurrenzkraft« sämtlicher Energone auf grundsätzlich gleichen Wechselwirkungen beruht: auf einem unsichtbaren Wertgerüst, das prinzipiell meßbar ist – und zwar überall nach gleichen Kriterien.

Werfen wir zunächst einen Blick auf den »Lebenslauf« der Energone.

2

So verschieden die Energone auch im einzelnen aussehen mögen, bei allen lassen sich in ihrem Lebenslauf zwei Abschnitte unterscheiden: eine *Aufbauperiode* und eine *Erwerbsperiode* (Abb. 12a).

Die Aufbauperiode ist dadurch gekennzeichnet, daß in ihr dem Energon die nötige Energie und Organisation von anderswoher geliefert, »zur Verfügung gestellt« werden muß. Bei den Organismen sind die »Spender« stets die Eltern – also artgleiche oder zumindest, im Falle von Mutationen, sehr ähnliche Energone. Bei den menschlichen Erwerbskörpern stammt dagegen die nötige Energie und Organisation oft – ja in den meisten Fällen – von Energonen ganz anderer Art. Wesentlich aber ist: Immer werden Energone (wenn man von den allerersten in der Evolution absieht) aus den Überschüssen anderer Energone gebildet. Der 1651 von Harvey ausgesprochene Satz, daß jedes Lebewesen einem Ei entstamme (Virchow änderte ihn dahingehend ab, daß jede Zelle einer anderen entstamme), hat somit – in der von Preyer verallgemeinerten Formulierung – auch für die Energone seine Gültigkeit: Jedes Energon wird immer von anderen Energonen aufgebaut.[1]

Zu diesem Aufbau sind außer Energie auch noch entsprechende Stoffe und vor allem ein »Aufbaurezept« erforderlich. Aber sowohl die Stoffe als auch dieses Rezept kosten jenem, der es spendet, Energie. Auch diese notwendigen Einheiten stellen somit Energiewerte dar – sie brauchen also nicht gesondert behandelt zu werden. Sie sind Teil des insgesamt erforderlichen Energieeinsatzes (»Investition«).

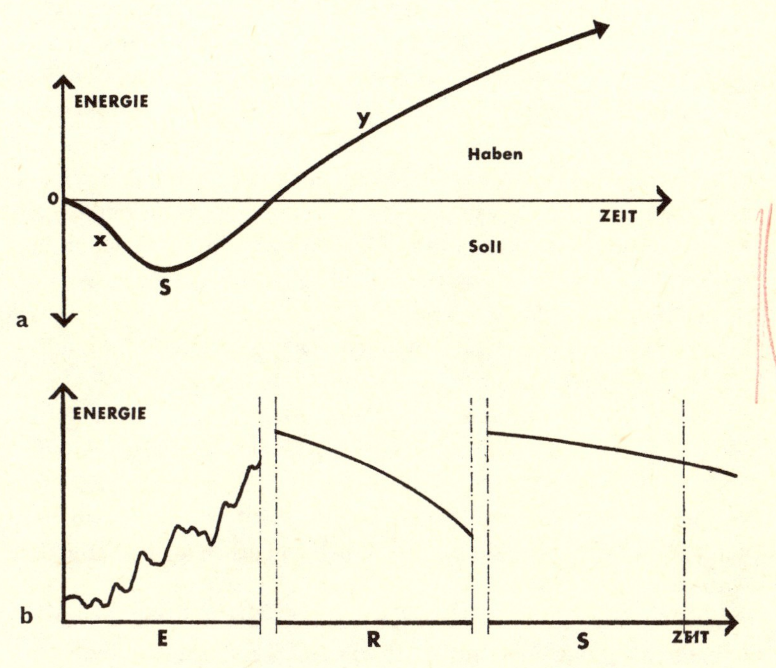

Abbildung 12: Der für alle Energone typische Existenzverlauf

a) In der *Aufbauperiode* (x) muß die Bildung des Energonindividuums durch andere Energonindividuen erfolgen: eine Energieinvestition ist somit nötig. In Punkt S wird das gebildete Energon dann zur selbständigen Erwerbstätigkeit fähig: die *Erwerbsperiode* (y) setzt ein. Das Energon gelangt nun, wenn es erfolgreich ist, zu einer durchschnittlichen Steigerung seines Potentials: also zu Überschüssen.
b) Die drei relevanten Phasen, aus denen sich die Erwerbsperiode der Energone zusammensetzt. E = *Erwerbsphase*, R = *Ruhephase*, S = *Stilliegephase*. In den Erwerbsphasen finden die eigentlichen Erwerbsakte statt – ebenso die Abwehrtätigkeit gegen störende oder feindliche Umwelteinflüsse. In den Ruhephasen findet keine Erwerbsanstrengung statt, die Abwehrfähigkeit ist reduziert. Es entstehen »laufende Kosten«, die zu einem Absinken des Potentials führen. Stilliegephasen kommen bei Energonen vor, deren Erwerbsmöglichkeit regelmäßig für längere Zeitspannen aussetzt. Der »laufende Betrieb« wird dann auf ein Minimum reduziert, das jedoch eine Reaktivierung – bei Eintreten günstiger Erwerbsbedingungen – erlaubt.

Die Erwerbsperiode setzt ein, wenn das Energon fähig wird, selbständig zu einer positiven Energiebilanz zu gelangen. Das ist meist kein genau anzugebender Punkt. Oft übt das sich bildende Energon in der Aufbauperiode bereits eine Erwerbstätigkeit aus und steuert so selbst zu seiner eigenen Finanzierung bei. Beispiel dafür sind Parasiten und Tiere mit »Generationswechsel«: der Engerling übt einen anderen Erwerb aus als später der Käfer. Im Berufsleben ist es nicht anders. Mancher Student verdient sich das Geld für sein Studium durch Nachhilfestunden, Babysitten oder als Kellner. Ebenso kommt es bei Betrieben vor, daß sie, noch ehe sie fertiggestellt sind, bereits mit einer teilweisen Erwerbstätigkeit beginnen. Trotzdem ist im großen und ganzen – sowohl bei den Organismen als auch bei den menschlichen Erwerbskörpern – der Übergangspunkt als Durchschnittswert zu ermitteln. Das Energon beginnt von diesem Punkt an praktisch zu existieren. Die »Zuschüsse« hören auf.[2]

In der nun folgenden *Erwerbsperiode* lassen sich drei Typen von Phasen unterscheiden, von denen ich behaupte, daß sie für die Ermittlung der Konkurrenzfähigkeit ausschlaggebend sind. Erstens: die *Erwerbsphasen*, zweitens: die Nichterwerbsphasen oder *Ruhephasen*, drittens: die allfälligen *Stilliegephasen* (Abb. 12b). Was die ersten beiden betrifft, so gibt es sie bei jedem Energon. Sie folgen alternierend aufeinander. Stilliegephasen gibt es dagegen nur bei manchen Energonen. Sie treten dann gelegentlich an die Stelle der Ruhephasen.

Am wichtigsten für jedes Energon – und für die Beurteilung seiner Konkurrenzfähigkeit – sind die Erwerbsphasen. In ihnen finden die eigentlichen Erwerbsakte statt, in ihrem Verlauf muß die gesamte, für alle Ausgaben notwendige Energie eingebracht werden. Diese Phasen können von sehr unterschiedlicher Länge sein.

Das gleiche gilt für die Ruhephasen. In diesen kommt es – in der Regel[3] – zu keinen Energieeinnahmen, dagegen verursachen sie »laufende Erhaltungskosten«. In diesen Phasen muß die Erwerbsfähigkeit des Energons aufrechterhalten bleiben.

Für manche Energone schließlich sind zusätzlich Stilliegephasen vorteilhaft. Ist die Energiequelle so geartet, daß sie periodenweise über längere Zeitabschnitte hinweg nicht »fließt« beziehungsweise nicht erschließbar ist, dann erhöht das Energon seine Konkurrenzfähigkeit, wenn es seinen Betrieb auf ein Minimum zu reduzieren vermag. Das zeigen etwa die Laubbäume, wenn sie im Herbst die Blätter abwerfen. Andere Organismen bilden »Dauerstadien«, um ungünstige Perioden zu überstehen, manche Tiere fallen in einen »Winterschlaf«. Bei den Saisonbetrieben ist es nicht anders. Das Wintersporthotel entläßt im Frühjahr sein Personal und schließt. Die Zuckerindustrie produziert nur in der Zeit nach der Rübenernte.

Ich behaupte, daß die Aufbauperiode (in ihrer Gesamtheit) sowie jede der drei angeführten Phasen der Erwerbsperiode (im jeweiligen Durchschnitt) meßbare Daten liefern, die Wesentliches über die Konkurrenzkraft jedes beliebigen Energons aussagen. Handelt es sich um ähnliche Energone (mit gleicher Erwerbsquelle und im gleichen Lebensraum), dann zeigen diese Werte deutlich, welches Energon dem anderen im Konkurrenzkampf überlegen ist. Darüber hinaus aber sind diese Werte auch noch allgemein vergleichbar. Wohl ist nicht immer jeder für jedes Energon relevant, doch zur meßbaren Bestimmung der Konkurrenzkraft muß – so behaupte ich – stets jeder von ihnen geprüft werden.

Da die Erwerbsphasen die wichtigsten sind, wenden wir uns ihnen als erstes zu.

3

Es wird nicht bestritten, daß die einzelnen Erwerbsakte – das eigentliche Aufschließen des jeweiligen Schlosses – bei den Pflanzen, Tieren, Berufstätigen und Erwerbsorganisationen ganz außerordentlich verschieden sind und auch sehr verschieden lange dauern. Bei der Mannigfaltigkeit der Erwerbsformen ist das nicht anders zu erwarten.

Bei einer Stechmücke umfaßt der einzelne Erwerbsakt zunächst das Ausfindigmachen der Beute, dann das Anfliegen und Niedersetzen, das Durchstoßen der Haut mit dem Saugbohrer, das Vollsaugen des sehr erweiterungsfähigen Magens, das Zurückziehen des Bohrers, das Abfliegen, Sich-in-Sicherheit-Bringen und schließlich das Verdauen der gewonnenen Beute. Bei den Pflanzen umfaßt das »Einkerkern« von Sonnenenergie in ein Kohlehydratmolekül die Hell- und Dunkelreaktion: dauert also in der Regel einen Tag und eine Nacht. Das Einfangen eines Photons in eine ADP-Batterie spielt sich ungleich schneller ab, es erfordert bloß den hundertmillionsten Teil einer Sekunde. Bei Berufstätigen kann wieder der einzelne Erwerbsakt unter Umständen sehr lange dauern. Bei einem Händler alter Gemälde liegt oft zwischen Kauf und Verkauf eine Umschlagszeit von mehr als einem Jahr. Bei der Ostindischen Handelskompanie dauerte jede Ostindienfahrt ihrer Segler zwei bis vier Jahre. Michelangelo brauchte für seine Fresken in der Sixtina über acht Jahre – allerdings erhielt er von seinem Auftraggeber, dem Papst, laufend Zahlungen. So kann ein sehr langer Erwerbsakt auch wieder in entsprechend kürzere Teilakte zerfallen.

Ein weiterer Unterschied: manche Energone sind auf einen bestimmten Erwerbsvorgang spezialisiert, andere führen sehr verschiedene aus. Die eben genannte Steckmücke ist ein Spezialist, bei der jeder Erwerbsakt dem anderen gleicht. Ebenso ist es bei einem Verkäufer von heißen Würstchen oder beim Einproduktunternehmen der Coca-Cola-Erzeugung. Dagegen hat jeder Diener höchst verschiedene Aufgaben. Warenhäuser verkaufen sehr verschiedene Produkte. Unter den Tieren gelangt das Wildschwein auf sehr verschiedene Art an seine Nahrung – es ist ein Allesfresser. Ebenso sind auch die amerikanischen »Konglomeratunternehmen« auf eine Fülle voneinander sehr verschiedener Erwerbsformen ausgerichtet.[4]

Noch ein Unterschied: Bei manchen Energonen folgt ein Erwerbsakt säuberlich dem vorhergehenden; bei anderen laufen Hunderte, ja Tausende gleichzeitig ab. Die meisten Tiere gehören zur ersten Gruppe, alle Pflanzen und auch die meisten Produktionsbetriebe zur zweiten.

Schließlich ist auch das Erwerbsergebnis nicht immer streng an den Erwerbsakt gekoppelt. Das zeigen etwa Angestellte, die für einen Pauschallohn arbeiten. Bei den Tieren zeigen es die Parasiten: sind sie endlich an ihr Ziel, den Körper des Wirtes, gelangt, dann fließt ihnen in einem gleichmäßigen Strom Nahrung – also Energie und Stoffe – zu. Bei einem Spulwurm oder Leberegel kann von einzelnen Erwerbsakten kaum mehr die Rede sein.

Trotz dieser und weiterer beträchtlicher Unterschiede lassen sich aber doch in jedem Fall *Durchschnittswerte* ermitteln. Und auf diese kommt es an. Ob die einzelnen Erwerbsakte schnell oder langsam aufeinanderfolgen, ob sie verschiedenartig oder gleich, trennbar oder ineinander verwoben sind: immer steht einem bestimmten durchschnittlichen Energiegewinn eine bestimmte durchschnittliche Erwerbsanstrengung gegenüber. Diese läßt sich in drei meßbaren Werten erfassen.

Erstens – das ist beinahe selbstverständlich – müssen die Erwerbsakte möglichst energiesparend erbracht werden, also möglichst *billig* sein. Zweitens soll ein möglichst hoher Prozentsatz der Erwerbsanstrengungen erfolgreich verlaufen – also einen Gewinn erbringen. In diesem Sinn sollen die Erwerbsakte möglichst *präzise* sein. Drittens soll jeder Erwerbsakt möglichst wenig Zeit in Anspruch nehmen – er soll möglichst *schnell* erfolgen.

Diese drei Faktoren: Kosten, Präzision und Zeitaufwand, sind sowohl in der Wirtschaft als auch in der Biologie bestens bekannt. Hier jedoch werden sie etwas genauer gefaßt – ebenso auch ihre Korrelationen.

Der erste Konkurrenzfaktor – gültig für ein Bakterium ebenso wie für General Motors – sind die Durchschnittskosten der Erwerbsakte. Kann ein Energon bei geringeren eigenen Kosten zum selben Erwerbsergebnis kommen wie ein sonst gleiches, konkurrierendes, dann ist es diesem zweifellos überlegen. Das bedarf kaum einer Beweisführung. Kommen schlechte Erwerbszeiten, dann kann dieses Energon gerade noch aktiv arbeiten – der Konkurrent dagegen arbeitet bereits passiv, und dauert die Notzeit lange genug, scheidet er aus.

Das fällt mit unter das in der Wirtschaft wohlvertraute »ökonomische Prinzip«. Wir sprechen jedoch in diesem Zusammenhang nicht von Kosten *insgesamt*, sondern bloß von den Durchschnittskosten der Erwerbsakte.

Zweiter Faktor: die *Erwerbspräzision*. Sie äußert sich darin, wie viele Erwerbsakte im Durchschnitt erfolgreich verlaufen. Oder noch allgemeiner: Welcher Prozentsatz der Erwerbsanstrengung zu einem durchschnittlichen Erwerbsergebnis führt (»Wahrscheinlichkeit der Zielerreichung«). Wenn wir wieder die Stechmücke betrachten, dann führt längst nicht jeder ihrer Erwerbsversuche zu einem Erwerbserfolg. Das Beutetier zuckt mit der Haut, wackelt mit den Ohren, verscheucht das Insekt. Ein neuer Versuch muß unternommen werden. Bei einem Vertreter für Staubsauger ist es ähnlich. Das Sprüchlein, das er an jeder Tür aufsagt, führt nur gelegentlich zu einem Erwerbsergebnis. In diesem Fall ist die Erwerbspräzision sogar sehr gering. Bei Betrieben hängt sie erstens ab von der Zahl der Produkte, die in der Herstellung danebengehen (Ausschuß), zweitens vom Prozentsatz jener, die im Versand beschädigt werden (Versandrisiko), drittens von der Anzahl der nicht verkauften Stücke (Verkaufsrisiko).[5]

Zum Begriff »Erwerbspräzision« ist der Begriff »Erwerbsrisiko« komplementär. Beträgt etwa der Grad der Zielerreichung 40 Prozent, dann beträgt das Erwerbsrisiko 60 Prozent.

In der Energontheorie ist der in der Wirtschaft gebräuchliche Risikobegriff zu allgemein: es muß zwischen Erwerbsrisiko einerseits sowie Feind- und Störungsrisiko anderseits unterschieden werden. Der Grund: Es handelt sich hier um verschiedene Leistungen. Das Erwerbsrisiko ergibt sich einzig und allein aus dem Schlüssel-Schloß-Verhältnis. Je präziser der Schlüssel sperrt, um so weniger Sperrversuche mißlingen, um so geringer ist somit das Erwerbsrisiko. Das Feind- und Störungsrisiko (auf das ich später zurückkomme) ergibt sich dagegen aus ganz anderen Beziehungen. Wird zum Beispiel die Stechmücke vom Beutetier verscheucht, dann fällt der Kostenverlust unter Erwerbsrisiko. Wird sie dagegen bei dieser Gelegenheit von einem Räuber, etwa einem Vogel, aufgeschnappt, dann fällt das unter Feind- und Störrisiko. In der modernen Wirtschaft ist den einzelnen Berufskörpern und Betrieben der individuelle Schutz weitgehend vom Staat abgenommen – deshalb tritt der Unterschied in diesem Evolutionsbereich nicht mehr so deutlich in Erscheinung. Suchen wir jedoch nach einem allgemeingültigen Wertungssystem, dann müssen funktionelle Unterschiede auch dort, wo sie nicht mehr scharf in Erscheinung treten, beachtet werden.

Der dritte Konkurrenzwert ist nach dem oben gegebenen Maßstab – die *Erwerbsschnelligkeit*. Wer seine Erwerbsakte bei gleichem Ergebnis schneller ausführt wie sein Konkurrent, ist diesem gegenüber im Vorteil – allerdings nicht immer.[6]

In der Wirtschaft sagte man »Zeit ist Geld«. Damit ist jedoch etwas anderes gemeint – und zwar die Einsparung »fixer« Kosten. Der Kaufmann kalkuliert: Der stehende Betrieb kostet mich soundsoviel, wird dieser Aufwand nicht voll ausgenützt, dann entgeht dem

investierten Kapital eine andere Verdienstmöglichkeit. Kapitalzins geht so mit unproduktiver Zeit verloren. Dieser – ebenfalls wichtige Zusammenhang ist hier nicht gemeint. Hier wird vielmehr angenommen, daß ein Energon bei *gleichen Kosten* schneller als ein anderes zum analogen Erwerbsergebnis gelangt.[7]
Auch dann, so behaupte ich, ist das schnellere Energon meist im Vorteil – sowohl bei den Organismen als auch bei den vom Menschen gebildeten Erwerbsstrukturen.
Erster Grund: Oft ist die Ergiebigkeit der Erwerbsquelle begrenzt. Wer diese dann schneller erkennt, aufsucht und ausschöpft, ist dem Konkurrenten überlegen. Ist nur eine Fliege zum Auffressen da, dann ist jener Vogel im Vorteil, der als erster zur Stelle ist. Er gewinnt 100 Prozent, der nächstfolgende 0 Prozent. Auch wenn mehrere Körner zum Aufpicken da sind, erwirbt der schneller Pickende – wenn mit gleicher Präzision gepickt wird – entsprechend mehr. In der Wirtschaft ist es nicht anders. Wer bei begrenztem Bedarf diesen schneller erkennt und befriedigt, ist dem Konkurrenten um eine Nasenlänge voraus. Der Engländer sagt: Early bird catches the fly. Der Deutsche sagt: Wer zuerst kommt, mahlt zuerst. Wer sich besser ins Machtgeschehen einzugliedern vermag und deshalb schneller an sein Ziel kommt, ist im Vorteil.
Zweitens: Wer schneller ist, kann sich so auch eher in einem Erwerbsgebiet »etablieren«. Ob es eine Pflanze ist, ein Tier, ein Berufstätiger oder eine Erwerbsorganisation: wer den Rahm abschöpft, ist im Vorteil. Er gewinnt Reserven, kann sich vergrößern, gewinnt Erfahrung, gewinnt »Verbindungen«. Wer einmal etabliert ist, ist schwer wieder zu verdrängen – ganz gleich, ob es sich dabei um einen Organismus oder um eine Wirtschaftsstruktur handelt.
Drittens: Schnellerer Erwerb bedeutet auch die Möglichkeit zu schnellerem Wachstum. In vielen Fällen ist aber überlegene Größe ein entscheidender Vorteil. Ein großer Löwe kann einen Büffel überwältigen, ein kleiner nicht. Größere, kapitalstärkere Betriebe können sich (neben anderen Vorteilen) spezialisierte Einheiten leisten, die sie nicht selten kleineren Konkurrenten gegenüber in Vorsprung bringen.
Dazu kommen noch Vorteile, die nur bei manchen Erwerbsarten zum Tragen kommen. So bedeutet bei den Tieren schnellerer Erwerb entsprechend geringeres Feindrisiko. Gerade bei den Er-

	Kosten	*Präzision*	*Zeitaufwand*
Aufbau-periode	**1** Wie hoch sind die Aufbaukosten?	**2** Wie oft je Hundert gelingt der Aufbau?	**3** Wie lange dauert der Aufbau?
Erwerbs-phase	**4** Was kostet durchschnittlich eine Einnahme von 100 Energieeinheiten?	**5** Wieviel Prozent der Erwerbsakte verlaufen erfolgreich?	**6** Wie lange dauert durchschnittlich ein Erwerbsakt?
Ruhe-phase	**7** Wie hoch sind die laufenden Kosten in Zeiten ohne Erwerbsanstrengung?	**8** Welcher Prozentsatz überlebt durchschnittlich die Ruhephasen?	**9** Welchen Prozentsatz der Erwerbsperiode nehmen Ruhephasen ein?
Stilliege-phase	**10** Wie hoch sind die laufenden Kosten in Stilliegephasen?	**11** Welcher Prozentsatz überlebt die Stilliegephasen?	**12** Welchen Prozentsatz der Erwerbsperiode nehmen Stilliegephasen ein?

Zwölf Grundfragen zur Ermittlung der Konkurrenzfähigkeit eines Energons

Bei Berufstätigen und Erwerbsorganisationen sind die Werte 1, 3 bis 7, 9 und allenfalls 10 von dominierender Bedeutung. Bei den Pflanzen und Tieren können jedoch auch die übrigen Werte ausschlaggebend für die Konkurrenzfähigkeit sein. Hier sind die zwölf Fragen auf das Energon als Ganzes bezogen. Genauere Werte für die Konkurrenzfähigkeit ergeben sich, wenn außerdem die wichtigsten Funktionsträger nach diesen Kriterien untersucht werden, worauf wir noch zurückkommen.

werbsakten sind viele Tiere in erhöhter Gefahr, von einem Raubtier überrascht zu werden. Je kürzer also die Perioden eigener Erwerbskonzentration sind, um so geringer wird dieses Risiko. In der

Wirtschaft wiederum ist es für den Bedarf charakteristisch, daß er möglichst schnell »befriedigt sein will«. Will jemand ein Segelboot kaufen und bieten ihm zwei Firmen durchaus gleichwertige Produkte an – jedoch die eine mit nur halb so langer Lieferfrist – dann wird er sich (meist) für den schnelleren Lieferer entscheiden.

4

Sehr wesentlich sind auch die »Korrelationen« zwischen den drei Konkurrenzfaktoren (Kosten, Präzision, Schnelligkeit) im Sinne von »Wechselwirkung« und »Interdependenz«.

Daß zwischen Erwerbskosten und Erwerbspräzision eine Wechselwirkung besteht, ist wohl jedem Geschäftsmann bekannt. Soll etwa die Erwerbspräzision gesteigert werden – durch bessere Maschinen, vermehrte Kontrollen, sorgfältigere Verpackung, bessere Markteinschätzung –, dann erhöhen sich insgesamt die Erwerbskosten. Wird anderseits versucht, diese zu senken, dann verringert dies meist die Präzision.

Welchen der beiden Kriterien im Einzelfall die größere Bedeutung zukommt, entscheidet in der Regel die Erwerbsart. Sind Ziegelsteine das Erwerbsorgan, dann ist Präzision weniger wichtig, als wenn es sich um elektrische Meßgeräte handelt. Kann nur mit *einer* Person ein bestimmtes Geschäft getätigt werden, dann ist deren richtige »Bearbeitung« entscheidender, als wenn bei einem Leistungsanbieter die Leute Schlange stehen. Bei den Organismen hat man sich bisher für diesen Zusammenhang kaum interessiert, doch ist er bei ihnen ebenfalls von Bedeutung. Ist die Beute schwer zu erjagen, jedoch lukrativ, dann fallen die Erwerbskosten weniger ins Gewicht als die Erwerbspräzision. Die seltene Chance muß dann genützt werden. Beim Regenwurm, der das Erdreich durch seinen Darm wandern läßt und das darin enthaltene Brauchbare verdaut, ist dagegen eine allfällige Senkung der Erwerbskosten wichtiger als die Erhöhung der Präzision der einzelnen »Erwerbsakte«.

Soll ein Computer die Werte Erwerbskosten und Erwerbspräzision zur Ermittlung der Konkurrenzfähigkeit verarbeiten, dann müssen ihm somit noch weitere Daten geboten werden – zum Beispiel die

Höhe der zur Entwicklung und Herstellung eines Produktes notwendigen Investition, das Finanzvolumen der Erwerbsquelle und ihre Beständigkeit. Auch das sind jedoch zahlenmäßig erfaßbare oder zumindest abschätzbare Werte.[8]
Ähnliche Korrelationen gibt es sowohl zwischen Erwerbszeit und Erwerbskosten als auch zwischen Erwerbszeit und Erwerbspräzision. Schnellere Erwerbsakte vermindern fast immer deren Präzision und heben in der Regel die Kosten an. Muß ein und dieselbe Arbeit in der halben Zeit geleistet werden, dann wird – zwangsläufig – weniger sorgfältig gearbeitet. Maschinen – aber ebenso auch die Organe tierischer Körper – zeigen dann einen schnelleren Verschleiß. Bei Überanstrengung steigen die Betriebskosten rapid an.
Die in den Betrieben so wichtige »optimale Kapazität« der Betriebsmittel fällt weitgehend unter die Korrelationen dieser ersten drei Konkurrenzwerte. Bei erhöhter Präzision wird die optimale Nutzungszone der Betriebsmittel »eng«, so daß sich schon bei geringen Abweichungen stark anwachsende Stückkosten ergeben. Einfacher ausgedrückt: Wo Funktionsträger von hoher Präzision nicht wirklich benötigt werden, sind sie ein Nachteil.
Viele Erwerbsverfahren machen auch eine gewisse Mindestquantität an Bedarf – oder Beute – zur Voraussetzung. So ist es technisch nicht möglich, einen Hochofen in Betrieb zu nehmen, wenn nicht ein Mindestmaß an Ausbringung erreicht wird. Ebenso vermag auch ein Motor, der auf 100 PS konstruiert ist, nicht eine Dauerleistung von nur 10 PS hervorzubringen – ohne vorzeitig zu verschleißen. Und ebenso ist auch ein Haifisch nicht in der Lage, sich von Sprotten zu ernähren – selbst wenn er dem Verhungern nahe ist.
Im einzelnen bestehen somit bei den verschiedenen Erwerbsarten – besonders hinsichtlich der Korrelationen – erhebliche Unterschiede. Maßgebend jedoch ist, daß die Bewertungskriterien Kosten, Präzision und Schnelligkeit auf die Erwerbsakte jedes Energons anwendbar und für jedes *relevant* sind. Diese drei bilden gleichsam ein Netz, in dem sich der Wert jeder Art von Energon einfangen läßt – also Auskunft über dessen Erwerbskraft und Konkurrenzfähigkeit gibt.

5

Auch in den Phasen ohne Erwerbstätigkeit – in den »Ruhepausen« – gelten die gleichen Kriterien. Vom Energon her betrachtet stellen auch sie eine Leistung dar – insofern, als das Energon diese Phasen überstehen muß.

Daß geringere Durchschnittskosten in Nichterwerbsphasen ein wichtiger Konkurrenzvorteil sind, bedarf wohl kaum eines Beweises. Ist in diesen die laufende Energieausgabe geringer als bei einem sonst gleichwertigen Konkurrenten, dann bedeutet das einen Pluspunkt.

Hier handelt es sich nicht um einen gleichbleibenden Wert, sondern um eine absinkende Kurve. Das liegt – unter anderem – daran, daß die Verflüssigung verschiedener Reserven mehr oder weniger kostspielig sein kann. Solange von einem Guthaben auf dem Girokonto gezahlt wird, gibt es noch keinen Verlust. Müssen jedoch Wertpapiere oder Grundbesitz veräußert oder gar – in arger Not – Betriebsteile abgestoßen werden, dann werden die damit verbundenen Verluste erheblich. Bei den Organismen ist es – trotz der völlig anderen Umstände – recht ähnlich. Die direkte Bezahlung mit ATP ist am billigsten. Der Abbau von Zucker und Fett ist schon kostspielig, verursacht größere Energieverluste. Muß schließlich die eigene Struktur angegriffen werden, dann sind die Einbußen erheblich.

Wie sieht es in den Ruhephasen mit den beiden weiteren Kriterien aus?

Der Faktor Präzision spielt hier – zumindest bei manchen Energonen – ebenfalls eine Rolle: Er äußert sich im Prozentsatz des Zugrundegehens aus inneren Ursachen.[9] Bei den Organismen mögen Krankheiten die Ursache sein, bei den Betrieben besteht die Möglichkeit, daß Kräfte abwandern oder von der Konkurrenz wegengagiert werden. Sind die Phasen ohne Erwerbsmöglichkeit zu lange, stehen die Leute untätig herum, dann sinkt die Moral. Bei den Organismen sind die Zusammenhänge andere – führen aber zu einem ähnlichen Ergebnis. Auch die »Ruhepräzision« ist jedoch kein konstanter Wert, sondern eine Kurve, die in der Art einer Parabel absinkt. Werden die aktivitätslosen Phasen länger, dann steigt auch das Risiko, daß das Energon aus inneren Ursachen zugrunde geht.

Der dritte Faktor Zeitaufwand zeigt ein interessantes Problem auf.

Natürlich ist es ein Konkurrenzvorteil, wenn die Ruheperioden im Durchschnitt möglichst kurz sind – wie aber ist das zu erreichen? Wenn bei einem Betrieb die Notwendigkeit zu Ruhepausen sich bloß daraus ergibt, daß die menschlichen Funktionsträger (Werksangehörigen) schlafen und ausspannen müssen, dann lautet die Lösung: Mehrschichtarbeit. Bei den Pflanzen und Tieren mag dieses Prinzip vielleicht auch schon Verwirklichung gefunden haben – indem Zellen, Gewebe oder Organe einander in einer Funktion abwechseln. Die zweite Möglichkeit ist die, daß die Erwerbsquelle zeitweise zu »fließen aufhört« oder auf Grund von Umweltbedingungen unerschließbar wird. Welche Möglichkeit besteht dann, die Ruhephasen zu verkürzen?
Hier heißt die Lösung: Zwischenverdienst. Dafür gibt es sowohl bei den menschlichen Erwerbskörpern als auch bei den Organismen genügend Beispiele. Irgendeine andere Erwerbsart wird eingeschoben. Selbst wenn diese nur die laufenden Kosten oder sogar nur einen Teil derselben deckt, ist das bereits eine Entlastung – ein Vorteil.
Die gleichen Argumente gelten für die Phasen völliger Stillegung, die für Saisonbetriebe und Organismen, die langen Perioden erzwungener Erwerbslosigkeit gegenüberstehen, von Wichtigkeit sind. In diesem Fall wird der Betrieb auf das unbedingt Notwendige reduziert. Soweit es geht, werden Funktionsträger abgebaut oder stillgelegt. Das kann so weit gehen, daß nur noch ein Keim zum Wiederaufbau bleibt – bei den Tieren und Pflanzen ist das dann bereits Fortpflanzung.
Auch hier gibt es Durchschnittswerte, auch hier gelten die Kriterien: Kosten, Präzision und Zeitaufwand. Wenn diese Kriterien von jenen der erwerbslosen Perioden getrennt behandelt werden, dann deshalb, weil in diesem Fall die Grundsituation eine andere ist, etwa beim Risiko gegenüber Feindeinwirkungen und Naturgewalten. Ein völlig stillgelegtes Energon ist höchst passiv und somit fremden Einwirkungen mehr ausgeliefert. An ein im Winterschlaf befindliches Tier kann ein Feind weit eher unbemerkt herankommen. In unbewohnte Gebäude kann viel leichter eingebrochen werden.

6

Auch in der *Aufbauperiode* bewähren sich – auf den ersten Blick – die drei Kriterien Kosten, Präzision und Zeitaufwand auf das beste. Natürlich – so sagt die Erfahrung – ist es ein Konkurrenzvorteil, wenn der Aufbau eines Energons (bei gleicher Qualität) weniger kostet. Natürlich ist es ein Vorteil, wenn es beim Aufbau mit weniger Wahrscheinlichkeit zu Fehlleistungen – »Mißgeburten« – kommt. Natürlich ist es, sehr oft zumindest, ein Vorteil, wenn dieser Aufbau – bei gleichen Kosten – schneller erfolgen kann.
Denkt man aber genauer nach, dann stellt sich die Frage: Für *wen* ist das ein Vorteil? Für das Individuum?
Wenn ein Betrieb mit Mitteln aufgebaut wird, die er dann laufend abtragen – also an irgend jemanden zurückzahlen – muß, dann ist die Sache einfach und klar. Dann sind geringe Aufbaukosten (einschließlich der nötigen »Anlaufkosten«) bestimmt ein Konkurrenzvorteil. Das Energon ist dann weniger lang belastet; in seiner Bilanz scheint das deutlich auf. Bei Tier und Pflanze erhält jedoch das Individuum die Aufbaukosten sozusagen von den Eltern als Geschenk. Ein Unterschied in der Höhe der Aufbaukosten geht somit in seine individuelle Bilanz gar nicht ein. Für den Konkurrenzwert des *Individuums* ist es somit irrelevant, wieviel es praktisch gekostet hat.[10]
Hier ist nur die Energon*art* betroffen. Billigere Aufbaukosten bedeuten, daß aus den gleichen Überschüssen entsprechend mehr Energone erzeugt werden können. Daraus ergibt sich eine höhere Chance, daß eines von ihnen günstige Lebensbedingungen vorfindet und überlebt. Für den betreffenden Energontyp sind also billigere Kosten durchaus ein Vorteil – *für das Individuum dagegen nicht.*
Den gleichen Zusammenhang gibt es – und hier kommen wir auf ein interessantes Gebiet – auch in der Wirtschaft. Wie entsteht dort ein neues Energon? Nehmen wir an, einige finanzkräftige Leute setzen sich zusammen und planen den Aufbau eines neuen Betriebes. Sie machen entsprechende Ausschreibungen und erhalten verschiedene Offerten. Nehmen wir weiters an, es gäbe zwei grundsätzlich verschiedene Möglichkeiten, das geplante Verkaufsprodukt zu erzeugen. Für jedes Verfahren sind andere Maschinen, andere Anlagen nötig. Die Gesamtleistung ist in beiden Fällen völlig gleich –

auch alles sonst ist gleichwertig, nur kostet die eine Anlage doppelt soviel. Sicherlich entscheiden sich dann die Finanziers für das billigere Verfahren – *für das im Aufbau billigere Energon.* So setzt sich denn auch hier der billigere Typ durch. Der andere verschwindet von der Bildfläche, weil niemand ihn mehr finanziert. Auch in der Wirtschaft sind somit geringe Aufbaukosten ein entscheidender Konkurrenzvorteil für die Energon*art.*

Bei den Werten Aufbaupräzision und Aufbauzeit verhält es sich ähnlich. Bei manchen Energontypen beeinflussen sie die Konkurrenzfähigkeit des Individuums – bei anderen dagegen nicht. Für die Art sind sie dagegen immer relevant.

Das ist eine wichtige Feststellung, die uns später noch eingehender beschäftigen wird. Es gibt mehr als ein Bewertungsniveau für die Konkurrenzfähigkeit. Die Werte für Individuum und Art stimmen nicht überein.[11]

Wir bleiben zunächst beim Individuum. Mit der Konkurrenzfähigkeit verbindet sich ein anderer, sehr umstrittener Begriff – die *Zweckmäßigkeit.*

Anmerkungen

[1] W. Harvey: »Omne vivum ex ovo.« R. Virchow: »Omne cellula ex cellula.« W. Preyer: »Omne vivum ex vivo.«

[2] In der Botanik nennt man diesen Punkt »Kompensationspunkt«. Das Erwerbssystem wird dann aktiv.

[3] Erwerb aus Zinsen oder Renten konstituiert Erwerbsphasen. Der sie beziehende ist nicht mehr tätig, hat aber den Anspruch auf Einnahmen, die erst später einfließen, erworben.

[4] Diese Unternehmen gliedern sich Betriebe der verschiedensten Branchen an. Zuerst sind das meist solche, von denen das ursprüngliche Produktionsprogramm abhängt (Belieferungs-, Finanzierungs-, Transportbetriebe), im weiteren Verlauf können das aber auch völlig branchenfremde sein. Durch »Streuung« (»Diversifikation«) soll das Gesamtrisiko vermindert und so die Krisenfestigkeit des Konglomerats erhöht werden. In den USA stand diese Entwicklung auch mit dem Antitrustgesetz in Verbindung, das sich gegen Monopolbildungen in einzelnen Branchen richtete. Es beschränkte das Größenwachstum von Unternehmen und konnte so umgangen werden.

[5] Im Gewerbe spielt die »Nachhaltigkeit« des Erwerbes, die Wiederholbarkeit von Erwerbsakten eine wichtige Rolle. Auch das fällt unter den hier umrissenen Begriff »Präzision«. Betrügt ein Gewerbetreibender seine Kundschaft, dann spricht sich das herum – und seine weiteren Erwerbsanstrengungen verlaufen weniger erfolgreich. Seine Erwerbspräzision wird dann geringer.

[6] Wenn ein Tenor die Partie des Siegfried doppelt so schnell singt wie ein anderer, ist das kein Konkurrenzvorteil.

[7] In der Wirtschaft lautet das »Maximalprinzip«: Bei gleichen Kosten höherer Ertrag. Von der Energontheorie her ist dagegen zu unterscheiden, ob der höhere Ertrag auf höherer Präzision oder höherer Schnelligkeit bei Herstellung und Verkauf beruht.

[8] Bei den Pflanzen und Tieren treten die einzelnen Typen (Artangehörigen) über viele Generationen hinweg und in großer Individuenzahl in Erscheinung. Hier sind *im Prinzip* (bis heute gibt es noch kaum so ausgerichtete Messungen) recht genaue statistische Werte ermittelbar. Bei den vom Menschen gebildeten Energonen kam es dagegen zu einem Anwachsen der individuellen Verschiedenheit. Auch die relevanten Umweltbedingungen werden hier immer mehr unübersichtlich; verändern sich immer schneller (»Intransparenz«). Die Energontheorie *behauptet nicht,* daß jeder der aufgeführten Werte praktisch meßbar ist. Sie versucht bloß zu zeigen, welche Werte die »Lebensfähigkeit« *sämtlicher* Energone bestimmen, wie das für *alle* maßgebende innere Wertgerüst aussieht.

[9] Die Tiere zeigen sehr unterschiedliche Fähigkeit, erwerbslose Perioden zu überstehen (also zu »hungern«). Bei einem Flußaal wurde festgestellt, daß er 657 Tage am Leben blieb, wobei sein Gewicht von 65 Gramm auf 21,5 Gramm sank. Kleine Warmblüter bieten das andere Extrem. Der Maulwurf kann höchstens zwei Tage lang ohne Nahrung aushalten, das Goldhähnchen und die Spitzmäuse sterben schon nach einer »Fastenzeit« von einem Tag. (R. Hesse und F. Doflein, »Tierbau – Tierleben«, Jena 1943, Bd. 2, S. 330f.)

[10] Die Tiere und Pflanzen sind vom Erbrezept her gezwungen, ihre Überschüsse zu weiterer Nachkommenerzeugung zu verwenden. Das ist eine Hypothek, die sie belastet – aber eben nur dann, wenn sie zu Überschüssen gelangen. Vom Individuum her sind deshalb die Aufbaukosten, die die Eltern beisteuern, ein eindeutiges Geschenk . . . und müssen nicht auch (über die Fortpflanzungsverpflichtung) »zurückgezahlt« werden.

[11] Dem Volkswirtschaftler mag sich hier assoziieren, daß nicht alle Kosten und Erträge sich beim Individuum unmittelbar zu Buche schlagen müssen, sondern auf höherer Integrationsstufe in Erscheinung treten können (»social costs« – »social benefits«). Zu diesen Bewertungsunterschieden kommen wir jedoch erst später. Hier sollte zunächst bloß auf jene bei Individuum und »Art« hingewiesen werden. Auch dazu gibt es in der Wirtschaft Parallelen. Beiträge, die an Berufsvertretungen (Gilde, Gewerkschaft) gezahlt werden, bringen nicht jedem Berufs-Individuum Vorteil – jedoch der Berufs*art.*

VII
Das Rätsel der Zweckmäßigkeit

In der Natur geschieht nichts ohne Zweck.
Aristoteles (384–322 v. Chr.)

Die Hauptfeststellung meiner Darlegung, daß nämlich der Mensch von nieder organisierten Lebensformen abstammt, wird für viele, ich bedauere es, sehr gegen ihren Geschmack sein.
Charles Darwin (1859)

1

Wenn man durch Fabriken geführt wird, sieht man, daß alles auf Zweckmäßigkeit abgestellt ist. Jede Maschine, jeder Mann hat hier im Rahmen des Gesamten seinen Platz, seine Aufgabe. Jeder Vorgang, jeder Teil ist auf die Produktion ausgerichtet. In der Zentrale sitzen die Direktoren und werden dafür bezahlt, daß sie diese Zweckmäßigkeit überwachen und noch ständig erhöhen: Hier mag ein Engpaß auftreten, dort fehlt es an einem geeigneten Mann oder am richtigen Werkzeug, jene Abteilung ist nicht voll ausgelastet... der menschliche Geist, so scheint es, arbeitet hier ständig an der Schaffung von Zweckmäßigkeit.
Es ist die allgemeine Ansicht, daß der Mensch Zweckmäßigkeit *erschafft.* Wir bewundern die Zweckmäßigkeit der großen Erfindungen.
Studieren wir den Aufbau tierischer oder pflanzlicher Körper, ergeht es uns ähnlich. Je besser wir mit dem inneren Getriebe dieser lebenden Strukturen vertraut werden, um so mehr stoßen wir dort auf Zweckmäßigkeit. Von seltenen Ausnahmen abgesehen, übt jedes Organ eine Funktion aus, erfüllt also eine Aufgabe. In ihrer Größe und Wirksamkeit sind sie aufeinander abgestimmt. Es ist schwer, in diesen Organisationen Fehler zu entdecken. Offensichtlich dient hier alles einem gemeinsamen Zweck... Was ist dieser Zweck?

Schon der Urmensch muß, kaum daß er Ursachen und Wirkungen in seiner Phantasie zu verknüpfen begann, auf das Phänomen dieser erstaunlichen Zweckmäßigkeit gestoßen sein. Lag er auf dem Rükken und starrte er in die blaue Luft, dann entstand nichts Zweckmäßiges. Brauchte er einen Pfeil, dann mußte er sich diesen schnitzen. Das kostete Mühe. Wollte er einen sicheren Unterschlupf, dann mußte er einen solchen ausfindig machen, oder er mußte ihn sich bauen. Das erforderte Planung und Arbeit. Jedes Tier und jede Pflanze zeigten ihm nun aber eine Fülle von Zweckmäßigkeit, ebenso sein eigener Körper. Selbst wenn er darüber nicht bewußt nachsann, so legten sie ihm doch auf das deutlichste eine Anstrengung und Planung – *eine Urheberschaft* – nahe.

Wo war die Ursache dieser Wirkungen? Diese Frage ergab sich von Anfang an aus der Grundfunktion menschlichen Denkens – aus dem Verknüpfen von Ursachen und Wirkungen in der Phantasie. Auch der Urmensch konnte ihr kaum ausweichen. Wohin er blickte: diese Frage griff gleichsam mit Händen nach ihm.

Mehr noch. Diese so höchst zweckmäßige Organismenwelt – einschließlich des eigenen Körpers – legte nicht nur eine Urheberschaft nahe, sondern darüber hinaus ein gezieltes *Interesse*. Primitiv gesprochen: Wer so viel Mühe investiert, mußte wohl damit auch einen Zweck verfolgt haben. Was also war dieser Zweck?

Es ist höchst naheliegend, daß der Urmensch dieser unbekannten Ursache einen besonderen Namen gab und daß er sie sich als ein übermächtig starkes unsichtbares Wesen vorstellte. Ebenso naheliegend ist, daß er diese Natur und sich selbst im Zentrum dieses höheren Interesses sah.

Keine der zahlreichen Glaubensvorstellungen, zu denen der Mensch im Laufe der Geschichte gelangt ist, läßt sich gegenbeweisen – das gilt auch für die primitivsten. Es soll hier also durchaus nicht behauptet werden, daß sie etwa alle Phantasiegebilde, also »Hirngespinste« sind. Es liegt jedoch der Schluß nahe, daß sehr viele unter ihnen doch diesen Ursprung haben. Und hatte sich dann erst eine solche Vorstellung gebildet und pflanzte sie sich traditionell fort, dann ließ sie sich nur noch schwer beseitigen... eben weil sie nicht gegenbeweisbar war. Im Laufe der kulturellen Entwicklung knüpfte dann der Mensch – auch das ist naheliegend – an diese

höchsten Vorstellungen alles, was ihm edel und heilig schien. Um so schwieriger waren diese Gebäude dann noch zu erschüttern.
Ich behaupte: Die rätselhafte Zweckmäßigkeit war der Ausgangspunkt vieler solcher Lehren. Weiter behaupte ich: Die Grundfunktion der menschlichen Intelligenz – weit auseinanderliegende Ursachen und Wirkungen zu verknüpfen und zu erforschen – bedingte notwendigerweise solche Entwicklungen. Sie bedingte notwendigerweise, daß der Mensch an übersinnliche Wesen glaubte – und im besonderen: daß er zu der Ansicht verleitet wurde, er selbst mitsamt den Tieren und Pflanzen stünde im Zentrum göttlichen Interesses.

2

Der erste, dessen Gehirn eine andere Erklärung für die Zweckmäßigkeit in der Natur fand, war der griechische Philosoph Empedokles. Ihm erschien diese Zweckmäßigkeit nicht weiter verwunderlich. Sie erklärte sich ihm einfach daraus, daß nur das Zweckmäßige bestehen und sich fortpflanzen konnte. Was unzweckmäßig war, mußte zugrunde gehen. Deshalb blieb – notwendigerweise – am Ende eben nur das Zweckmäßige übrig.
Empedokles hatte eine recht abenteuerliche Vorstellung von der Entstehung der Tiere und Pflanzen. Für ihn waren zwei divergierende Prinzipien der Ausgangspunkt. Aus den Wechselwirkungen beider hätten sich, wie er sagte, die verschiedenartigsten Bildungen ergeben. Die Organe der Tiere und Pflanzen wären gesondert entstanden – Arme allein, Beine allein, Köpfe allein. Die Natur kombinierte das dann spielerisch; einmal so, dann wieder anders. Unzählige Mißbildungen entstanden und gingen zwangsläufig wieder zugrunde. Gelegentlich aber kam es auch zu Zweckmäßigem. Das überlebte dann und konnte sich fortpflanzen – eben weil es zweckmäßig war. Auf diese Weise kamen – nach seiner Ansicht – die Tiere und Pflanzen zustande.
Es dauerte über zweitausend Jahre, ehe dieser Gedanke wieder aufgegriffen wurde – von Charles Darwin. Dessen Beurteilung der Organismen und ihrer Entstehung war jedoch weniger phantastisch.

Darwin ging von zwei ganz unbestreitbaren Prämissen aus. Erstens ist es Tatsache, daß bei den so verschiedenartigen Tier- und Pflanzenarten die jeweiligen Nachkommen nicht immer genau mit den Eltern übereinstimmen. Sie »variieren«. Und oft sind solche Veränderungen erblich. Zweitens: Es werden fast bei allen Arten weit mehr Nachkommen hervorgebracht, als tatsächlich bis zur Geschlechtsreife gelangen können. Die Nahrung ist beschränkt, außerdem gibt es Feinde und Konkurrenten. Demgemäß kann sich immer nur das Bestgeeignete erhalten und fortpflanzen. Das andere geht schon früher zugrunde. Also pflanzt sich – notwendigerweise – nur das Zweckmäßigste fort. Eine »natürliche Auslese« findet statt.

Das ist ein unheimlicher Gedanke. Kein Zweifel: Zweckmäßiges kann so *ganz von selbst* entstehen. Einfach dadurch, daß alles Unzweckmäßige verschwindet.

Die auf Darwin folgenden Forschergenerationen haben genauer ermittelt, worauf die erblichen Veränderungen beruhen. Beim Teilungsvorgang der Erbrezepte unterlaufen »Fehler« – man nannte sie »Mutationen«. Auch äußere Einflüsse, etwa kosmische Strahlen, können derartige Veränderungen bewirken. Es handelt sich dabei um völlig *ungerichtetes* Geschehen... Die Wurzel und Ursache des Zweckmäßigen ist somit – mehr oder minder – der »Zufall«.

Man entdeckte verschiedene »Mechanismen«, durch die das Zustandekommen des Zweckmäßigen gefördert und beschleunigt werden kann. Der wichtigste ist die Zweigeschlechtlichkeit. Indem verschiedene Keimzellen – und damit verschiedene Erbrezepte – verschmelzen, werden die hier und dort aufgetretenen Erbänderungen kombiniert. Die Wahrscheinlichkeit, daß es so zu einer Steigerung der Zweckmäßigkeit kommt, wird dadurch wesentlich erhöht. Dazu kommt – darauf wies bereits Darwin hin –, daß im Kampf um die Weibchen die stärksten Männchen siegen. Auch das führt dazu, daß stärkere, zweckmäßigere Typen sich bevorzugt durchsetzen.[2]

Sowohl Darwin als auch Lamarck – der den Evolutionsgedanken als erster aussprach – glaubten außerdem an die Vererbung *erworbener* Eigenschaften. Ein solcher Vorgang würde in der Tat das Zustandekommen von Zweckmäßigem weit besser erklären. Das Zweckmäßige wäre dann nicht mehr auf die Kombination reiner Zufälle angewiesen. Wenn Lebewesen *individuelle* Anpassungen an die Umwelt – und zu solchen sind die meisten fähig – an die Nachkommenschaft vererben könnten, dann käme Zweckmäßiges weit schneller zustande. Bis zum heutigen Tag konnte jedoch – trotz vieler Versuche – keine solche Rückwirkung erworbener Eigenschaften auf das Erbgut nachgewiesen werden.

Die meisten Biologen glauben heute daher, daß zufällige und ungerichtete Mutationen genügt haben, um die Höherentwicklung der Organismen zu bewirken. Dabei ist jedoch auch eingefleischten Selektionisten vor der Frage bange: Reichte denn die Zeit – knappe vier Milliarden Jahre – zu diesem sich aus zufälligem Geschehen ergebenden Vorgang? Es ist durchaus möglich – ja zu erwarten –, daß es innerhalb der Zellstrukturen noch einen weiteren selektionsfördernden Mechanismus gibt, den wir bloß noch nicht entdeckt haben.

Nietzsche schrieb: »Jene eisernen Hände der Notwendigkeit, welche die Würfelbecher des Zufalls schütteln, spielen ihr Spiel unendliche Zeit: da *müssen* Würfe vorkommen, die der Zweckmäßigkeit und Vernünftigkeit jedes Grades vollkommen ähnlich sehen.«[3] Wir wissen jedoch heute, daß die Evolution vor nicht viel länger als eben knapp vier Milliarden Jahren ihren Anfang nahm. Das ist zwar eine lange, aber durchaus keine unendlich lange Zeitspanne.

Die Vertreter des »Vitalismus« glauben an eine »Lebenskraft«, die die Evolution zum Zweckmäßigen hinlenkt. Der Biologe Driesch nannte sie – in Anlehnung an einen Begriff des Aristoteles – »Entelechie«. Kann nun aber wirklich eine solche *außersinnliche, außerkausale* Kraft die Zweckmäßigkeit der Organismen bewirkt haben?

Um zu dieser Frage Stellung zu nehmen, kehren wir zum Energonbegriff zurück. Die Wirksamkeit der »natürlichen Auslese« wird von niemandem – auch nicht von den Vitalisten – bestritten. Betrachten wir diesen Vorgang etwas genauer.

3

Abbildung 13 zeigt eine Modellsituation. Im Zeitpunkt T_1 stehen drei Energontypen A, B und C der Energiequelle Q gegenüber und

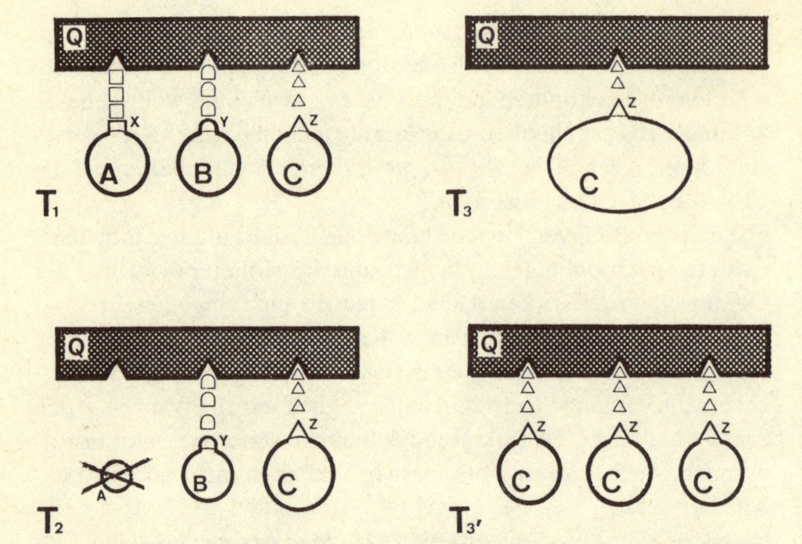

Abbildung 13: Die *positive* Auslese durch die Erwerbsquelle

Im Zeitpunkt T_1 konkurrieren drei Energontypen (A, B, C) um die Erschließung der gleichen Erwerbsquelle (Q). Die Funktionsträger zur Erschließung (die »Schlüsselbärte«) sind x, y, z: y ist wirksamer als x, z wirksamer als y. Im Zeitpunkt T_2 (es mag zahlreiche Generationen später sein oder sich noch immer um die gleichen Energonindividuen handeln) ist A aus dem Rennen ausgeschieden, B kann sich noch halten, C dominiert. Im Zeitpunkt T_3 ist schließlich nur ein Energontyp (C) übriggeblieben (wenn es zu beliebiger Vergrößerung fähig ist), oder drei Energonindividuen von C teilen sich die Erwerbsquelle (T_3'). Die Erwerbsquelle steuert so – ohne es zu »wollen« –, welcher Energontyp bestehen kann. Die Auslese setzt hier an einem *positiven* Merkmal an: an der höheren Fähigkeit, die Erwerbsquelle zu erschließen.

erschließen diese. Es wird angenommen, daß es drei gleich große Populationen sind – etwa je tausend oder zehntausend Individuen. Die drei Typen (»Arten«) sind einander in allen Eigenschaften völlig gleich und nur in der Ausbildung eines Funktionsträgers verschieden (x, y, z). Der Unterschied – etwa in der Ausbildung eines Erwerbsorganes – kann durch Mutationen entstanden sein. Energon B war der ursprüngliche Typ, durch Erbveränderungen entstanden die beiden Varianten A und C. Bei A war die Mutation zweckmäßigkeitsvermindernd: Die neue Einheit x ist weniger wirkungskräftig als y. Bei C war sie dagegen zweckmäßigkeitssteigernd: z arbeitet besser als y: billiger, präziser oder schneller. Was in diesem Fall geschehen muß, ist nicht schwer zu erraten.

Im Zeitpunkt T_2 – um soundso viele Generationen später – ist der Typ A von der Bildfläche verschwunden, er ist aus dem »Rennen« ausgeschieden. Auf Grund der weniger wirkungskräftigen Einheit sperrte dieser Schlüssel nicht mehr so gut. Somit wurde diese Energonart von den beiden anderen Typen zurückgedrängt. Nun mag eine Notzeit kommen, und in dieser gelangt auch B nicht mehr zu einer aktiven Bilanz. Die noch vorhandenen Individuen verausgaben ihre Reserven – schließlich gehen sie zugrunde. Auch dieser Typ – diese »Art« – stirbt aus.
Somit gibt es im Zeitpunkt T_3 nur noch den Typ C. Treten wir erst jetzt als Beobachter in Erscheinung, dann stellen wir fest, daß die Art C auf Grund ihres Funktionsträgers z vorzüglich den Eigentümlichkeiten der Energiequelle Q *angepaßt ist.* Der Funktionsträger z hat hohe Zweckmäßigkeit. Unser Gehirn fragt sofort: Wo liegt der Urheber dieser Zweckmäßigkeit, wer hat sie geschaffen? Wer hat hier geplant – sich angestrengt?
Niemand hat hier geplant, niemand hat sich angestrengt. Die Erbänderungen erfolgen richtungslos, zufällig. Die beste blieb ganz von selbst übrig.
Zwei getrennte Abläufe überschneiden sich hier. Der erste ist die Fortpflanzung der Energone A, B und C, in deren Verlauf es zu erblichen Veränderungen kommt. Der zweite ist die laufende Wechselwirkung zwischen diesen Energonen und der Energiequelle. Die besser passenden Schlüssel können besser aufsperren, sie kommen zu einer besseren Bilanz. Die schlechter passenden – »weniger geeigneten« – scheiden aus. Die Besonderheit des Schlosses *steuert* so, welcher Schlüssel übrigbleibt. Es ist somit letztlich die Energiequelle, die die Ausbildung der Struktur *diktiert.*
Selbst wenn Energon A von einer übernatürlichen Kraft hervorgebracht wurde, C dagegen durch Zufall, ändert das am Ergebnis nichts. Auch dann ist im Zeitpunkt T_3 nur noch der Typ C auf der Bildfläche. *Der Hersteller kann also nicht darüber bestimmen, was zweckmäßig ist.* Zweckmäßigkeit ist – sofern die Naturgesetze unveränderlich sind – ein ganz relativer Passungszustand. Im gegebenen Beispiel wird sie ausschließlich durch die Eigenschaften des zu öffnenden Schlosses Q – also durch die Energiequelle – bestimmt. Diese nimmt keinerlei direkten Einfluß auf die Fortpflanzungs- und Bildungsvorgänge – und steuert doch den Weg der Energonentwicklung.

Noch deutlicher wird dieser – durchaus ungewollte – Steuerungsvorgang bei der *negativen* Auslese (Abb. 14). Sie nimmt gewissermaßen die Schwächen der Energone aufs Korn.

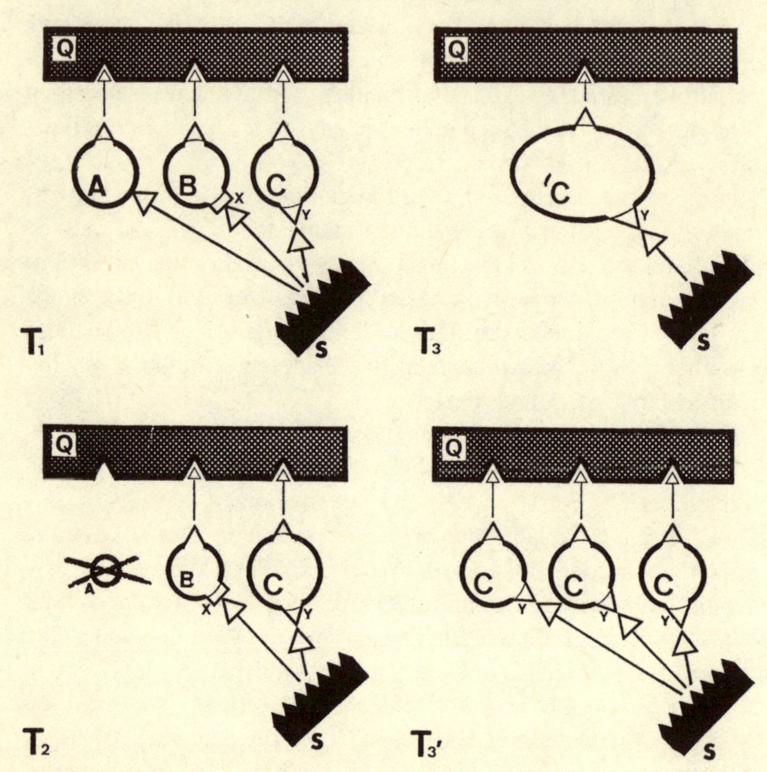

Abbildung 14: Die *negative* Auslese durch störende oder feindliche Umwelteinflüsse

Im Zeitpunkt T_1 konkurrieren die Energone A, B und C um die Erwerbsquelle Q und sind, was deren Erschließung anlangt, einander ebenbürtig. Dagegen verfügt A über keinen schützenden Funktionsträger gegenüber der Umweltstörung oder Feindeinwirkung S. Energon B besitzt einen solchen (x), doch ist er weniger wirksam als jener von C (y). Im Zeitpunkt T_2 (es mag zahlreiche Generationen später sein oder sich noch immer um die gleichen Energonindividuen handeln) ist A durch den Einfluß von S eliminiert worden, B hält sich noch, C dominiert. Im Zeitpunkt T_3 kann schließlich ein Energonindividuum C übrigbleiben (wenn es zu beliebigem Wachstum fähig ist), oder drei Individuen von C teilen sich nun die Erwerbsquelle (T_3'). Störende oder feindliche Umweltfaktoren *steuern so* – ohne es zu »wollen« –, welcher Energontyp bestehen kann. Die Auslese setzt hier an einem *negativen* Merkmal an: an der mangelnden Fähigkeit, sich zu schützen.

So sind etwa in Schneegebieten schwarz gefärbte Hasen für Raubvögel besonders leicht zu erkennen – werden deshalb am schnellsten ausgerottet (A). Sie sind allzusehr im Nachteil. Grau gefärbte (B) halten sich länger, werden aber von den weißen immer mehr zurückgedrängt. Sie sind ebenfalls in ihren Erwerbsakten behindert, können weniger gut Reserven sammeln. Kommt eine Notzeit, dann kann auch dieser Typ gänzlich von der Bildfläche verschwinden. Wir sehen dann, wenn wir im Zeitpunkt T_3 als Beobachter in Erscheinung treten, in dem betreffenden Gebiet lauter weiße Hasen. Unser Gehirn – sofern es den Zusammenhang mit den Raubvögeln begreift – erklärt dann: Diese Hasen haben ein gutes Tarnkleid, ihre Färbung ist höchst *zweckmäßig.*

Auch hier ist jedoch nicht ein bewußt planender Hersteller für diese gute Passung verantwortlich – sondern die Raubvögel. Diese haben nicht den geringsten Einfluß auf die Fortpflanzungs- und Bildungsvorgänge der Hasen – *und steuern doch ihre evolutionäre Entwicklung.*

Der Zusammenhang ist hier noch kurioser. Denn im Interesse der Raubvögel läge es an sich, wenn es möglichst viele schwarze Hasen gäbe. Sie bewirken aber das gerade Gegenteil! *Sie steuern somit die Ausbildung eines gegen ihre Interessen gerichteten Merkmales.* Diesen Zusammenhang muß man sich hier in seiner ganzen Tragweite klarmachen.

Hier liegt eine kausale (ursächliche) Verknüpfung vor, die aufs Haar einer anderen gleicht, mit der man sich schon seit längerem in der Technik – und seit kürzerer Zeit im noch jungen Wissenschaftszweig der Kybernetik – beschäftigt.

4

Es geht dabei um das Grundprinzip aller Steuerungsvorgänge – um genau jenes Phänomen, von dem Norbert Wiener, der Begründer der Kybernetik, ausging.[4]

Steuern wir etwa ein mit konstanter Geschwindigkeit fahrendes Motorboot, dann benötigen wir für die Betätigung des Steuerrades Energie. Von dieser fließt jedoch nicht der allergeringste Teil in den

von uns gesteuerten Vorgang über. Auch wenn wir das Steuerrad noch so sehr hin und her drehen, die Fahrt wird darum nicht schneller. Wir beeinflussen bloß die Richtung. Die Fortbewegung wird ausschließlich durch den Motor bewirkt. Zwei kausale Verkettungen kreuzen sich hier. Der Motor dreht den Propeller – das ergibt die Fahrt. Wir drehen das Steuerrad – das ergibt die Richtung. Die zum Steuern verwendete Energie ist hier ungleich geringer als jene, die der Motor produziert. Trotzdem – ohne selbst in sie einzutreten – beeinflußt sie deren Richtung.
Der Biologe und Kybernetiker Bernhard Hassenstein nannte diese kausale Verknüpfung »Steuerkausalität«.[5] Sie kennzeichnet praktisch alle Steuerungsvorgänge, nicht nur jene der Technik, sondern auch die in den Körpern der Organismen. Immer läuft es darauf hinaus, daß durch einen energetischen Vorgang ein anderer beeinflußt, gelenkt wird.
Von großer praktischer Bedeutung ist dabei, daß so mit geringem Energieaufwand ungleich stärkere Energieentfaltungen beherrscht werden können. Außerdem kann so durch *eine* Energieform eine *ganz andere* beeinflußt werden. Jede Schaltung über einen Regelwiderstand zeigt beide Phänomene. Drehe ich diesen, dann kann ich elektrischen Strom drosseln oder auch verstärken. Die Drehbewegung ist *mechanische* Energie – und damit steuere ich *elektrische* Energie.
Die Essenz: Eine Energieform lenkt so die Wirksamkeit einer anderen – ohne daß die steuernde Energie in die gesteuerte übertritt.
Ich behaupte nun: Das ist genau der Vorgang, der sämtliche Vorgänge der »natürlichen Auslese« kennzeichnet. Das Beispiel mit den Raubvögeln und den weißen Hasen zeigt das besonders anschaulich. Von der Energie der Raubvögel geht nicht das geringste in die Hasenentwicklung über. Trotzdem *steuert sie diese.*
Ob eine solche Steuerung willentlich oder nicht willentlich erfolgt, ist für den Vorgang selbst unerheblich. Bei den menschlichen Formen der Steuerung handelt es sich um gewolltes Geschehen, bei der natürlichen Auslese handelt es sich um ungewollte Vorgänge. Hier wie dort aber wird durch einen energetischen Vorgang ein anderer – ohne daß jener in diesen eintritt – beeinflußt.
Auch die evolutionäre Anpassung der Energone an ihre Energiequellen – also die *positive* Auslese – findet im Prinzip der Steue-

rungskausalität ihre Erklärung. Hier ist der Zusammenhang schwieriger – weil ja tatsächlich von der steuernden Instanz (der Energiequelle) in die gesteuerte (das Energon) Energie überfließt. Man muß jedoch bedenken, daß auch hier zwischen dem einen energetischen Geschehen und dem anderen – also zwischen der Nahrungsaufnahme und den Veränderungen im Erbrezept – kein direkter Zusammenhang besteht. Die Energiequelle hat weder Fähigkeit noch Veranlassung, auf die Erbvorgänge in den Tieren oder Pflanzen Einfluß zu nehmen – und steuert doch ihre Entwicklung.
Ist die Energiequelle etwa eine Gazellenart und sind die sie aufschließenden Energone Löwen und andere Raubtiere, dann hätten diese Gazellen bestimmt alles Interesse daran, daß ihre Verfolger immer blinder und lahmer würden. Sie bewirken jedoch genau das Gegenteil – daß sich nämlich nur die besten und schnellsten Typen unter ihnen durchsetzen.
Wir gelangen so zu einer kausalen Erklärung der rätselhaften Zweckmäßigkeit in der Natur. *Sie erklärt sich aus ungewollten und ungeplanten Wirkungszusammenhängen, die nach dem Prinzip der Steuerkausalität ablaufen.*
Auch der jahrhundertealte Streit in der Biologie zwischen Mechanisten und Vitalisten – der zur Folge hatte, daß heute die meisten Biologen das Wort »Zweckmäßigkeit« tunlichst vermeiden – wird dadurch entscheidend berührt. Wenn nämlich der Hersteller, ob er nun Zufall oder Gott heißt, gar nicht auf das Bestehen dessen, was er hervorbringt, einwirken kann, verliert dieser Zwist seine eigentliche Grundlage. Eine übersinnliche Kraft könnte wohl die Entstehung des Zweckmäßigen außerordentlich beschleunigen, doch darauf, wie das Zweckmäßige aussehen muß, um zweckmäßig zu sein, *hat sie – konstant bleibende Naturgesetze vorausgesetzt – nicht den geringsten Einfluß.*[6]
Für unsere Betrachtung ist die Erfassung der Zweckmäßigkeit deshalb wichtig, weil Zweckmäßigkeit und Konkurrenzfähigkeit auf das innigste verwandt sind. Es gibt vom Energon her betrachtet keine Steigerung der Konkurrenzfähigkeit, die nicht gleichzeitig auch als eine Steigerung seiner Zweckmäßigkeit angesehen werden muß.

5

Der Mensch vermag auf Grund seiner Intelligenz selbst Zweckmäßiges zu erschaffen – das bilden wir uns zumindest ein. Der enorme Fortschritt, den wir im Verlauf einiger tausend Jahre gemacht haben, scheint auch deutlich dafür zu sprechen. Sind aber wirklich *wir* es, die darüber bestimmen, was an unseren Werken zweckmäßig ist und was nicht?

Bleiben wir zunächst bei den reinen Erwerbsanstrengungen, also bei den vom Menschen gebildeten Energonen. Wie ist das bei dem Erwerbsorgan »Verkaufsprodukt«? Entscheidet hier wirklich der Hersteller (oder Erfinder) über dessen Zweckmäßigkeit? Entscheidet *er* über dessen Erwerbskraft?

Er entscheidet nicht darüber. Diese Entscheidung fällt vielmehr der jeweilige Bedarf. Was den Wünschen des Käufers entspricht, was also gekauft wird, ist zweckmäßig – konkurrenzfähig. Der Käufer – der Nachfrager – ist bei dieser Erwerbsform die Energiequelle. Auch hier steuert somit die Energiequelle die notwendige Beschaffenheit des zu ihrer Erschließung benötigten Schlüssels. *Sie* steuert, welches Produkt sich durchsetzt. *Sie* – die Energiequelle, der Nachfrager – steuert die für anbietende Firmen zweckmäßige Struktur und Tätigkeit.

Wird nicht ein Produkt, sondern eine Leistung zum Tausch angeboten, ist es nicht anders. Auch in diesem Fall entscheidet die Nachfrage – der Bedarf – darüber, welche Leistungen ein Energon erbringen muß, um zu einem Erwerbserfolg zu kommen. Auch hier ist es die Energiequelle, die darüber entscheidet, welches Verhaltensrezept – also welche Leistungserbringung – das zweckmäßigste ist, also den höchsten Konkurrenzwert hat. Auch hier steuert sie das Zustandekommen des Zweckmäßigen.

Die Steuerungsvorgänge sind in jedem Fall ungewollt. Trinke ich Coca-Cola oder Gordon's Gin, dann geschieht das nicht, weil ich den Eigentümer oder die Aktionäre dieser Firma fördern will, sondern weil diese Getränke mir schmecken. Ganz allgemein: Der Nachfrager ist – in der Regel – nicht daran interessiert, auf die Firmen Einfluß zu nehmen, deren Produkte er kauft. Er will seine Bedürfnisse möglichst gut befriedigen, das ist alles. *Und doch steuert er so ihre Entwicklung!*

Die Intelligenzleistung eines Produzenten – oder eines »Erfinders« – besteht somit darin, daß er der natürlichen Auslese zuvorkommt, ihr sozusagen die Arbeit abnimmt. Hier tritt wieder die menschliche Phantasie als wichtiger Faktor in Erscheinung. Der Anbieter versetzt sich – in seiner Vorstellung – in die Rolle des Marktes, des Bedarfs, der Nachfragenden, der Käufer. Er sammelt Informationen darüber, wie diese Erwerbsquelle sich verhält, wie sie reagiert, was sie wünscht – und versucht im voraus zu erkennen, wie ein Produkt oder eine Leistung deshalb aussehen muß, um verkaufbar zu sein. Was er bei diesen Erwägungen als unzweckmäßig erkennt, stellt er dann in der Regel gar nicht her, bietet es erst gar nicht an.

Bringt ein Produzent zwei verschiedene Typen des gleichen Produktes auf den Markt, dann läßt er die natürliche Auslese noch frei entscheiden. Er läßt den Markt – die Energiequelle – wählen, welches Produkt am besten einschlägt. Auf dieses verlegt er sich dann. Hier ist die steuernde Wirkung der Erwerbsquelle noch deutlich.

Wo immer jedoch ein Mensch die Möglichkeit dazu hat, beschleunigt er – besonders mit Hilfe der Marktforschung – den normalen Auslesevorgang. Die Evolution ist nun nicht mehr auf kleine, zufällige Änderungen angewiesen – die vielleicht erst in hundert oder tausend Jahren dazu führen, daß die Zweckmäßigkeit eines Energons oder eines Funktionsträgers sich allmählich steigert. Der Mensch verändert Dutzende von Merkmalen gleichzeitig. Oft schafft er völlig Neues. So gelangt er zu Strukturen, *die über den bisherigen Auslesevorgang überhaupt nicht erreichbar gewesen wären.*

Bis zum Menschen herauf hatte die Evolution stets die unerbittliche Klippe zu überwinden, daß jedes Zwischenglied einer Entwicklungsreihe zweckmäßig sein mußte. Es durfte keinesfalls den Selektionswert des Energons senken – sonst wurde es sehr schnell wieder ausgemerzt, und die betreffende Entwicklungslinie endete an diesem Punkt. Somit konnten also immer nur Bildungen erreicht werden, bei denen jede Zwischenstufe zumindest nicht bilanzverschlechternd war. Der Mensch dagegen – da er aus körperfremden Einheiten Neues zusammenbaut – braucht auf Zwischenstadien nicht Rücksicht zu nehmen. Er kann sie überspringen. In unserer Phantasie entwerfen wir – nach bestem Vermögen – ein zweckmäßiges Endprodukt. Das bieten wir dann an.

Somit kann auch der Mensch *nicht* diktieren, was in seinen Erwerbsvorgängen zweckmäßig ist. Dies wird in erster Linie durch den Bedarf – durch die aufzuschließende Energiequelle – bestimmt. Störende oder feindliche Umwelteinflüsse üben hier ebenfalls einen steuernden Einfluß aus. Auch sie – beispielsweise staatliche Verordnungen – nehmen Einfluß darauf, was sich durchsetzen kann und was nicht.

6

Eine Besonderheit des Menschen besteht allerdings darin, daß er den Bedarf – besonders durch Werbung – selbst zu beeinflussen vermag. Das bedeutet dann: Der Schlüssel richtet sich nicht mehr nach dem Schloß, sondern das Schloß wird so verändert, daß ein bereits bestehender Schlüssel es aufsperrt. Von der Evolution her ist das ein höchst ungewöhnlicher und neuer Vorgang.

In diesem Fall wird die steuernde Wirkung des Marktes unterbunden. Der Nachfrager wird dahingehend beeinflußt, daß er ein angebotenes Produkt oder eine angebotene Leistung als wünschenswert empfindet. An diesem Punkt gelangt der Mensch tatsächlich dahin, *selbst Zweckmäßigkeit zu schaffen.* Denn in diesem Fall – und nur in diesem – schafft er das gesamte Passungsverhältnis: formt einerseits den Schlüssel, anderseits auch das Schloß. Ganz besonders trifft das zu, wenn ein neuer, bisher noch gar nicht existierender Bedarf willkürlich geschaffen wird – etwa durch die Mode.

In ganz analoger Weise beeinflußt der Mensch auch die *negative* Auslese, etwa die schädigende Wirkung feindlicher Umwelteinflüsse. Dieser Vorgang ist gegeben, wenn beispielsweise ein Fluß zeitweise über die Ufer tritt und Felder und Bauernhöfe zerstört. Der erste Anpassungsvorgang: Einige der Landwirte errichten Schutzmauern und werden dann bei weiteren Überschwemmungen nicht mehr betroffen. Der von Mauern umgebene Energontyp setzt sich dann in dieser Gegend durch. Das entspricht analogen Schutzanpassungen pflanzlicher und tierischer Energonarten. Der störende Faktor (Fluß) steuert auch hier die Beschaffenheit der zu seiner Abwehr notwendigen Struktur – bestimmt somit, was an diesem Ort zweckmäßig ist.

Dagegen *erschafft* der Mensch Zweckmäßigkeit, wenn die Landwirte sich zusammentun und den Fluß regulieren oder umleiten. Dann steuern sie den Faktor, der ansonsten die Ausbildung ihrer Energone steuert. Denken wir nochmals an das Beispiel der in Schneegebieten lebenden Hasen, die von Raubvögeln dezimiert werden – was dazu führt, daß nur die weißen übrigbleiben. Die Landwirtschaften werden durch den Fluß dezimiert – was zunächst dazu führt, daß sich solche Typen, die durch Mauern geschützt sind, durchsetzen. Der zur Regulierung oder Umleitung des Flusses analoge Vorgang wäre gegeben, wenn die Hasen auf irgendeine Weise bewirken könnten, daß nur noch schnabellose oder an Hasen uninteressierte Raubvögel entstünden. Dann hätten auch sie Zweckmäßigkeit erschaffen: ein Passungsverhältnis zwischen dem einflußnehmenden Faktor und einer eigenen Eigenschaft.
Dieses Beispiel – das vielleicht weit hergeholt scheint – soll zeigen, welches Novum dieser Vorgang in der Evolution darstellt. Sowohl der positiven als auch der negativen Auslese nimmt der Mensch das Steuer aus der Hand. Indem er den Käufer beeinflußt, manipuliert, erschafft er neue Erwerbsquellen. Indem er störende Umweltfaktoren »entschärft«, erspart er es sich, entsprechende Schutzeinrichtungen bilden zu müssen.
Gesondert zu betrachten sind die Zweckmäßigkeiten im menschlichen »Luxussektor«.
Im Erwerbssektor ist Zweckmäßigkeit mit Konkurrenzfähigkeit identisch. Im Luxussektor gibt es dagegen geradezu unzählbar viele Zweckmäßigkeiten – denn hier ist für den einzelnen immer das zweckmäßig, was sein Wohlbefinden (Lust, Glück, Freude etc.) steigert. Das ist aber je nach Anlage, Erziehung und Situation verschieden, es kann sich beim selben Menschen von einer Minute auf die andere ändern. Hier äußern sich Trieb, Stimmung, Laune, Gewohnheit, Beeinflussung, Gesundheitszustand, krankhafte Veranlagung und vieles andere mehr. Für den Theaterliebhaber ist im Augenblick, da er einen Theaterbesuch wünscht, eben dieser für ihn zweckmäßig. Für den Lustmörder, der sich gerade in der entsprechenden Stimmung befindet, ist in seinem augenblicklichen subjektiven Empfinden zweckmäßig, wenn er auf ein dafür passendes Opfer stößt.
Auf diese Fülle von »Luxus-Zweckmäßigkeiten« gehe ich im Rah-

men dieses Buches nicht ein. Oder nur eben insofern, als sie Bedürfnisse schaffen, die anderen Energonen eine Erwerbsgrundlage bieten.

Damit schließt sich der Kreis. Die Luxuszweckmäßigkeiten der Menschen schaffen vielfältigen Bedarf: Dieser ist die Erwerbsquelle für sehr viele menschliche Erwerbstrukturen und steuert somit deren Erwerbszweckmäßigkeit.

Oder aber dieser Bedarf wird – über Werbung oder sonstige Beeinflussung – selbst wieder von den Erwerbskörpern her gesteuert. Dann diktiert nicht Luxuszweckmäßigkeit Erwerbszweckmäßigkeit, sondern – gerade umgekehrt – Erwerbszweckmäßigkeit diktiert Luxuszweckmäßigkeit.

Um einen genaueren Einblick in die Dynamik der Energonentwicklung zu gewinnen, betrachten wir im nächsten Abschnitt die steuernden Wirkungen der störenden und feindlichen Umweltbedingungen.

Anmerkungen

[1] Eine für die Entstehung mancher Gottesvorstellungen sicher zutreffende Formulierung gab der französische Philosoph Baron Holbach in seinem 1770 erschienenen Werk »Système de la Nature«: »Greifen wir auf den Ursprung der Dinge zurück, so werden wir finden, daß Unwissenheit und Angst die Götter erschaffen hat, daß Laune, Fanatismus oder Betrug sie ausschmückte und entstellte, daß Schwäche sie verehrt und Leichtgläubigkeit sie erhält und daß Gewohnheit sie respektiert und die Herrscher sie unterstützen, um die Blindheit der Menschen in ihren eigenen Dienst zu stellen.« (Zitiert nach W. Durant, »Die großen Denker«, Zürich 1943, S. 225.)

[2] Ein weiterer »Selektionsfaktor«, dem in der Biologie Bedeutung beigemessen wird, ist »Isolation«. Je kleiner eine »Population« (die Zahl von Artgenossen in einem Areal) ist, um so größer wird die Wahrscheinlichkeit, daß es bei den Mutationen und Fortpflanzungsvorgängen durch Zufallswirkung zu einer Verbesserung kommt. W. Ludwig begründet das mit dem Argument, daß die Wahrscheinlichkeit größer ist, »daß von 10 Spielern als daß von 100 Spielern jeder eine Sechs würfelt«. In kleinen Populationen kann ein günstiger Zufall sich eher auswirken. (»Die Selektionstheorie«, in: G. Heberer, »Die Evolution der Organismen«, Jena 1943.)

[3] F. Nietzsche, »Morgenröte«, Chemnitz 1881.

[4] Er veröffentlichte sein grundlegendes Werk 1948: »Cybernetics, Control and Communication in the Animal and the Machine«, New York.

[5] Bernhard Hassenstein, »Die bisherige Rolle der Kybernetik in der biologischen Forschung«, in »Naturwissenschaftliche Rundschau«, Stuttgart 1960.

[6] Nach theologischer Ansicht könnte Gott selbstverständlich die Naturgesetze ändern – und das würde dann auch eine andere Zweckmäßigkeit nach sich ziehen. Der springende Punkt ist jedoch: daß offenbar kein solcher Einfluß stattfindet. Demgemäß aber ist die Zweckmäßigkeit gleichsam sich selbst überlassen – und ist nichts als ein ganz relativer Wert.

[7] Auf die Möglichkeit der *Beeinflussung* kauffähiger Menschen komme ich gleich anschließend zu sprechen. Hier ist zunächst vom normalen, durch Werbung und sonstige Maßnahmen nicht beeinflußten Abhängigkeitsverhältnis die Rede. Dazu äußerte sich W. Eucken: »Bei Konkurrenz bestimmen die Konsumenten über Art und Umfang der Produktion, wobei die Unternehmer letztlich, wenn auch mit einem gewissen Spielraum, in ihrem Auftrag handeln.« »Grundsätze der Wirtschaftspolitik«, Bern-Tübingen 1952, S. 115.

Zweiter Abschnitt

WEITERE AUSSEN-FRONTEN

I
Speer und Schild

Ans Herz drück' ich den Feind, doch um ihn zu ersticken. Jean Racine (»Britannicus«, 1669)

Der Mensch will Eintracht, aber die Natur weiß besser, was seiner Gattung gut sei. Sie will Zwietracht
Immanuel Kant (1784)

1

Kein Energon kann völlig ungestört seinen Energieerwerb betreiben. Fast jedes gleicht einer Burg, die belagert wird. Da jedes Energon ein Energiepotential darstellt, wird es ganz automatisch für andere Energone zur möglichen Erwerbsquelle.
Tiere und Pflanzen, die überhaupt keine Raubfeinde haben, dürfte es – wenn überhaupt – nur unter extremen Bedingungen geben. Bei den vom Menschen geschaffenen Energonen ist das Problem der Feindabwehr *heute* nicht mehr so akut wie einst. Innerhalb der organisierten Staatswesen ist der Keimzelle Mensch und den von ihr gebildeten Erwerbsstrukturen die Notwendigkeit zur Verteidigung weitgehend abgenommen. Der Staat sorgt für die gemeinsame Sicherheit – wofür jeder Berufstätige und jede Erwerbsorganisation im Wege abzuführender Steuern anteilig aufkommt. Die Gemeinschaftsorgane Landesverteidigung, Legislative und Exekutive entheben sie – zumindest weitgehend – der Notwendigkeit, individuelle Schutzmaßnahmen zu ergreifen.
Bei den Tieren und Pflanzen sind bloß die organischen Teile Zielpunkt für räuberische Tätigkeit: Für die Raubtiere kommen nur aufschließbare Moleküle als Erwerbsquelle in Frage. Bei den nicht verwachsenen Erwerbs- und Luxuskörpern des Menschen ändert sich das radikal: Kannibalismus ist hier die Ausnahme. Auch der Mensch bildet räuberische Energone, doch diese haben es in erster

Linie auf künstliche Organe abgesehen, die nicht »verdaut« zu werden brauchen – sie können direkt im Sinne ihrer Funktion verwendet und auch »verkauft« werden. Sie sind somit keine eigentliche Energiequelle, doch haben sie Tauschwert. Im Falle einer kostbaren Uhr oder eines Brillantringes ist das Energieäquivalent sogar weit größer, als im gleichen Volumen organischer Substanz an verwertbarer chemischer Energie je stecken könnte.
Immerhin war auch der menschliche Körper noch bis in die nahe Vergangenheit Zielpunkt für menschlichen Raub. Der der eigenen Botmäßigkeit unterworfene Mitmensch ist das am universellsten verwendbare künstliche Organ. Am Beginn dieser Entwicklung – die die gesamte menschliche Geschichte kennzeichnet – steht die Unterwerfung der Familienangehörigen. Frau und Kinder waren der Befehlsgewalt des Mannes unterworfen. Sklaverei und Leibeigenschaft waren dann die nächsten Stufen in der Ausbeutung des Menschen. Dem künstlichen Organ »botmäßiger Mensch« kann fast jede körperliche und auch manche geistige Arbeit aufgezwungen werden.
Jahrtausendelang waren diese Einrichtungen eine Selbstverständlichkeit: Auf Sklaverei und Leibeigenschaft bauten sich sehr viele Berufskörper und Erwerbsorganisationen auf. Durch die jeweils gebildeten Staatswesen wurden sie fast ausnahmslos geschützt. Nur durch Einflußnahme auf diese Staatskörper konnte der Einzelmensch sich allmählich von dieser furchtbaren Gefahr, gewaltsam zu einem künstlichen Organ gemacht zu werden, befreien. Bekanntlich ist auch heute dieser Prozeß noch in manchen Teilen der Welt nicht abgeschlossen.
In der Bilanz jedes Energons können die Ausgaben für die *Abwehr von Raubfeinden* in einer gemeinsamen Rubrik verbucht werden. Sie gehören insofern zusammen, als sie ingesamt eine sehr verwandte Wirkung ausüben und funktionell einander ähnliche Gegenmaßnahmen notwendig machen. So wie alle dem *Erwerb* unmittelbar dienenden Einheiten eine Art von Gemeinschaft bilden, so sind auch alle Funktionsträger des Schutzes funktionell verwandt, wenn sie auch in ungeheurer Vielfalt und Vielgestaltigkeit auftreten.

2

Die ursprüngliche und einfachste Form eines Schutzes ist der Panzer. Sehr anschaulich führt uns diese Art von Funktionsträger der Seeigel vor Augen. Die Abwehrkraft wird hier durch die Stacheln noch wesentlich unterstützt.
Für Pflanzen kam diese Lösung nur beschränkt in Frage. Für ihre Erwerbsart ist das Einströmen der Lichtstrahlen in die diesen zugewandten Flächen erforderlich. Immerhin ist hier die Zellulose der Zellen nicht nur ein Funktionsträger der Stützung, sondern auch des Schutzes. Kleineren Räubern wird so der Fraß erschwert, größeren die Verdauung. Die nicht Photosynthese betreibenden Stämme und Zweige finden wir dagegen durch Borke geschützt. Als weitere Schutzeinheiten werden Stacheln oder Gifthaare ausgebildet.
Bei den menschlichen Berufskörpern kehrt dieses Schutzprinzip in mannigfacher Gestalt wieder. Für den Landwirt wurde in ungeschützten Gebieten sein Gehöft zum Panzer. Die Mauern der Ritterburgen beeindrucken uns noch heute durch ihre Mächtigkeit. Daß ganze Erwerbsorganisationen sich durch feste Panzer schützen, sehen wir zunächst bei den Termiten. Im menschlichen Bereich zeigen es uns die befestigten Städte des Mittelalters. Ganze Länder haben sich nur selten auf diese Weise schützen können – die berühmte Chinesische Mauer bildet hier die Ausnahme. Dagegen spielten naturgegebene Hindernisse, Flüsse und Gebirgsketten, als Befestigung eine wichtige Rolle. Im Bereich der kleineren Berufskörper und Erwerbsorganisationen zeigen Zäune und Stacheldraht das gleiche Abwehrprinzip. Zwischen das Energon und die möglichen Raubfeinde wird ein Hindernis gestellt.
Allerdings weist diese einfachste Verteidigungsform arge Mängel auf. Die Abwehr der Raubfeinde kann der Bilanz kaum helfen, wenn durch die schützenden Funktionsträger gleichzeitig der Energieerwerb unmöglich gemacht wird.
Einen möglichen Ausweg aus diesem Dilemma zeigen uns die Muscheln. Bei Gefahr schließen sie sich – und sind allseits von einem Panzer umschlossen. Für den Erwerbsakt öffnen sie einen Spalt, und ein Ansaugrohr zum Erwerb planktonischer Nahrung wird herausgestreckt.

Eine andere Möglichkeit, den Funktionskonflikt zwischen Panzerung und Erwerb zu beseitigen, zeigt die Einrichtung »Tür«. Jede Deckelschnecke führt sie uns vor Augen. In diesem Fall hat der Panzer eine Öffnung, durch welche die eigentlichen Erwerbsorgane die Umschließung verlassen können. Kommt ein Feind, ziehen sie sich schnell zurück, und die Öffnung wird geschlossen.
Die Türen unserer Häuser sowie die Tore der Burgen und Stadtmauern sind dazu durchauus keine banale und oberflächliche Analogie. Hier wie dort ergaben sich so geartete Einheiten als funktionelle Notwendigkeit. Nicht weil der Mensch X oder Y sie schuf, gibt es Türen und Tore. Sie ergaben sich vielmehr als notwendiger Ausweg aus dem Funktionskonflikt zwischen Erwerb und Feindschutz. Wo immer Panzer oder Mauern gebildet wurden, mußten solche Einheiten zwangsläufig ebenfalls entstehen. Anderenfalls war diese Verteidigungsform eben nicht möglich.
Bei allen tierischen Energonen, die auf eine bewegliche Erwerbsweise ausgerichtet sind, wurden Panzer zu einem besonderen Problem. Hier müssen nicht nur die Erwerbsorgane, sondern auch die Fortbewegungsorgane irgendwelche Tore haben, um durch den Panzer hindurch wirken zu können. Sehr deutlich zeigen das die Schildkröten. Durch entsprechende Öffnungen werden die Beine und der Kopf vorgestreckt. Manche Arten können diese Organe zur Gänze hinter ihre »Stadtmauer« zurückziehen.
Ein anderes Lösungsprinzip zeigen die Krebse und Insekten. Hier sind auch die Fortbewegungs- und Erwerbsorgane gepanzert – was wiederum Scharniere notwendig macht. Im künstlichen Organ Ritterpanzer sehen wir das Gegenstück beim Menschen. Die Ritterrüstung hatte indes den Vorteil, ablegbar zu sein – während die Insekten und Krebse ihre Panzerung das ganze Leben lang mit sich herumschleppen müssen. Besonders behindert wird dadurch das Wachstum: Sowohl Insekten als auch Krebse müssen sich »häuten«. Diese Neubildungen bedeuten einen ganz gehörigen Kostenaufwand und beeinflussen die Bilanz auch insofern negativ, als jeder Häutungsvorgang ein erhöhtes Gefahrenrisiko mit sich bringt. Der neue Panzer ist zunächst weich – das Tier muß sich in Spalten oder Löchern verstecken. Dazu ist wiederum die Ausbildung eines entsprechenden Verhaltensrezeptes notwendig.

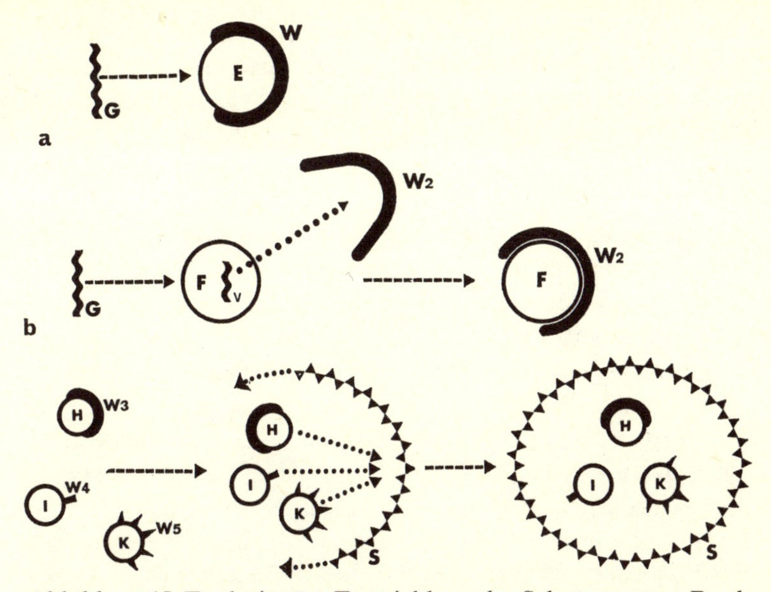

Abbildung 15: Evolutionäre Entwicklung des Schutzes gegen Raubfeinde

Erste Stufe a: Das Erbrezept G baut das Energon E samt dem schützenden Funktionsträger W auf. Dieser mag in einer Panzerung bestehen (wie im Schema angedeutet), ebenso kann es aber auch ein Giftstachel, eine Tarnfarbe oder ein Rezept für ein Fluchtverhalten sein. W ist, ganz allgemein, die Gesamtheit aller dem Schutz gegen Raubfeinde dienenden Einheiten.
Zweite Stufe b: Diesmal baut das Erbrezept G ein an sich ungeschütztes (oder nur mangelhaft geschütztes) Energon F auf, rüstet dieses jedoch mit dem Verhaltensrezept V aus, durch welches es befähigt ist, sich selbständig aus der Umwelt schützende Funktionsträger zu beschaffen und seinem Wirkungskörper anzugliedern (W_2). Das kann wieder ein Panzer sein (wie etwa beim Einsiedlerkrebs), es können aber auch Teile sein, die zu einer schützenden Einheit zusammengebaut werden müssen (z. B. Steine, aus denen ein Schutzwall oder eine Burg errichtet wird). V ist in diesem Fall die Gesamtheit aller Verhaltensrezepte, die der künstlichen Beschaffung zusätzlicher Schutzeinheiten dienen.
Dritte Stufe c: Die Energone H, I und K sind Menschen, von denen jeder sich schützende Einheiten beschafft hat. Bei H mag es ein Haus sein (W_3), bei I ein Gewehr (W_4), bei K etwa schützende Bedienstete. Diese drei Energone (es mögen auch viel mehr sein) tun sich nun zusammen und bilden eine gemeinsame, sie alle schützende Struktur: ein Gemeinschaftsorgan zur Abwehr von Raubfeinden. Dies kann etwa ein Kral sein, wie wir ihn noch heute bei primitiven Stämmen Afrikas finden, ebenso auch eine schützende Streitmacht oder schließlich eine Schutzorganisation mit Gesetzen, Gerichtsbarkeit und Landesverteidigung. Der »Staat« in seiner Funktion als ein die Bürger schützendes Gemeinschaftsorgan ist somit Ergebnis einer funktionellen Weiterentwicklung aller schützenden Vorrichtungen, die in der Evolution ausgebildet wurden.

Eine andere Methode, dieses Problem zu lösen, zeigen die sogenannten »Kugler«, die es in sehr verschiedenen Tiergruppen gibt. Nur die Oberseite ist bei ihnen gepanzert – bei Gefahr rollen sie sich ein. Beispiele: der Rollegel, die Landassel, das Schuppentier. Auch der Igel rollt sich ein. Das Stachelschwein dagegen spreizt bloß die Stacheln, und der Igelfisch pumpt sich mit Wasser voll, wodurch ebenfalls seine Stacheln nach allen Seiten hin wegstehen. Bei jedem dieser Energone mußten besondere Verhaltensrezepte ausgebildet werden. Erst in Verbindung mit diesen gewannen die bei ihnen ausgebildeten Schutzorgane ihre volle Wirkung.
Die für die menschliche Intelligenz charakteristische Panzerbildung ist der Schild. Er ist ablegbar, wenig beschwerlich und gestattet die freie Fortbewegung. Kommen feindliche Speere oder Pfeile angeflogen, dann wird er ihnen entgegengehalten. Der Aufwand zur Schutzwirkung wird so auf das unbedingt Nötige beschränkt.
Das Problem des Wachstums trifft nicht nur die Insekten und Krebse, sondern ebenso auch Betriebe und Staaten. Wächst ein Betrieb, dann müssen neue Mauern und Tore gebildet werden. Vergrößert ein Staat sein Territorium, dann werden neue Grenzbefestigungen nötig.

3

Die meisten Tiere können sich – als Voraussetzung für ihre Erwerbsform – frei bewegen. Wenn sie diese Fertigkeit auch dazu verwenden, sich Räubern durch Flucht zu entziehen, dann erscheint uns das höchst selbstverständlich. Es ist jedoch zu bedenken, daß auch zu dieser Leistung besondere Funktionsträger nötig sind: Verhaltensrezepte.
Eichhörnchen fliehen in die Baumkronen, Mäuse in ihre Löcher, der Biber taucht weg, der Fasan fliegt auf. Bei Maulbrütern fliehen die Jungfische blitzschnell in das elterliche Maul. Junge Känguruhs fliehen in den elterlichen Beutel. Kaninchen schlagen Haken.

Nachtschmetterlinge drehen Loopings. Für jede dieser Leistungen ist eine ganz konkrete materielle Einheit im Zentralnervensystem dieser Tiere vonnöten – ein entsprechendes Verhaltensrezept.
Wenn Erwerb- und Fortbewegungsorgane *zusätzlich* zur Verteidigung eingesetzt werden – wenn etwa Fische sich mit ihrem Maul oder Hirsche mit ihren Hufen verteidigen –, dann ist das alles eher als »selbstverständlich«. Beute und Raubfeind sind etwas völlig Verschiedenes: – das Energon muß den Unterschied ausmachen können. Außerdem macht Flucht eine ganz andere Bewegungskoordination notwendig als Angriff. Auch hier beruht also die Feindabwehr auf einer zusätzlichen Bildung von Verhaltensrezepten.
Manchen Tieren ist angeboren, sich bei Gefahr totzustellen. Ihre Schutzreaktion stützt sich auf die Tatsache, daß bei vielen Raubtieren nur eine sich bewegende Gestalt das Beutefangverhalten auslöst. Das schützende Verhaltensrezept ist in diesem Fall dem Angriffsverhalten des Raubtieres angepaßt. Auch der Mensch zeigt noch diese uns von unseren Tiervorfahren vererbte Schutzreaktion. Wenn wir einer Gefahr gewärtig werden, also »erschrecken«, erstarren wir zur Bewegungslosigkeit, werden wir »starr vor Schreck«.
Eine recht verzweifelte und kostspielige Art der Feindabwehr ist das Abstoßen körpereigener Teile. Gerät die Eidechse in Gefahr, dann wirft sie den Schwanz ab. Dieser zappelt weiter, lenkt die Aufmerksamkeit des Räubers auf sich – der Hauptkörper entkommt. Wird die Seegurke attackiert, dann stößt sie ihren Darm aus. Der Räuber frißt ihn und läßt den Rest vielleicht in Ruhe. Der Darm wird dann regeneriert. Wird der Süßwasserringelwurm *(Lumbriculus variegatus)* angegriffen, dann zerfällt sein Körper in mehrere Teilstücke. Jene, die nicht gefressen werden, regenerieren den restlichen Körper.
Regeneration als Hauptverteidigungswaffe finden wir bei fast allen Pflanzen – doch manche von ihnen verteidigen sich auch durch entsprechendes »Verhalten«. Sie »entfliehen« ihren Verfolgern – freilich auf ihre gemächliche Weise. Sie bewerkstelligen es durch Wachstum. Jede Ziege, die bei einem Sprößling die Blätter abrupft, beweist uns den Vorteil, den größere Bäume haben, sobald erst ihre Blätter mehr als zwei Meter hoch über dem Boden sprießen. In er-

ster Linie ist das wohl eine Kampfmaßnahme gegenüber Konkurrenten, denen sie so das Licht wegnehmen, außerdem aber dient es der Verteidigung.
Auch hier handelt es sich letztlich um ein Verhaltensrezept. Wie schwer es ist, streng zwischen Aufbau- und Verhaltensrezepten zu unterscheiden, zeigt sich deutlich an diesem Beispiel.

4

Daß Tiere und Pflanzen über außerordentlich vielfältige und wirksame Abwehr- und Verteidigungsvorrichtungen verfügen, ist allgemein bekannt. Neu ist dagegen, den damit verbundenen Aufwand – gleichgültig wie die einzelnen Abwehr»maßnahmen« auch beschaffen sein mögen – energetisch zu beurteilen und in einer gemeinsamen Kategorie zusammenzufassen. Sämtliche Einwirkungen von Raubfeinden sind wirkungsmäßig verwandt: Sie können mit Speeren verglichen werden, welche die Energone bedrohen. Die gegen sie wirksamen Schutzmaßnahmen gleichen – um ein weiteres Symbol zu schaffen – schützenden Schilden. Ob ein solcher »Schild« die Gestalt eines Panzers mit Stacheln hat oder in Form einer im Gehirn sitzenden Steuerungsstruktur in Erscheinung tritt, die ein bestimmtes Fluchtverhalten, Totstellen oder die Verwendung eines Fortbewegungsorgans zur Verteidigung bewirkt, ist – von der Bilanz her gesehen – völlig sekundär.
Tatsache ist: Fast jedes Energon ist von Raubfeinden bedroht. Tatsache ist: Auf die eine oder andere Weise muß es sich schützen. Genauer: Es muß durch irgendwelche Funktionsträger geschützt sein, da es sonst diesen Raubfeinden zum Opfer fällt, also nicht bestehen kann und die Evolution nicht weiterträgt.
Wesentlich ist auch hier bloß: Was kostet die jeweilige Abwehr? Wie präzise ist sie? Wie schnell wirkt sie?
Tarnung ist eine ganz andere Abwehrtechnik als das Austeilen eines elektrischen Schlages (wie etwa beim Zitteraal) oder das Einschüchtern des Angreifenden durch Größermachen – oder durch gezielte Propaganda. Die Energontheorie behauptet: Wichtig sind diese Unterschiede nicht – wichtig ist die damit verbundene energetische Belastung und die erzielte Abwehrwirkung.

Dringt ein parasitärer Einzeller in einen Körper ein – etwa ein »Krankheitserreger« –, dann nützen alle nach außen gerichteten Funktionsträger der Abwehr nicht das geringste – dann müssen im Energoninneren Funktionsträger in Aktion treten. Im menschlichen Körper sind das etwa die weißen Blutkörperchen, die sich höchst selbstlos für uns aufopfern. Sie schwimmen im Blutstrom oder kriechen wie frei bewegliche Amöben in unseren Geweben umher, fressen so viel der eingedrungenen Feinde wie möglich und verlassen schließlich, mit dieser gefährlichen Bürde beladen, unseren Körper – begehen also Selbstmord zum höheren Besten. Da sie unseren Sinnen dann einen unangenehmen Eindruck vermitteln, lehnt unser »Ich« sie ab. Wir nennen sie »Eiter«. Es sind Einheiten, die zu unserem Wohl auf ein Weiterleben verzichten.
Weitere, noch höher spezialisierte Polizeiorgane sind die Antikörper. Je nach Art des eingedrungenen Feindes werden sie gleichsam nach Maß gebildet. Man hat diese Einheiten – ebenso wie die weißen Blutkörperchen – bisher in der Physiologie behandelt; die Abwehrvorrichtungen gegenüber der Umwelt dagegen in der Ökologie, Morphologie und Verhaltensforschung. Von der Energontheorie her gehören diese Erscheinungen zusammen. Ob eine Abwehrwirkung den Gegner außerhalb des Körpers neutralisiert oder den bereits Eingedrungenen vernichtet, ist für die Bilanz belanglos. Wesentlich ist bloß, daß er vernichtet wird. *Und was dazu beiträgt, gehört funktionell zusammen.*
Manche Gewebe haben die Fähigkeit, eingedrungene Räuber mit einem festen Panzer zu umgeben und so unschädlich zu machen. Bei den Schweinen etwa werden eingedrungene Fadenwürmer (Trichinen) von einer Kapsel umschlossen, die dann immer mehr verkalkt. Allerdings sind diese Räuber sehr hartnäckig. In ihrer Kapsel bleiben sie bis dreißig Jahre lang am Leben. Wird ein von ihnen infiziertes Fleisch von einem geeigneten »Wirt« (Ratte, Hund, Mensch, Bär, Schwein) gefressen, dann löst sich die Kapsel auf, das Energon wird frei – und eine Fortentwicklung und Vermehrung im neuen Wirt setzt ein.
Daß es auch in den Betrieben Wachorgane gibt, ist bekannt. Ebenso gibt es solche in den Staatskörpern – von besonderer Wichtigkeit sind sie dort in Kriegszeiten. Wird ein im Inneren befindlicher Feind erkannt – hier kann jeder Bürger sich in einen solchen

verwandeln –, dann wird er ebenfalls vernichtet. Oder er wird mit einer festen Kapsel umschlossen: Er wandert ins »Gefängnis«.
Eine weitere Form der Feindabwehr finden wir etwa beim Regenwurm und beim Pflasterkäfer. Das erstgenannte Tier hat eine ekelig schmeckende Leibeshöhlenflüssigkeit: Beißt ein Räuber in ihn hinein, dann mag er innehalten, und der Regenwurm kommt mit Verletzungen davon. Ist der Angreifer lernbefähigt, dann assoziiert sich ihm außerdem die Erinnerung an das Aussehen eines Regenwurmes mit dem ekeligen Geschmack. Er wird folglich andere Regenwürmer ungeschoren lassen – ein Vorteil für die Art. Der Pflasterkäfer enthält stark giftige Substanzen in seinem Körper. Wird er gefressen, dann geht der Räuber unter Umständen zugrunde. Das hilft dem Pflasterkäfer wenig – gibt ihm sein Leben nicht mehr zurück. *Aber es nützt der Art.*
Warum? Sehr einfach: Gehen viele solcher Räuber durch Pflasterkäfer zugrunde, dann ist das für sie ein Selektionsnachteil – ein Nachteil der Art im Konkurrenzkampf gegen andere, die nicht Pflasterkäfer fressen. Allenfalls kann es bei solchen Räubern zu einer Mutante (erbveränderten Rasse) kommen, die Pflasterkäfer meidet. Diese setzt sich dann entsprechend durch. Solche Vorgänge mögen tausend Generationen lang dauern, und viele der Gifttiere (in unserem Beispiel Pflasterkäfer) bleiben auf der Strecke. Aber die Nachkommen profitieren schließlich vom »Opfer dieser Pioniere«. *Auch hier profitiert die Art.*
Bei der Keimzelle Mensch wurden solche Abwehrwirkungen, die sich zwar nicht für das Individuum, jedoch für die Artgenossen und Nachkommen schützend auswirken, besonders wichtig. Wer von einem anderen getötet wird, kann durch kein Gericht wieder zum Leben erweckt werden. Wird jedoch der Mörder hingerichtet, dann hat das eine abschreckende Wirkung, die sich herumspricht. Die Rückwirkung erfolgt hier auf einem anderen Weg, führt jedoch zum gleichen Ergebnis: Andere Keimzellen Mensch werden dann weniger leicht getötet.
Es gibt also auch Abwehrwirkungen, die sich zwar nicht für das Individuum, jedoch für dessen Nachkommen vorteilhaft auswirken. Bei den Tieren und Pflanzen sind solche Nachkommen immer Artgenossen. Vom Menschen an sind die Energone in ihrer Fortpflanzung nicht mehr artfixiert – so kommt es, daß schützende Maßnah-

men für die Keimzelle Mensch der gesamten Vielheit der in einem Rechtsgebiet von Menschen aufgebauten und gesteuerten Energone zugute kommen.

Insgesamt ist festzuhalten, daß sämtliche Energone von »Speeren« bedroht sind und deshalb über entsprechende »Schilde« verfügen müssen. Wie ein solcher Schild im Einzelfall aussehen muß, um wirkungsvoll zu sein, richtet sich nach der Art des Speeres – wird somit von der Feindwirkung her diktiert. Die Raubfeinde steuern so »tatkräftig« die evolutionäre Entwicklung der von ihnen bedrohten Energone – *ohne dies im entferntesten zu wollen.* Über den Weg der Steuerkausalität zwingen sie den Energonen Funktionsträger der Verteidigung auf – zusätzliche Strukturmerkmale und Tätigkeiten, also zusätzliche Kosten.

Das Energon USA gibt zur Zeit mehr als die Hälfte seines Budgets für nationale Verteidigung aus. Es sind weit über 100 Milliarden Dollar. Beim Seeigel dürften die Aufbaukosten seines Panzers und seiner Stacheln (niemand hat sie noch bestimmt) den Kosten der eigentlichen Erwerbsorgane – Maul, Darm, Ambulakralfüßchen etc. – kaum nachstehen. Da allerdings der Seeigel seine Stacheln auch zur Fortbewegung verwendet, müssen bei ihm diese Kosten zum Teil der Rubrik »Erwerb« angelastet werden. Sollte den USA ihre Militärmacht auch in der einen oder anderen Weise dazu dienen, ihren Außenhandel zu fördern – was wohl anzunehmen ist –, dann ist auch dort eine solche Korrektur nötig.

Außer den Raubfeinden bedrohen und beeinflussen noch weitere Umweltgegebenheiten die Energone. Ihre Wirkung ist zwar ungezielt – kann aber noch folgenschwerer sein als die der Räuber. Betrachten wir diese weiteren »Speere«.

II
Grenzen des Willens

Die Notwendigkeit ist der Grundgedanke und die Erfinderin der Natur und Zaum für sie und ewige Regel.
Leonardo da Vinci (1502)

Machen Sie sich lieber für die kalte Zeit Fußlappen daraus, denn die Strümpfe wärmen nicht... und was den Mantel anlangt, werden Sie sich wahrscheinlich einen neuen anschaffen müssen.
Nikolai Gogol (»Der Mantel«, 1847)

1

»Ist unser Wille frei?« Darüber ist schon viel diskutiert worden. Von der Energontheorie her verliert jedoch diese erbitterte Auseinandersetzung wesentlich an Schärfe. Ob frei oder nicht frei – *das Ergebnis unseres freien Willens ist nicht frei.* Ob wir so oder anders handeln, die Strukturen, zu denen wir gelangen, sind weitgehend vorgezeichnet. Sie werden von anderswo diktiert. *Die gesamte menschliche Machtentfaltung ist Bestandteil eines größeren Vorganges, der vom ersten Augenblick an nie Herr seiner selbst war.*
Für unser gewohnt selbstherrliches Denken ist diese Betrachtungsweise so fremd, daß man nur auf Umwegen zu ihr gelangen kann. Solange wir uns als etwas Gesondertes fühlen, halten wir uns für Herren, für Meister unserer Taten. Verfolgen wir den Entwicklungsstrom, der uns hervorgebracht hat, dann werden die festliegenden Geleise, auf denen wir uns bewegen, deutlich. Unter dem Einfluß sich mannigfach überschneidender Kraftfelder führt unser Wille, ob er sich so oder so entscheidet, zu einer uns vorgezeichneten »Kristallisation«.
In der Biologie – besonders im Fachgebiet »Ökologie« – spricht man von den »formenden« Kräften der Umwelt.[1] Ebenso spricht man in der Gesellschaftslehre von »formenden« Kräften der Tradition, der Sitte und des Brauchtums. Aber wirklich ernst meint man das nicht. Immer sieht man in den Lebewesen und besonders im

Menschen das Subjekt, das handelnde Etwas. Überschwemmungen, Sturm und Blitz, Kriege, Gesetze und Mode werfen wohl die einzelne Kreatur hin und her – aber es ist der Mensch, der letztlich entscheidet, sich auseinandersetzt, sich anpaßt, der gestaltet, erfindet. So glaubt man.

Zu einer anderen Beurteilung gelangen wir, wenn wir den gesamten Entwicklungsstrom des Lebens in seiner Auseinandersetzung mit den Umweltkräften betrachten. *In dieser Auseinandersetzung zwingen diese Kräfte dem Lebensweg seine Richtung auf.* Sie steuern das Aussehen der Gestalten, in denen der Lebensprozeß sich wie in Millionen von Flammen vorwärtstastet. Die einzelnen Individuen sind in dieser Auseinandersetzung bloß Träger eines ihnen durchaus aufgezwungenen Willens. Der Mensch kann über sich nachdenken und gestaltet sein Leben so oder anders. Der Prozeß, der sich über ihn fortpflanzt, ist so langsam, daß er dessen eiserne Zwangsläufigkeit nicht sieht. Wir glauben, was wir schaffen und letztlich erreichen, sei *unser* Werk. Aber nur das Detail ist uns überlassen. Im übrigen sind auch wir bloß kleine Bestandteile in der Wechselwirkung zwischen dem Lebensprozeß und höchst verschiedenartigen, auf ihn einwirkenden Kräften.

Wie es mit dem »Willen« der Lebewesen und mit dem »freien Willen« des Menschen beschaffen ist, zeigen recht deutlich die chemischen Abläufe, die den Lebensprozeß ausmachen.

2

Die meisten sind von der Temperatur abhängig. Steigt diese, laufen sie schneller ab, sinkt sie, verlangsamt sich jeder chemische Vorgang. Das ist im anorganischen Bereich so und bei den Lebensvorgängen nicht anders. Ein Absinken der Temperatur um 10 Grad bedeutet, daß die Lebensvorgänge sich auf die Hälfte oder sogar auf ein Drittel verlangsamen (van T'Hoffsche Regel). Wie ein Hampelmann ist der Lebensprozeß diesem Einfluß ausgeliefert. Wird es wärmer, dann ziehen unsichtbare Fäden an den Schnüren, und der Hampelmann schlägt kräftig um sich. Wird es kälter, dann läßt der Zug an diesen Fäden nach. Der Hampelmann bewegt sich gemächlich.

Alle Energone, die keine besonderen Funktionsträger zur eigenen Wärmeregulierung hervorgebracht haben (»Wechselwarme«) sind solche Hampelmänner.
Fällt die Temperatur unter ein bestimmtes Minimum, dann stehen die Räder des Lebensprozesses still. Gefriert das in den Zellstrukturen enthaltene Wasser, dann zerstört dies den betreffenden Organismus. Mit der Möglichkeit zu einer positiven Energiebilanz ist es dann vorbei. Die Zellen »sterben«.
Gegen diesen tückischen Speer, der bis ins Mark der Energone eindringt, nichts verschont, sich in jeden Funktionsträger vortastet, wurde mancher schützende Schild hervorgebracht. Die Energone produzierten diese Schilde, doch die Kälte steuerte ihre Bildung. So wie die Wirksamkeit der Raubfeinde die Ausbildung der gegen sie gerichteten Abwehreinrichtungen bestimmt, so erzwang auch die Kälte die zum Schutz gegen sie hervorgebrachten Bildungen und steuerte sie.
In erster Linie sind es wieder Verhaltensrezepte. Bricht in unseren Gegenden die Kälte herein, dann setzen sich die Kleinlebewesen der Wiesen und offenen Fluren gegen den Wald zu in Bewegung. Unter der Laubstreu gibt es frostfreie Quartiere. Gehäuseschnekken verkriechen sich in Spalten, vergraben sich in der Erde. Manche verschließen ihre Haustür mit mehreren hintereinander liegenden Schleimhäuten: das ergibt eine isolierende Wirkung. Frösche wühlen sich in den Schlamm, Schmetterlinge spinnen Blätter zusammen und bauen daraus ein gegen die Kälte schützendes Nest. In tiefen Erdlöchern pressen sich Dutzende von Feuersalamandern dicht aneinander.
Bei jedem dieser Energone hat sich im Lauf der stammesgeschichtlichen Entwicklung ein schützendes Verhaltensrezept gebildet. Die Kälte steuerte diese Bildungen. Sie lieferte kein Quentchen Energie zur Gestaltung dieser Rezepte, aber sie formte ihre Gestalt. Nur Tiere, die über *passende* Rezepte verfügen, können in kalten Zonen bestehen. Alle übrigen – *sind dort nicht mehr da.*
In den Zellen mancher Tiere und Pflanzen gehen mit sinkender Temperatur Veränderungen vor sich. Das freie Wasser wird enger an die Kolloide gebunden. In feinen Häutchen und Kapillaren kristallisiert es nun erst bei minus 20 Grad Celsius. Die Baumwanze kann in diesem Anpassungszustand bis minus 26 Grad ertragen, un-

terkühlt man sie dagegen im Frühjahr, dann stirbt sie schon bei minus 10 Grad. In Alaska ertragen die in der Gezeitenzone lebenden Algen durch ähnliche Veränderungen im Plasma Temperaturen bis minus 20 Grad. Tiefenalgen, die keine solche Anpassung haben, sterben bereits bei minus 5 Grad. Hier sind es Rezepte für Vorgänge innerhalb des Körpers, die die Wirkung der Kälte neutralisieren.
Libellen, Köcherfliegen und viele Käfer überstehen den Winter im Larvenstadium unter Wasser. Dort ist für sie eine vortreffliche Herberge, da die Temperatur nie unter den Gefrierpunkt sinkt. Sofern das Wasser nicht völlig einfriert, finden sie hier Schutz. Diese Anpassung gründet sich auf recht einschneidende Änderungen im Erbrezept. Ein ganzer Lebensabschnitt wird hier unter Wasser verlegt. Im Frühjahr paßt sich dann dieses Energon den neuen Gegebenheiten an und wird zum Luftbewohner.
Man hat diese Phänomene bisher getrennt in verschiedenen Wissenschaftszweigen behandelt. Sie gehören jedoch zusammen. Das Energon steht als Ganzes der Wirkung Kälte gegenüber. Die verschiedenen Formen der Abwehr sind bloß methodische Unterschiede. Was zählt, sind die zur Neutralisierung der Kältespeere notwendigen Gesamtkosten.
Wie es um die Individualität der tierischen Energone steht, zeigt der Einzeller *Amoeba vespertilio.* Normalerweise hat er eine Länge von 70 mm. Wächst er weiter, dann teilt er sich. Bei absinkender Temperatur erlischt jedoch die Teilungsfähigkeit. Hält man das Tier bei 5 Grad, dann wird es 300 bis 400 mm lang. Sein Volumen wird dann mehr als 100mal größer. Vom Individuum her darf man darin wohl einen Vorteil sehen: der Betrieb wird stärker und größer. Nicht an ihm liegt es jedoch, ob ihm dies möglich ist. Unsichtbare Fäden werden hier gezogen, entscheiden wesentlich über sein Schicksal.
Bei vielen größeren Tieren ist es ebenso. Bei niederer Temperatur wird das Einsetzen ihrer Geschlechtsreife verzögert. Da jedoch mit der Geschlechtsreife das Wachstum abklingt, werden in der Arktis, wo das später eintritt, viele Tiere – im Vergleich zu verwandten Arten – wesentlich größer. Auch hier steuert ein Geschehen, das mit dieser Lebensstruktur und ihrem Erfolg in keinerlei Verbindung steht, die individuelle Ausbildung.

3

Die »Warmblüter« – Vögel und Säugetiere – haben einen besonders wirkungsvollen Abwehrschild hervorgebracht. Sie heizen ihren Körper und halten ihre Innentemperatur – über Rückkopplung – konstant.

Der damit verbundene Konkurrenzvorteil ist erheblich. Während bei nichtheizenden Konkurrenten mit absinkender Temperatur die Bewegungen langsamer werden und die Lebensgeister erlahmen, bleiben die Warmblüter aktiv. Sie bezahlen das mit einem erheblichen Energieaufwand. Aber die Mehreinnahmen machen das reichlich wett.

Allerdings führte das auch zu Komplikationen. Wird ein Körper größer, dann wächst sein Volumen mit dem Kubus, seine Oberfläche nur mit dem Quadrat (bei einem Würfel ist $V = a^3$, die Oberfläche $6\ a^2$). Das bedeutet, daß größere Körper eine relativ kleinere Oberfläche haben. Da es aber die Oberfläche ist, durch die Wärme nach außen verlorengeht, sind größere Tiere besser daran. Sie haben einen relativ geringeren Wärmeverlust (»Bergmannsche Regel«).

Bei einem 20 Kilogramm schweren Hund ist der Wärmeverlust je Kilogramm Körpersubstanz nur etwa halb so groß wie bei einem 3 Kilogramm schweren. Das zieht als weitere Folge nach sich, das kleinere Tiere entsprechend stärker heizen müssen. Eine gesteigerte Tätigkeit ihrer Lunge ist somit nötig – vor allem jedoch ihres Herzens. Kleinere Tiere haben demgemäß ein relativ großes Herz. Bei einem 2 Kilogramm schweren Uhu beträgt das Herzgewicht etwa 5 Promille vom Gesamtgewicht; beim zehnmal kleineren Steinkauz dagegen 8 Promille. Noch größer ist der Unterschied zwischen der 200 Gramm schweren Wanderratte (Herzgewicht 4 Promille) und der nur 5 Gramm schweren Zwergmaus (13 Promille). Man pflegt hier zu sagen: Die Herzgröße ist den Umweltbedingungen angepaßt. Richtiger ist jedoch die Formulierung: *Das Wirkungsfeld der Kälte formt bei kleinen Warmblütern ein größeres Herz.*

Die notwendigen Brennvorräte werden von manchen Warmblütern innerhalb des Körpers angelegt, bei anderen außerhalb. Das Rentier speichert Glykogen in den Muskeln sowie in der Leber; Fett speichert es besonders unter der Haut, wo es als zusätzlichen Vorteil isolierende Wirkung hat. Der Hamster wiederum trägt bis zu 10 Kilogramm Körnerfrüchte in seinen Bau ein. In Iltisbauten findet man Klumpen halbgelähmter Frösche, die zwar leben, sich aber nicht von der Stelle bewegen können. Durch einen Biß in das Rückgrat lähmt sie der Iltis. Der Fleischvorrat bleibt so frisch und kann nicht wegkriechen.

Auch das zeigt wieder, wie wenig sinnvoll es ist, die innerkörperlichen Vorgänge (Glykogen-, Fettspeicherung) und das Verhalten des Gesamtkörpers (Eintragen von Körnerfrüchten, Nackenbiß) in verschiedenen Wissenschaftszweigen zu behandeln. Hier wie dort handelt es sich um Methoden der Heizvorsorge: jede hat Vor- und Nachteile. Im Körper gespeichertes Brennmaterial muß ständig mit herumgetragen werden und belastet so das Individuum – kann aber dafür weniger leicht abhanden kommen. Bei getrennter Speicherung ist der Körper zwar entlastet – aber das Versteck kann vergessen werden (was bei Eichhörnchen nicht selten passiert). Vom Standpunkt der Bilanz ist bloß wichtig, daß dem Encrgon das zur Überwindung der Kälteperiode notwendige Heizmaterial zur Verfügung steht und was jede der beiden Lagerungsformen letztlich kostet.

Das Beispiel zeigt auch, wie unwesentlich es ist, ob ein Funktionsträger mit dem Körper verwachsen ist. Das Energon muß über ihn verfügen – darauf kommt es an.

Der Mensch wurde durch seine Kleider und durch künstlich beheizbare Gehäuse (Häuser) von der Kälte noch unabhängiger. Das ist aber wieder die uns gewohnte Ausdrucksweise, die den tatsächlichen Gegebenheiten nicht wirklich Rechnung trägt. Vielmehr ist es so, daß die Temperatur dem Menschen in kühlen Gebieten diese Einheiten *aufzwingt.* Hat er sie, kann er dort bestehen, hat er sie nicht, kann er es nicht. Die zusätzlichen Kosten, die bei einem Berufstätigen oder einer Erwerbsorganisation durch die notwendige Abschirmung der Kälte verursacht werden (Öfen, Isolierungen, Heizmaterial etc.), sind ein ganz konkreter, in jedem Falle meßbarer Wert. Bei den Tieren sind vor allem die Aufbaukosten einzelner Strukturen noch kaum gemessen worden. Aber auch hier stellen in der Gesamtbilanz die zur Kälteabschirmung notwendigen Energieausgaben einen konkreten Prozentsatz dar. Kann der die Kälte abweisende Schild mit geringeren Kosten erstellt werden, dann ist das von Vorteil – hier wie dort. Wie das im einzelnen bewerkstelligt wird, ist sekundär.

4

Die Hitze ist ein fast noch schlimmerer Tyrann. Steigt die Temperatur um 10 Grad, dann beschleunigen sich die Lebensprozesse um das Doppelte bis Dreifache. Kaufmännisch betrachtet bedeutet das ein Ansteigen der Betriebskosten auf das Doppelte bis Dreifache – was in erwerbslosen Perioden besonders ins Gewicht fällt. Die tierischen und pflanzlichen Energone sind dann *gezwungen,* das Doppelte bis Dreifache für unproduktive Zeit auszugeben. Eine erhebliche Belastung!
Wie sehr das ins Gewicht fällt, zeigt die Muschel *Pecten groenlandicus,* die an den Küsten Grönlands in durchschnittlich 25 Meter Tiefe lebt. Die Wasserschichten sind dort nahrungsarm, doch sobald sich die Muschel in den darüber liegenden wärmeren (nahrungsreicheren) Schichten ansiedelt, steigen die laufenden Kosten ihres Stoffwechselvorganges so sehr an, daß die Bilanz erst recht negativ wird. Wie der dänische Biologe G. Thorson feststellte, ist die Muschel darum gezwungen, sich genau an der »Sprungschicht« zwischen kaltem und wärmerem Wasser anzusiedeln. Ihr Körper ist im kühleren Teil und wirtschaftet so sparsamer; aus dem darüber liegenden Wasser entnimmt sie die Nahrung.
Sogar die Lebensdauer wird durch die Hitze wesentlich beeinflußt. Bei der Taufliege *Drosophila melanogaster* dauert bei 15 Grad Celsius der Lebenslauf (beginnend mit dem Schlüpfen der Larve aus dem Ei bis zum Absterben der Mücke) im Durchschnitt 124 Tage. Bei 30 Grad verkürzt sich die Lebensdauer auf durchschnittlich 25 Tage. Das macht immerhin einen Unterschied um das Fünffache aus. Man kann den Standpunkt vertreten, daß durch schnellere Lebensprozesse die effektive Lebenszeit dichter und konzentrierter abläuft, und man kann darüber hinaus sagen, daß eine Mücke, da sie kein Ichbewußtsein hat, nichts über ihr Dasein weiß und somit durch eine Verkürzung nicht betroffen wird. De facto aber kann

kaum abgestritten werden, daß diese Einflußnahme einen rigorosen Eingriff in das Lebensgeschehen darstellt.

Die Wege der Evolution waren oft sehr verschlungen und einzelne Fortschritte sehr von äußeren Umständen abhängig. Auch unsere menschliche Entwicklung zeigt dies. Unsere Vorfahren, die Affen, entwickelten sich in tropischen oder subtropischen Zonen. Den Haarpelz verloren sie – nach heutiger Ansicht –, als sie zu einer räuberischen Erwerbstätigkeit in der Savanne übergingen. Bei der Verfolgung schnell laufender Tiere war der dicke Pelz zu beschwerlich und zu heiß. Die unbehaarten Raubaffen waren dann aber um so weniger geeignet, in kühleren Gebieten zu leben. Gerade dort aber wird der Funktionsträger »menschliches Gehirn« leistungsfähiger – was deutlich daran zu erkennen ist, daß sich der technische Fortschritt der Menschheit in kühleren Regionen vollzogen hat. Die Brücke dorthin wurde durch die Bildung der künstlichen Organe »Kleider« geschlagen.

5

Nicht *jeder* störende Speer trifft *jedes* Energon. So hat etwa Licht – ein für die meisten Energone fördernder Faktor –, wenn es zu intensiv wird, für kleine Organismen eine schädigende Wirkung. Das ist ein Grund dafür, warum im Meer das Plankton in der Mittagszeit bis auf 50 Meter Tiefe absinkt und erst am Nachmittag wieder in höhere Schichten, die an sich günstigere Erwerbsbedingungen bieten, emporsteigt. Auch bei den menschlichen Berufen kann Licht von negativer Wirkung sein – etwa für die Erwerbsakte des Diebes. Ein anderes Beispiel: der Salzgehalt. Im Süßwasser ist die Salzlosigkeit für alle darin lebenden Organismen, die eine wasserdurchlässige Haut haben, ein Problem. Es entzieht ihnen die Körpersalze. Dieser Wirkung wird durch besondere Vorgänge (Osmoregulation) begegnet. Vom Energiestandpunkt sind sie kostspielig. Der Bachflohkrebs und die Wasserassel haben doppelt bis dreifach so hohe fixe Kosten als etwa gleich große verwandte Arten, die im Brackwasser leben. Das muß durch entsprechend höhere Einnahmen wettgemacht werden. Dagegen spielt der Salzgehalt für einen Buchfinken oder einen Modezeichner keinerlei Rolle.

Immerhin gibt es einen Speer, der ausnahmslos jedes Energon trifft, jeder Pflanze und jedem Tier ebenso zusätzliche Kosten verursacht wie jedem Berufstätigen und jeder Erwerbsorganisation. Es ist die Anziehungskraft der Erde. Nichts widersteht ihr, nichts kann sie aufhalten.

In den heutigen Lehrbüchern der Zoologie und Botanik wird diese »formende Kraft« kaum erwähnt. Nur bei Besprechung von Sinnesorganen der Schwerewahrnehmung wird sie gestreift. Der Vergleich eines Grashalmes mit dem Stamm einer Eiche, der Beine einer Spinne mit denen eines Elefanten machen jedoch die ungeheuren Einflüsse dieser Kraft auf jede organische Formbildung deutlich. Nur bei den im Wasser lebenden Organismen neutralisiert der Auftrieb sie zum Teil. Am Land ist sie jedoch ein Hauptproblem für alle dort wirkenden Energone.

Jeder über einem anderen gelegene Teil hat Gewicht und muß getragen werden. Welche Tragfähigkeit eine Struktur hat, ergibt sich aber nicht nur aus deren Material, sondern, ganz allgemein, aus deren Querschnitt. Wird ein Energon größer, dann vergrößert sich der Querschnitt aller tragenden Einheiten bloß mit dem Quadrat. Die zu tragenden Gewichte dagegen vergrößern sich mit dem Kubus. *Darum* können Spinnen auf so dünnen Beinen stehen, während der viel größere Elefant so gewaltige Säulen braucht, um seinen Körper über den Boden zu erheben. *Deshalb* genügt für ein junges Pflänzchen ein so schlanker Stamm, während große Bäume massive Säulen benötigen. Die Erdanziehung – die durch die Größe unseres Planeten bedingt ist – zwingt hier den Lebensstrom in ganz bestimmte Grenzen. *Erst als die Energone die Hypothek, aus verwachsenen Teilen bestehen zu müssen, überwanden, verlor dieser steuernde Einfluß an Bedeutung.* Auch die menschlichen Berufsstrukturen und Erwerbsorganisationen können, was die Höhe betrifft, nur begrenzt Strukturen aufführen. Aber sie können ihre Einheiten über den Raum verteilen und so – prinzipiell – zu jeder Größe gelangen.

In der Technik ist die Erdschwerkraft bei der Schaffung aller größeren Strukturen eine ins Gewicht fallende Größe. Bei jedem Hausbau, jeder Brücke, aber auch bei allen größeren Maschinen muß sie in Rechnung gestellt werden. Da sie jedoch eine konstante Größe ist, hat man sich daran gewöhnt, sie als selbstverständliche Gegebenheit aufzufassen.

Erst durch die Probleme der Raumfahrt wurde das anders. Heute beschäftigt man sich mit der Frage, wie für den Mond geeignete Einrichtungen beschaffen und dimensioniert sein müssen. Wie muß ein Fortbewegungsmittel, ein Haus oder eine sonstige Einrichtung auf einem größeren oder kleineren Planeten – mit entsprechend anderer Gravitationskraft – aussehen?
Genau diese Frage sollte man auch in der Zoologie und Botanik stellen. Welche Strukturmerkmale hat diese überall wirkende, nie erlahmende Kraft auf die Formbildung der Tiere und Pflanzen ausgeübt?[2] Welche zusätzlichen Kosten hat sie den Energonen aufgezwungen – und welche hat sie ihnen erspart? *Wie würde auf einem halb oder doppelt so großen Planeten das Zweckmäßige aussehen?*
Der Lebensprozeß wuchs gleichsam in sich überschneidende Wirkungsfelder hinein. Jedes zwang den Energon die eine oder andere Struktur, die eine oder andere Energieausgabe auf. Über den Weg der Steuerkausalität beteiligte sich auch jede von ihnen an der Bildung von Form und Verhalten. Die Keimzelle »Mensch« vermochte allen diesen Einwirkungen weit erfolgreicher zu begegnen. Praktisch aber bedeutet das, daß den von ihr gebildeten Energonen noch kompliziertere Abwehrstrukturen aufgezwungen werden. Überschwemmungsgebiete zwingen uns Dämme auf, sonst kann es dort weder Erwerbs- noch Luxustätigkeiten geben. Dem Taucher zwingt das Wasser künstliche Atmungsgeräte und Schutzanzüge auf. Mancher ertrotzt sich bis in die kältesten Gebiete der Arktis seinen Weg – aber nur, wenn sein Energiepotential ausreicht, die an diesem Punkt nötigen Abwehrvorrichtungen zu produzieren. Heute verlassen Raumschiffe die Erdatmosphäre, und Staaten senden Funktionsträger zu anderen Planeten. Aber auch das geht nur, wenn von diesen Energonen Mittel zur Abschirmung der entgegenstehenden Kräfte – in diesem Falle vor allem der Erdschwerkraft – hervorgebracht werden können.
Die Umwelteinflüsse greifen so von allen Seiten in den Entwicklungsstrom der Energone ein und führen in ihm selbst zu einer Art von Kristallisation. Sie steuern die Ausbildung von gegen sie selbst gerichteten Funktionsträgern. Wo es den Energonen nicht gelingt, passende hervorzubringen, dort stockt der Evolutionsfluß. Wo sie zur Bildung gelangen, dort tragen sie ihn weiter – dort setzt er sich fort.[3]

6

Ganz ebenso wirkte auch die vom Menschen künstlich geschaffene Umwelt wieder auf ihn zurück.[4] Tradition, Sitte und Gesetze strahlen ebenso unsichtbar wie die Erdschwerkraft von allen Seiten in die Energone ein und führen zu zusätzlich notwendigen Strukturen und Verhaltensweisen.

Die Gebote der Höflichkeit und Rücksicht zwingen zu mancher Handlung oder Unterlassung, was im Saldo der Erwerbsanstrengungen als Ausgabeposten aufscheint. Der ästhetische Sinn des Menschen und die Mode zwingen sehr vielen Erwerbsorganen (Produkten) Strukturelemente auf, die sie sonst nicht hätten. Auf Grund von Sitte und Gepflogenheiten wird der Mensch in Kanäle gezwungen, die seine Energone nicht selten belasten. Sonntage, Ferien, Standes- und Klassenabgrenzungen, übliche Zeiten der Nahrungsaufnahme, Formen der Erziehung, der Unterhaltung und des Benehmens zwingen ihnen diese und jene Begrenzung und Richtlinie auf. Die Gesetze des jeweiligen Landes strahlen bis in den privatesten Bereich des einzelnen hinein. Im Dickicht der Verflechtungen sind das unsichtbare, aber harte Mauern. Und zu alldem kommt noch die Unzahl von fremden Interessen, die auf die Keimzelle Mensch Einfluß nehmen, in ihr Wünsche erwecken, sie abhängig machen, zu Käufern gewinnen, sie in eine Energiequelle für andere verwandeln wollen.

Diese und andere Kraftfelder (auch die Religionen und die Rückwirkungen unseres technischen Instrumentariums gehören hierher) bestimmen machtvoll die jeweilige Lebensstruktur und das Machtgeflecht der vom Menschen aufgebauten Energone. In diesem Netzwerk oszilliert unser freier Wille – und führt zwangsläufig zu Ergebnissen, die nicht Ergebnis unseres Willens, sondern uns aufgezwungen sind.

7

Für die Bilanz der einzelnen Energone sind sowohl die räuberischen als auch die störenden Einwirkungen von gleicher Bedeutung: Sie behindern oder gefährden das Energon. Wie immer sie im einzelnen aussehen mögen – sie müssen abgeschirmt werden. Wie auch immer der dafür geeignete Funktionsträger aussieht – er dient letztlich dem gleichen Zweck.

Zur rechnerischen Ermittlung des Konkurrenzwertes kann man somit alle Abwehrmaßnahmen und die Kosten, die sie verursachen, zusammenfassen. Der Unterschied, daß die Einwirkung der Räuber gezielt ist, jene der übrigen störenden oder bedrohenden Umwelteinflüsse dagegen ungezielt, fällt funktionell nicht besonders ins Gewicht. Sehr häufig wehrt der gleiche Funktionsträger – etwa ein Schutzpanzer – sowohl Feinde als auch störende Einflüsse ab.

Im ersten Buchteil habe ich gezeigt, daß die drei Kriterien Kosten, Präzision und Zeitaufwand einerseits in der Aufbauperiode, andererseits in den drei typischen Phasen der Erwerbsperiode Werte liefern – insgesamt also zwölf –, die uns Wesentliches über die Konkurrenzkraft des Energons aussagen. Nicht jeder Wert ist für jedes Energon relevant – aber jeder muß grundsätzlich geprüft und berücksichtigt werden.

Bei dieser ersten Messung wird das Energon als Gesamtheit betrachtet. Genauere Werte ergeben sich, wenn man die funktionell verwandten Wirkungsträger in Gruppen zusammenfaßt und in jeder Gruppe die zwölf Maßstäbe anlegt.

Die erste dieser Gruppen ist die Gesamtheit des Aufwands, welcher direkt der Erwerbstätigkeit anzulasten ist. Die zweite haben wir nun anschließend besprochen: die Gesamtheit aller Funktionsträger und Leistungen, die der Abwehr von Raubfeinden und störenden Umwelteinflüssen dienen.

Was hier die Kosten betrifft, so braucht es wohl keiner besonderen Argumente, daß auch sie bei der Abwehrfunktion von entscheidender Bedeutung sind. Gelingt es einem Energon, die gleiche feindliche oder störende Wirkung mit geringeren Kosten zu neutralisieren, dann entlastet das seine Bilanz.

Auch der Faktor Präzision spielt fast immer eine Rolle. Gelingt es, den Räuber oder die Störung bei hundert auftretenden Fällen – bei gleichen Kosten – 90mal abzuwehren, dann ist das besser, als wenn es nur 80mal gelingt. Die Schnelligkeit des Abwehrvorganges mag dagegen eine Rolle spielen oder auch nicht. Bei der Abwehr von Räubern entscheidet sie nicht selten über Sein oder Nichtsein. Bei Abwehr von Störungen kann sie gegenüber den Faktoren Kosten

und Präzision in den Hintergrund treten. Auch hier gibt es Korrelationen, die je nach den Umweltbedingungen verschieden ausfallen.
Eine gesonderte Beurteilung der Aufbauperiode, der Erwerbsphasen, der Nichterwerbsphasen und allfälliger Stilliegephasen ist auch hier sinnvoll. In jedem dieser Abschnitte stellen sich den Energonen hinsichtlich ihrer Feind- und Störungsabwehr sehr verschiedene Probleme. In Stilliegephasen sind die Energone besonders durch Feinde gefährdet. In der Aufbauperiode stehen sie wieder anderen Einwirkungen gegenüber. Längere Erwerbsakte erhöhen das Feindrisiko.
In der Wirtschaft wird gewöhnlich zwischen Erwerbsrisiko und Feind- und Störungsrisiko nicht unterschieden. Nach der Definition von Oberparleiter ist Risiko »jede außerhalb der Willens- und Machtsphäre liegende Möglichkeit, deren Eintritt oder Unterbleiben den Erfolg einer Leistung zu gefährden vermag«. In diesem Sinn ist Risiko schlechthin alles, was »eine die betriebswirtschaftliche Leistung beeinträchtigende Wirkung hat«.[5]
Andere legten ihrer Definition die für jede menschliche Erwerbsform charakteristische Planbildung zugrunde und definierten Risiko als »Maß der Planabweichung« (Wittmann), als »Distanz zwischen Plandaten und faktischen Daten« (Eucken) oder als »Eintreten des Falles, der nicht im Sinne der Zielsetzung war« (Krelle). Schließlich wurde auch der Unterschied zwischen »inneren« und »äußeren« Gefahren herangezogen; so gelangte etwa Walther zur Trennung von »Produktions-« und »Unternehmerrisiko«.[6]
Von der Energontheorie her muß zwischen Erwerbstätigkeit und Störungsabwehr unterschieden werden. Das Erwerbsrisiko ergibt sich aus dem Schlüssel-Schloß-Verhältnis. Je präziser dieses ist, um so geringer ist dieses Risiko. Das Stör- und Feindrisiko dagegen entstammt dem Schild-Speer-Verhältnis – einer Abstimmung gegenüber einer grundsätzlich anderen Außenfront.
Diese beiden Risiken sind nicht identisch, sondern stehen nur in bedeutsamer Relation. Mit hohem Erwerbsrisiko muß nicht unbedingt ein hohes Störrisiko einhergehen. Hat eine Maschine viel Ausschuß, dann ist die Erwerbspräzision gering – aber durch Störung überhaupt nicht beeinflußt. Ist dagegen das Störrisiko groß, dann erhöht das fast immer auch das Erwerbsrisiko.

Bei den Versicherungsgesellschaften, die praktisch Risiko abdekken, wird ganz im Sinne der Energontheorie unterschieden: Versicherungen gegen Sturm, Hagel, Erdbeben, Plünderung, Diebstahl, Raub und Betrug sichern eindeutig die durch Umwelteinwirkungen und Raubfeinde entstehenden Risiken. Versicherungen gegen Erwerbsunfähigkeit im Alter, Arbeitslosigkeit, Transportschaden, Maschinenbruch, Kreditverlust und Geschäftsausfall sind ebenso eindeutig Absicherungen gegen Erwerbsrisiken. Sogar bei der Feuer- und Unfallversicherung, die ein gemischtes Risiko abdeckt, zeigt die Police, daß entsprechende Unterscheidungen gemacht werden. Finden in einem Betrieb feuergefährliche Prozesse statt, dann wird – da das *Störrisiko* größer ist – die Prämie erhöht. Dasselbe geschieht bei Unfallversicherungen, wenn der Beruf des Versicherten ein gefährlicher ist, also sein Erwerbsrisiko steigt.

8

Der Abwehrsektor – in seiner Gesamtheit – liefert also, ebenso wie der Erwerbssektor, zwölf zur Beurteilung aller Energontypen relevante Daten. Hier ist nun allerdings eine Korrektur einzufügen. Um die Darstellung zu vereinfachen, habe ich bisher in den Energieerwerb auch den Stofferwerb mit einbezogen. Das ist im Prinzip möglich, genauer werden jedoch die Werte, wenn man diese beiden Erwerbsaktivitäten trennt. Begrifflich ist eine sehr klare Abgrenzung dadurch gegeben, daß der Energieerwerb stets zu einer Steigerung der Potenz an freier, verwertbarer Energie führen muß, während jeder Stofferwerb immer freie Energie kostet, also das Potential vermindert.
Je mehr wir uns dem molekularen Geschehen nähern, um so schwieriger, ja unmöglich wird es, diese Trennung durchzuführen. Auch bei den Tieren läßt sie sich bloß im Schätzungswege vornehmen: denn mit ihrer Nahrung gewinnen sie sowohl Energie als auch Stoffe. Bei den Pflanzen ist die Trennung viel deutlicher. Die Plastiden sind eindeutig Funktionsträger des Energieerwerbs, die Wurzeln und das Interzellularsystem vornehmlich solche des Stofferwerbs (»vornehmlich« deshalb, weil der gewonnene Sauerstoff freie

Valenzen hat und somit auch hier gemeinsam mit Stoff auch Energie erworben wird). Bei einem Produktionsbetrieb fallen jedoch die beiden Funktionskreise deutlich auseinander. Der Energieerwerb – die Herstellung und Verwertung der Verkaufsprodukte – fällt eindeutig unter die Kompetenz der Abteilungen »Produktion« und »Verkauf«, der Stofferwerb dagegen unter »Einkauf«.
Wollen wir also einen Computer zur Ermittlung der Konkurrenzfähigkeit programmieren, dann wird die Rechnung genauer, wenn Energie- und Stofferwerb, soweit es möglich ist, auseinandergehalten werden. Das ist auch insofern berechtigt, als ja nicht nur für den Erwerbsvorgang, sondern auch für jedes Wachstum Stoffe benötigt werden.
Das aber bedeutet, daß wir bereits in drei getrennte Faktorengruppen (Energieerwerb, Stofferwerb und Abwehr störender und feindlicher Umwelteinflüsse) zu je zwölf meßbaren Werten gelangt sind, die zur Ermittlung der Konkurrenzfähigkeit herangezogen werden können – ja müssen.
Es gibt noch weitere. Ehe wir uns jedoch mit diesen beschäftigen, ist es geboten, uns nochmals den »Teilen« der Energone – den Funktionsträgern – zuzuwenden. In den letzten Abschnitten war laufend von Einflüssen die Rede, die die evolutionäre Entfaltung der Energone *steuern.* Wie spielt sich das konkret ab? Wo greifen diese Einwirkungen an?

Anmerkungen

[1] Die vorliegende Untersuchung ist aus diesem Wissenschaftszweig hervorgewachsen, besonders beeinflußt durch die Darstellungen von R. Hesse und F. Doflein in ihrem Werk *»Tierbau – Tierleben«,* Jena 1943.
[2] Die Pflanzen versehen ihre Samen bevorzugt mit Fett als Träger der für sie nötigen Aufbauenergie. Sie werden so *leichter,* was ihre Verbreitung durch den Wind fördert, doch geht bei dieser Speicherungsart mehr Energie verloren, als wenn in Kohlehydraten gespeichert würde. Der Speer Schwerkraft zwingt so den Pflanzen eine unökonomische Maßnahme auf.
[3] Das Grundkonzept der Energontheorie ist bei allen diesen Betrachtungen im Auge zu behalten: Nicht vom Hersteller wird die für ein Energon notwendige raum-zeitliche Struktur diktiert, sondern von Umständen, die mit dem Herstellungsvorgang nicht das geringste zu tun haben.
[4] Das ist das Thema, mit dem sich Marshall McLuhan auseinandersetzt. Vergl. Anhang V.
[5] K. Oberparleiter, »Funktionen und Risiken des Warenhandels«, Wien 1955.
[6] F. Philipp, »Risiko und Risikopolitik«, Stuttgart 1967.

III
Die Funktionserweiterung

Das menschliche Wissen ist ungefähr so entstanden, wie die Inseln in einem Ozean entstehen, dessen Boden sich langsam hebt und dessen Wasser sich langsam verlaufen. Wilhelm Ostwald (1912)

Getrost: die Weisheit wird im Tod unsterblich. Die Dummheit nicht: die ist nur erblich.
Karl Heinrich Waggerl (1950)

1

Jedes Energon besteht samt und sonders aus Leistungen. Im Fluß der Evolution veränderten sich die Umweltbedingungen ständig. Die Energiequellen veränderten sich, die Stoffquellen veränderten sich, neue störende Umweltbedingungen traten in Erscheinung. Die Energone konnten sich nur behaupten, wenn auch sie sich änderten – wenn sie neue Leistungen produzierten. Wie konnte das geschehen?

Es gibt hier zwei Möglichkeiten: Entweder das Energon bringt einen neuen Funktionsträger hervor. Oder bereits bestehende Funktionsträger *übernehmen zusätzliche Funktionen.*

In jedem Betrieb sind beide Vorgänge bekannt. Der erste ist gegeben, wenn ein neues Gebäude errichtet, eine neue Maschine angeschafft, ein neuer Mitarbeiter angestellt oder eine neue Abteilung gegründet wird. Da in der arbeitsteiligen Wirtschaft solche Einheiten meist schon fertig vorhanden sind, zum Kauf bereitliegen oder sich selbst zur Miete anbieten, ist diese Form, zu neuen Funktionsträgern zu gelangen, eher einfach. Sie erfordert bloß das nötige Wissen um deren Existenz und das nötige Kapital – also entsprechende Energieüberschüsse –, um sie an das eigene Leistungsgefüge zu binden.

Der zweite Vorgang liegt dann vor, wenn der Chef einen Angestellten zu sich ruft und zu ihm sagt: »Hören Sie zu, ich habe da eine

neue Aufgabe für Sie.« Oder wenn er sagt: »Passen Sie auf, Ihre Abteilung übernimmt jetzt noch folgendes...« In diesem Fall wird dann keine neue Einheit in das Leistungsgefüge des Energons eingefügt, sondern eine schon bestehende wird dazu gebracht, noch eine zusätzliche Funktion auszuüben.
Bei den Berufstätigen und Staatsgebilden gibt es die gleiche Alternative. Beispiel für den ersten Vorgang: Ein neues Werkzeug wird angeschafft oder ein neues Ministerium gegründet. Beispiel für den zweiten: Mit einem schon bestehenden Werkzeug wird ein neuer Arbeitsgang verrichtet, oder ein schon bestehendes Konsulat erhält eine zusätzliche Funktion.
Bei den Pflanzen und Tieren, deren Organe fast durchwegs über Zelldifferenzierung entstehen, liegen die Dinge etwas anders. Solange die Evolution an dieses Herstellungsprinzip gefesselt war, konnten nicht ohne weiteres *neue* Funktionsträger gebildet werden. Nur über Veränderungen im Erbrezept konnten solche Strukturen zustande kommen – und dieser Weg war oft dadurch verbarrikadiert, daß alle Entwicklungsstufen den Konkurrenzwert erhöhen mußten – oder ihn zumindest nicht vermindern durften. Sonst fand eine solche Entwicklung gleich wieder ihr Ende.
Weit eher ließen sich hier neue Funktionen durch Abänderung einer schon vorhandenen Einheit erreichen.
Diesen Prozeß nenne ich *Funktionserweiterung*. Die Aufgaben (»Pflichten«) eines Funktionsträgers werden noch um eine weitere vermehrt – sein Wirkungsfeld wird »erweitert«. Bisher wurde dieser Vorgang, der in der Evolution von entscheidender Bedeutung war, nur wenig beachtet. Die Phänomene der *Funktionsteilung*, des *Funktionswechsels* und der *Funktionszusammenlegung* wurden sowohl in der Biologie als auch in der Wirtschaft in ihrer Bedeutung erkannt und eingehend behandelt. Die Funktionserweiterung, die der Ausgangspunkt für diese Phänomene ist, wurde dagegen übersehen oder in ihrer Bedeutung nicht gewürdigt.
Dieser Vorgang gibt einen tiefen Einblick in die Entstehung von Zweckmäßigkeit in der Natur.

2

Als erstes gibt es die Möglichkeit, daß ein Funktionsträger kraft seiner Beschaffenheit gleichsam franko und gratis für das Energon gleich noch weitere nützliche Leistungen erbringt. So schützt bei den Insekten der harte Panzer nicht nur gegen Feinde, sondern auch gegen eine Verdunstung der Körperflüssigkeit. Bei den Pflanzenblättern werden durch die Spaltöffnungen und durch die Kanäle des Interzellularsystems nicht nur die benötigten gasförmigen Stoffe an die Zellen herangebracht, sondern durch ebendiese Kanäle und Öffnungen entweichen auch die gasförmigen Abfallstoffe. Oder: Viele Enzyme bewirken in den Zellen nicht nur den *Aufbau* von Verbindungen – sondern leisten auch beim entgegengesetzten Vorgang, dem *Abbau,* wertvolle Dienste.

Die Nesselkapseln der Korallenpolypen zeigen eine solche Doppelfunktion besonders deutlich (Abb. 10). Es ist anzunehmen, daß diese hochspezialisierten Funktionsträger sich primär als Werkzeuge des Beutefanges entwickelten. Gleichzeitig waren sie jedoch von Anbeginn – ohne irgendwelche zusätzlichen Einrichtungen – auch höchst wirkungsvolle Abwehrwaffen. Denn berührt etwa ein Raubfeind den auslösenden Stift, dann wird er ebenfalls von dem giftigen Pfeil getroffen. Wir sind es heute so gewohnt, alle »Waffen« in eine gemeinsame Kategorie zusammenzuordnen, daß eine solche Doppelfunktion uns als etwas Selbstverständliches erscheint. Vom Energon her aber handelt es sich um Leistungen in zwei völlig verschiedenen Wirkungsfeldern.

Bei den höheren Tieren haben die meisten Sinnes- und Fortbewegungsorgane eine ebensolche Doppelfunktion. Es sind einerseits Funktionsträger des Erwerbes, ebenso aber auch solche des Schutzes. Beim Wal hat die dicke Speckschicht nicht nur die Funktion, dieses selbstheizende (»warmblütige«) Tier gegen Wärmeentzug abzuschirmen, sie bewirkt gleichzeitig auch einen starken Auftrieb und entlastet so die Abwehrkosten gegenüber der Schwerkraft. Die Schwimmhäute vieler Wasservögel leisten diesen auch Dienste, wenn sie auf dem weichen Uferschlamm herumspazieren. Die Vogelfedern sind Hilfsmittel der fliegenden Fortbewegung, jedoch zur Kälteabwehr nicht minder wichtig. Vom Speer des Urmenschen werden wir wohl nie wissen, ob dieser ursprünglich als Jagdwerkzeug oder als Abwehrwaffe entwickelt wurde – jedenfalls bewährte er sich hier wie dort gleich gut. Die Erfinder der Atombombe versicherten, daß sie an Abwehrwirkung gegen Tyrannen dachten: Als Angriffsmittel für Aggressoren ist sie aber nicht minder geeignet.[1]

Es konnten also in der Evolution neue bilanzfördernde Funktionen gleichsam im Schlepp anderer zustande kommen. Praktisch geschah dies sehr oft durch die Ausbildung zusätzlicher Verhaltensrezepte.

Dies zeigen etwa die Beine der Kröte. Durch entsprechende Verhaltensrezepte gesteuert, leisten sie diesem Energon heute sechs verschiedene Dienste. Erstens bewegt sich die Kröte mit ihrer Hilfe über Land fort. Zweitens kann sie – zum Beutefang und zur Flucht – Sprünge ausführen. Drittens, durch wieder andere Bewegungskoordinationen, treiben sie ihren Körper auch durch das Wasser. Begegnet dort (in der Laichzeit) ein Männchen dem anderen, dann führt es gegen dieses Wegstoßbewegungen aus. Begegnet ihm dagegen ein Weibchen, dann wird dieses mit den Vorderbeinen umklammert: darauf stößt das Weibchen seine Eier aus. Jetzt bildet das Krötenmännchen mit den Hinterbeinen einen Korb, fängt die Eier darin auf und besamt sie.

Die Rezepte für diese sechs Bewegungskoordinationen waren sicher nicht auf einmal da, sondern wurden im Laufe der Zeit entwikkelt. Der Funktionsträger war jedoch schon da. Durch *Funktionserweiterung* steigerte sich die Zahl der von ihm geleisteten bilanzfördernden Leistungen.

Die Spinnen verwenden ihre Fäden nicht nur zum Beutefang, sondern seilen sich an diesen auch ab, verwenden sie als Tragfäden für Luftreisen, kleiden damit ihre Winterlager aus, umhüllen ihre Eipakete, spinnen darin ihre Beute ein, stehen durch einen Faden mit ihrem Netz in Verbindung, so daß dieser ihnen bei Erschütterung meldet, daß sich ein Beutetier verfangen hat. Jede dieser Leistungen wird auf Grund angeborener Verhaltensrezepte erbracht, durch die der Funktionsträger Spinnfaden für eine Reihe von weiteren Verwendungen nutzbar wurde.

Instruktiv sind drei Verwendungen des Spechtschnabels. In erster Linie ermöglicht er die Erbeutung von im Holz versteckten Kerbtierlarven. Eine zweite Verwendung besteht darin, sich mit ebendiesem Schnabel eine Wohnhöhle zurechtzuzimmern. Ein künstliches Schutzorgan wird so geschaffen. Drittens wurde das Klopfen des Spechtes – im Lauf der Evolution – zu einem Signal, um sein Revier abzugrenzen. Rivalen werden auf diese Weise gewarnt, in die Nähe zu kommen. Dieses Klopfen wird regelmäßiger und rhythmischer ausgeführt als beim Bau der Wohnhöhle, wodurch sich sein Funktionswert als Signal erhöht. Auch hier führte die Ausbildung weiterer zusätzlicher Koordinationsrezepte zu zusätzlichen funktionellen Leistungen.

Ein Beispiel für extreme Funktionserweiterung durch Ausbildung zusätzlicher Rezepte liefert die menschliche Hand. Schon dem Affen ist eine Reihe von Handbewegungen angeboren (Festklammern an Ästen, Läusesuchen, Kratzen usw.), und dazu erwirbt er noch weitere durch Lernen. Bei uns steigert sich das – auf Grund unserer höheren Lernfähigkeit und Intelligenz – ins geradezu Grenzenlose. Ein Großteil der menschlichen Fähigkeiten verbindet sich mit entsprechenden Koordinationsrezepten zur Bewegung unserer Hände. Ob wir kochen, schreiben, Werkzeuge verwenden, schwimmen, Klavier spielen, Auto fahren oder uns einen Schuhriemen binden: Für jede organisierte Handbewegung müssen wir erst die entsprechende Koordination bilden, müssen diese »lernen«. Nur mit dem Universalwerkzeug Hand, das zu immer neuen Leistungen gebracht werden kann, hat sich der Mensch die Welt erobert.

Auf der nächsthöheren Integrationsstufe, in Betrieben, ist der Mensch selbst ein nicht minder universeller Funktionsträger. Tausend und hunderttausend verschiedene »Posten« nehmen Menschen in Erwerbsorganisationen ein. Die Verhaltensrezepte für das jeweils »postengemäße« Verhalten befinden sich entweder in der betreffenden Person selbst oder in einer anderen, die ihr Weisungen erteilt, oder schließlich in geschriebenen Anordnungen. Die Grundeinheit – genauso wie bei der Hand – ist hier immer die gleiche. Es ist der menschliche Körper. Dieser kann entweder direkt oder indirekt mit jeder erdenklichen Zahl von Verhaltensvorschriften versehen werden – wodurch diese Universaleinheit durch *Funktionserweiterung* unzählige verschiedene Funktionen innerhalb von Erwerbsorganisationen ausüben kann.

3

Bei den meisten Funktionserweiterungen genügt nicht die Bildung zusätzlicher Rezepte, sondern es sind auch strukturelle Änderungen am Funktionsträger notwendig. Im einfachsten Fall genügen Unterschiede in der Dimensionierung.

Dies zeigen Burgen und Kriegsschiffe. Bei Häusern genügt eine entsprechende Wanddicke, um Kälte, Diebe und Geräusche fernzuhalten sowie das darüber liegende Mauerwerk und Dach zu tragen. Bei Schiffen ergibt sich aus der Größe und dem Baumaterial die notwendige Wandstärke des Rumpfes. Sollen diese Funktionsträger jedoch gegen Einwirkungen von Geschossen gewappnet sein, dann müssen sie entsprechend stärker dimensioniert werden.

Bei den Landpflanzen ist die primäre Funktion der Wurzeln der Erwerb von Wasser (und den darin enthaltenen Nährsalzen). Bei den höher wachsenden Arten übernahmen diese Funktionsträger – in Funktionserweiterung – die zusätzliche Funktion der Verankerung und Stützung. Demgemäß sind sie dann entsprechend stärker ausgebildet.

Auch der Speckpanzer des Wals entstand durch eine quantitative Veränderung. Bei den Landwirbeltieren, von denen er abstammt, war das Speichern von Fett unter der Haut bereits verbreitet. Schon durch diese Einrichtung werden zwei Fliegen mit einem Schlag getroffen: Die notwendigen Reservestoffe üben so gleichzeitig auch eine isolierende Wirkung aus. Im Wasser wurde der Speckpanzer dann noch vergrößert – woraus sich, als dritte Funktion, ein beträchtlicher Körperauftrieb ergab.

Bereits Einzeller gelangten durch quantitative Veränderungen zu einem für sie nötigen Schwebevermögen. Bei den Radiolarien wird das Stützskelett ins freie Wasser hinaus verlängert. Die Oberfläche und die damit verbundene Reibung werden so vergrößert. Auch hier – ebenso wie beim Speckpanzer – besteht die zusätzliche Funktion in einer Gegenwirkung gegen die Schwerkraft.

In den meisten Fällen sind jedoch Strukturveränderungen am Funktionsträger nötig. Wenn in Ägypten das flache Hausdach zum Gewinnen des Regenwassers dienen soll, dann muß es ringsum erhöht und durch ein Rohr mit der Zisterne verbunden sein. Das sonst nur schützende Dach wird so – in Funktionserweiterung – auch zu einem Erwerbsorgan. In vielen Autos wird das zum Kühlen des Motors verwendete Wasser in zweiter Funktion zur Heizung des Wageninneren verwendet. Zusätzliche Vorrichtungen sind auch hier nötig – aber das Wichtigste, gewärmtes Wasser, wird durch einen schon bestehenden Funktionsträger geliefert.

Beim Dinostarter (mancher Autos) übernimmt die Lichtmaschine auch noch die Funktion des Anlassers. In fast allen Bereichen der menschlichen Technik sind solche Funktionserweiterungen gang und gäbe und werden, wo immer sie zu Einsparungen führen, angestrebt. So ist etwa in vielen Passagierflugzeugen die Toilettentür so konstruiert, daß man durch Schließen des Innenriegels gleichzeitig das Licht andreht. Auch hier übernimmt der Riegel eine zusätzliche Funktion.

Die Pflanzen und Tiere waren noch weit mehr auf solche Leistungssteigerung durch Abänderung schon bestehender Einheiten angewiesen. Das in den Bäumen hochsteigende Wasser transportiert auch die von den Zellen benötigten Bodensalze. Die Wurzeln verrichten dafür zusätzliche Leistungen: Sie sondern minerallösende Substanzen ab und erhöhen durch Osmoregulation die Konzentration der gelösten Stoffe. Scheiden Wurzeln Substanzen ab, die das Wachstum konkurrierender Pflanzen unterbinden (Allelopathie), oder werden in diesen Reservestoffe gespeichert (wie etwa bei der Zuckerrübe), dann sind auch dies Funktionserweiterungen, die entsprechende Strukturveränderungen zur Voraussetzung haben.

Vom Angler sprachen wir bereits. Bei diesem Fisch ist ein Rückenflossenstrahl verlängert und trägt eine wurmartige Bildung, die er über seinem Maul bewegt. Andere Fische halten das für ein Beutetier – und werden so direkt vor das Maul des Anglers geführt. Die Hervorbringung eines solchen Täuschungsorgans über schrittweise Erbänderungen wäre wohl kaum möglich gewesen. Erreichbar war diese Bildung jedoch durch Abänderung einer schon vorhandenen Einheit – des Flossenstrahls. Allerdings – und das darf man nie übersehen – mußte sich auch noch ein entsprechendes Verhaltensrezept ausbilden: nämlich das, den »Köder« über dem Maul hin- und her zu führen.

Bei den ebenfalls auf dem Meeresgrund lebenden Röhrenwürmern sehen wir blütenartige Bildungen über einem aufragenden Stiel (Abb. 16). Es handelt sich dabei um fächerartig ausgebreitete Kie-

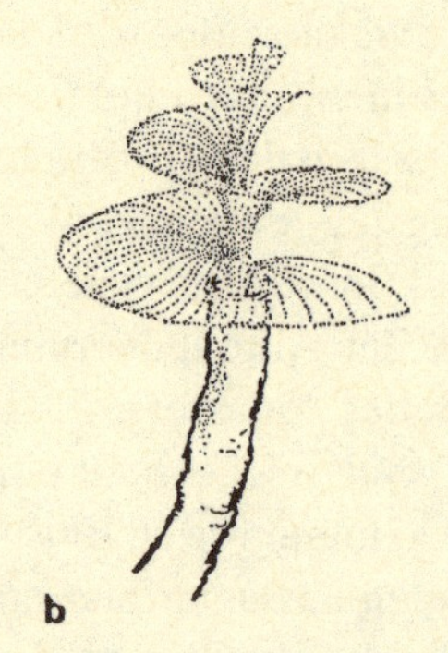

Abbildung 16: Beispiele für Funktionserweiterungen

a) Bei der Kartoffelpflanze übernehmen die mit Wurzeln versehenen Rhizome, ursprünglich Funktionsträger der Stoffgewinnung, noch zusätzlich die Funktion der Speicherung von Reservestoffen.
b) Beim Röhrenwurm wurden die Kiemen (Funktionsträger der Gasgewinnung) in zusätzlicher Funktion zu Erwerbsorganen. Sie sind größer ausgebildet und werden wie ein Fächerkranz ausgebreitet. Kleinlebewesen und im Wasser herabrieselnde organische Teilchen werden so wie in einem Netz gefangen und dann der Mundöffnung zugeleitet.
c) Bei der Dirne werden die Geschlechtsorgane (Vagina, Brüste plus alle sonstigen Körperteile, die sexuelle Auslösewirkung haben: Gesäß, Beine, Gesicht, Haare usw.) in zusätzlicher Funktion zu Erwerbsorganen. (Wer diese Betrachtungsweise sowie den Vergleich der Dirne mit Rübe und Röhrenwurm absurd findet, dem wird empfohlen, die in diesem Kapitel angeführten weiteren Beispiele für Funktionserweiterungen kritisch zu prüfen. Hier, wie in vielen anderen Belangen, führt die Energontheorie zu Beurteilungen, die sich wesentlich von den uns gewohnten unterscheiden.)

men, die nicht nur der Beschafffung von Sauerstoff und der Abscheidung von Kohlendioxyd dienen (Doppelfunktion), sondern – in Funktionserweiterung – auch noch zu Fangorganen wurden. Herabsinkende Nahrungsstoffe werden von diesem Federnkranz aufgefangen und durch Wimpernbewegung zur Mundöffnung hingeleitet. Das Flimmerepithel mußte hier nicht neu hinzutreten: Es ist bei den meisten Kiemenbildungen vorhanden, bewirkt dort durch Wasserbewegung besseren Gasaustausch. Die Fähigkeit, die Kiemen vorzustrecken und schnell wieder zurückzuziehen, ist auch bei Würmern, die ihre Kiemen *nicht* als Fangorgane benützen, bereits entwickelt. Somit war nur eine entsprechend größere Ausbildung und eine besondere Stellung des Kiemenkranzes erforderlich, um ein

Atmungsorgan zusätzlich zu einem Fangorgan zu machen. Auch alle Muscheln zeigen diese Funktionserweiterung. Bei diesen trägen Tieren könnten die Atmungsorgane sonst weit kleiner ausgebildet sein. Ihre Kiemen wurden jedoch zu einem Reusenapparat, und ein zusätzliches Ansaugrohr ermöglicht ihnen, Wasser in diesen zu pumpen, selbst wenn sie zur Gänze im Schlamm eingegraben liegen. Ebenso wurde bei den Manteltieren – wie auch beim Walhai – das Atmungsorgan in zusätzlicher Funktion zum Fangapparat für Plankton.

Zu einem der wirksamsten Fortbewegungsorgane im Tierreich wurde der Atmungsapparat bei den schon genannten Tintenfischen. Durch eine düsenartige Umbildung, den »Trichter«, wird das angesaugte Atemwasser ruckartig ausgestoßen: Diese Tiere bewegen sich nach dem Rückstoßprinzip. Das gleiche gilt für die Kammuscheln, die sich als einzige schwimmend fortbewegen können. Sie erzeugen einen Rückstoß durch plötzliches Schließen ihrer Schalen und können so bis zu 1,5 Meter hohe und bis zu 3 Meter weite »Sprünge« vollführen. Bei *Pecten maximus* beträgt das Gewicht des Schließmuskels 30 Prozent vom Gesamtgewicht des Weichkörpers. Während bei allen übrigen Muscheln dieser Muskel nur zum Schließen des Panzers dient, ist er hier – im Zuge einer Funktionserweiterung – weit stärker dimensioniert.

Auch die ursprüngliche Funktion der Wirbeltierzunge, die aufgenommene Nahrung im Maul zu bewegen und den Schluckakt zu unterstützen, erlebte mannigfache Erweiterungen. Bei den Ameisen- und Termitenfressern (Grün- und Grauspecht, Ameisenigel, Schuppentier) ist sie um ein Vielfaches verlängert und durch besondere Drüsen klebrig. Hier wird sie zum Fangorgan, das wurmartig in Spalten eindringt. Bei den Kolibris sieht die Zunge wie ein langer Pinsel aus: Damit vermag der Vogel Insekten aus dem Grund von Blütenkelchen hervorzuholen. Beim Chamäleon wird die Zunge zum blitzartig vorschnellbaren Fangapparat. Bei den Wiederkäuern wurde sie zum Greiforgan, das Grasbüschel umfaßt und gegen die Zahnklinge des Unterkiefers drückt. Bei Hund und Katze wurde sie zusätzlich zu einem Organ der Körperreinigung und der Wasseraufnahme. Beim Menschen wurde sie zum Werkzeug der Sprache.

Ich kann mich bei dieser Darlegung nicht auf einige Beispiele be-

schränken, weil sonst der Eindruck entsteht, daß hier Kuriositäten und Ausnahmen als wichtiges Entwicklungsprinzip vorgestellt werden. Beginnt man erst die Organismen und die menschlichen Erwerbsstrukturen auf das Prinzip der Funktionserweiterung zu untersuchen, dann stößt man fast überall auf diesen für die Evolution so entscheidenden Vorgang.
Steckt ein Kellner den Bleistift hinter das Ohr, dann gewinnt die Ohrmuschel eine zusätzliche, völlig neue Funktion. Beim afrikanischen Elefanten finden wir heute die Ohrmuschel riesig vergrößert: Das Tier verwendet sie wie Fächer zur Abkühlung. Das Männchen des chilenischen Nasenfrosches befördert die vom Weibchen abgelegten Eier durch den Mund in seine Schallblase, wo die Jungen ihre Entwicklung durchmachen; sie verlassen diese erst als fertige Frösche. Ein zur Lauterzeugung dienendes Organ wird hier durch Funktionserweiterung zu einem Funktionsträger der Brutpflege. Von der australischen Kröte *Chiroleptes,* die in der Harnblase Wasservorräte speichert, erzählte ich bereits: Ein Exkretionsorgan wird hier zusätzlich zu einem Trinkwasserbehälter. Im 6000 Jahre alten Byblos an der libyschen Küste – einer der ältesten ausgegrabenen Siedlungen – fand man die Toten in großen Tonkrügen bestattet. In diesen Krügen wurde Wasser oder Getreide aufbewahrt – in zweiter Funktion wurden sie, indem man sie der Länge nach in zwei Teile schlug, zu Funktionsträgern der Bestattung. Beim Zwergdrachenflosser (einem Fisch) sind die Kiemendeckel derart verlängert, daß sie wie ein Hüpferling aussehen: Beim Vorgang der Paarung streckt das Männchen diesen Funktionsträger von sich, das Weibchen hält ihn für einen Hüpferling, schießt heran, schnappt danach – und wird begattet. Der Kiemendeckel wird hier zu einem Hilfsorgan der Fortpflanzung. Bei uns Menschen dienen den Prostituierten ihre Geschlechtsteile nicht nur im Sinne ihrer natürlichen Funktion, sondern werden zusätzlich noch zum Erwerbsorgan. Bei vielen Vögeln gewinnen die Federn durch Vergrößerung und prächtige Zeichnung die zusätzliche Funktion, für den Geschlechtspartner ein Erkennungsmerkmal zu sein und ihn zu beeindrucken. Ebenso werden durch modischen Schnitt und Verzierungen die menschlichen Kleider in zweiter Funktion zu einem Mittel des Imponierens. Die Spinnen der Gattung *Cycloscosmia* verschließen den Eingang ihrer Wohnhöhle mit ihrem übergroßen, pfropfenartig gestal-

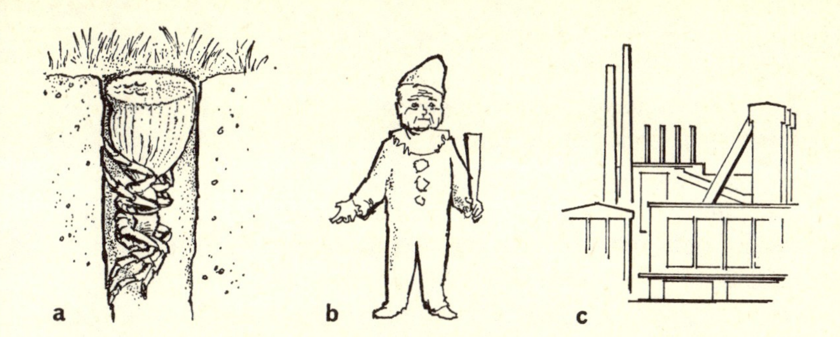

Abbildung 17: Funktionserweiterungen ganzer Körperteile und des Gesamtkörpers

a) Bei der nordamerikanischen Spinne *Cyclocosmia truncata* ist der Hinterleib pfropfenartig geformt und wird zum Verschluß der Wohnhöhle verwendet. Er übernimmt hier die zusätzliche Funktion einer Haustür.
b) Beim Liliputaner wird die abnorme Kleinwüchsigkeit zur Voraussetzung für Schaustellung gegen Geld. Die Energiequelle ist hier das Bedürfnis von Menschen, Neues und Abnormes wahrzunehmen (Neugiertrieb); der Gesamtkörper wird so in zusätzlicher Funktion zum Erwerbsorgan.
c) Die gefällig und eindrucksvoll gestaltete Fabrik erhöht deren Repräsentationskraft und steigert außerdem bei den Werksangehörigen die Bereitschaft, dort zu arbeiten. Der Gesamtkörper des Betriebes gewinnt hier zusätzlich eine kreditsteigernde und bandverstärkende Funktion.

teten Hinterleib. In diesem Fall gewinnt ein ganzer Körperteil die zusätzliche Funktion des Körperschutzes (Abb. 17). Ähnlich ist es bei der kubanischen Kröte *Bufo empusa;* sie verschließt ihre Wohnröhre mit dem abgeflachten hartschaligen Schädeldach. Bei der Spannerraupe, die einem dürren Ästchen zum Verwechseln ähnlich sieht, übernimmt die Gesamtgestalt die zusätzliche Funktion der Tarnung. Wird in einem Zirkus ein Zwerg zur Schau gestellt, dann wird dessen Gesamtgestalt zusätzlich zu seinem Erwerbsorgan – der menschliche Neugiertrieb schafft hier den Bedarf. Beim Mondlandeboot »Eagle« der amerikanischen Apollo-11-Rakete diente das vierbeinige Landungsgestell gleichzeitig als Startgestell. Beim weiblichen Körper wird besonders am Gesäß Fett abgelagert: Es wird zusätzlich zu einem sekundären Geschlechtsmerkmal, auf das der Mann sexuell anspricht.

Leistungen sind für die Energone entscheidend, nicht Strukturen. Kann eine Struktur zusätzliche Funktionen übernehmen, dann ist das meist einfacher und billiger, als neue zu bilden.

Wie einschneidend dieser Prozeß die Evolution beherrschte und vorantrieb, beweist unser Blutgefäßsystem. Seine ursprüngliche Funktion – das zeigt der Vergleich mit heute noch lebenden niederen Tieren deutlich – war der Nahrungstransport zu den einzelnen Zellen. Als die Vielzeller eine gewisse Größe erreichten, wurde ein solches Organ zur Verteilung des gewonnenen Erwerbes unbedingt notwendig. Zunächst waren es (wie heute noch bei den Saugwürmern) vielfach verästelte Kanäle, die den Körper durchzogen. Dann kam es zur Bildung einer geschlossenen Ringbahn, in der die Körperflüssigkeit durch eine besondere Pumpe (Herz) in Bewegung gehalten wird. Diese kreisende Flüssigkeit (Blut) führte nun nicht nur die Nahrungsstoffe zu den einzelnen Körperzellen, sondern übernahm auch die dort abgelagerten Stoffwechselschlacken. Zu deren Ausscheidung aus dem Körper bildeten sich zusätzliche Funktionsträger (Nephriden, Nieren). Die kreisende Flüssigkeit übernahm nun von den Darmzellen das Raubergebnis, brachte es zu den einzelnen Körpergeweben – und brachte von dort die Abfälle zu den Exkretionsorganen, die diese dem Blut entzogen und aus dem Körper abschieden. Eine zusätzliche Funktionserweiterung war dann die Übernahme des Gastransportes. Daß dieser nicht unbedingt über das Blut erfolgen muß, zeigen uns die Insekten. Ihr Körper ist von einem zweiten reichverästelten Röhrensystem durchzogen, das Sauerstoff zu den Geweben bringt und das anfallende Kohlendioxyd wieder ableitet (die Tracheen). Die Wirbeltiere dagegen ersparten sich diese Bildung: Hier übernimmt der Blutstrom auch diesen Transport. Bloß zur Aufnahme und Wiederabscheidung der Gase wurden zusätzliche Funktionsträger hervorgebracht: im Wasser die Kiemen, an Land die Lungen. Außerdem spezialisierten sich besondere Zellen, die roten Blutkörperchen, auf Übernahme und Transport von Sauerstoff und Abtransport von Kohlendioxyd. So wurden weitere wichtige Funktionen vom Blutkreislauf übernommen. Darüber hinaus eignete sich der den ganzen Körper durchziehende Blutstrom auch als Verkehrsweg für die in-

nere Polizei: die weißen Blutkörperchen. Ebenso für die Antikörper. Auch das ist eine vom Blutkreislauf in Funktionserweiterung übernommene Leistung. Er eignete sich außerdem zur Kommandoübertragung zwischen einzelnen Organen. Für solche Übermittlungen ist in erster Linie das Nervensystem zuständig, doch gibt es auch noch chemische Botendienste. Die Hormone werden von Drüsen ins Blut abgeschieden und bewirken an anderen Stellen im Körper gewünschte Reaktionen. Bei den Warmblütern kam schließlich noch die innere Zentralheizung dazu. Ein eigenes Röhrensystem für diesen Zweck hätten diese Tiere – bei der inzwischen erreichten überaus komplizierten Gestalt – durch Veränderungen im Erbgut nie erreichen können. Aber durch Funktionserweiterung war das möglich. Der Blutkreislauf war bereits da und konnte auch noch diese zusätzliche Aufgabe übernehmen. Bei Eindringen von Krankheitserregern wird die innere Heizung noch besonders angedreht, um die Feinde zu schädigen – das ist eine weitere Funktion: das Fieber. Stück für Stück erweiterte so der Funktionsträger Blutgefäßsystem seine Kompetenzen. War er einmal gebildet, dann konnte er nebenbei noch Zusätzliches leisten. Dazu waren wohl Hilfseinrichtungen nötig – aber das Teuerste, Aufwendigste war bereits da.
Ein vergleichbarer Vorgang ist gegeben, wenn sich ein Betrieb – wie es in den unterentwickelten Ländern noch heute nicht selten der Fall ist – durch Anschaffung von Generatoren oder Schaffung entsprechender Zuleitungen elektrischen Strom verschafft. Die beiden benötigten Hauptfunktionen, die solchen Aufwand rechtfertigen, sind die Erzeugung von Licht und von Kraftstrom für die Maschinen. Ist aber erst einmal die Anlage da, dann können die Sekretärinnen auch auf einer Heizplatte Kaffee kochen, es können Lautsprecher die Werksangehörigen mit Musikberieselung erfreuen, Lichtbildervorträge können abgehalten werden. Weder für die Heizplatte noch für den Lautsprecher noch für Werksvorträge wäre die Installierung von Elektrizität in Frage gekommen. Doch da diese für erwerbswichtige Zwecke erforderlich war, kann sie nun nebenbei – in Funktionserweiterung – auch noch allerlei anderes leisten.
Die bedeutsamste Funktionserweiterung in der Evolution erwähnte ich bereits: Beim Menschen übernahm das Zentralnervensystem – ursprünglich bloß für die Koordination der einzelnen Funktionsträ-

ger zuständig – auch noch die Aufgabe einer außerkörperlichen Organbildung. *Dieser Funktionserweiterung verdanken wir so ziemlich alles, was wir sind, wir verdanken ihr praktisch das Menschsein.*

5

Nicht wenige sind auch heute noch der Überzeugung, daß überirdische Kräfte uns so geschaffen hätten, wie wir sind, und daß die Formenfülle der belebten Natur ein so gewolltes Werk dieser Kräfte sei. In der Ausbildung der einzelnen Lebewesen und im Menschen selbst sehen sie den deutlichsten Ausdruck göttlicher Weisheit und Gestaltungskraft.

Nicht nur religiöse Menschen glauben das – im tiefsten Grunde glaubt das wohl jeder. Unser Gehirn, an das Verknüpfen von Ursachen und Wirkungen gewohnt, sieht in den Lebenserscheinungen so eminent komplexe Phänomene, daß es sich diese ohne eine konkrete, darauf hinzielende Absicht einfach nicht vorstellen kann. Der Gedanke, daß eine Aufeinanderfolge höchst divergierender – also »zufälliger« – Vorgänge dies alles bewirkt haben sollte, erscheint allzu absurd.

Wie schon dargelegt (S. 129ff.), kann jedoch die überall in Erscheinung tretende Zweckmäßigkeit gar nicht das unmittelbare Werk überirdischer Kräfte sein. Solche mögen wohl die Voraussetzungen für den Gesamtprozeß geschaffen haben – sie könnten allenfalls das Zustandekommen der einzelnen Strukturen beschleunigt haben, doch darauf, wie diese geartet sein mußten, um zweckmäßig zu sein, konnten sie nicht Einfluß nehmen. Solange die auf unserem Planeten gegebenen Naturgesetze konstant sind (was nach all unseren Erfahrungen der Fall ist), *sind es Umweltbedingungen, welche die evolutionäre Entwicklung der Lebewesen steuern.*

Das Phänomen der Funktionserweiterung gibt weitere Hinweise in dieser Richtung – dafür nämlich, daß eine laufende Einflußnahme überirdischer Mächte nicht stattfand.[2]

Wären nämlich die Organismen das Ergebnis zielstrebiger Bildungskräfte und käme uns Menschen wirklich als »Endprodukt« und »Ziel« dieser Entwicklung eine so eminente Bedeutung zu (wie nicht wenige annehmen), dann müßte sich diese Zielstrebigkeit in der Evolution – so sollte man erwarten dürfen – zu erkennen geben. *Sie tut es jedoch nicht.* Sie bietet vielmehr das Bild eines sehr gewundenen und über die merkwürdigsten Umwege führenden Geschehens. Sie bietet das Bild eines durchaus kausal ablaufenden Prozesses, der sich – wie ein Gladiator im alten Rom – mit Dutzenden von Gegnern auseinanderzusetzen hatte.

Fast alle Hauptmerkmale, denen wir unser Menschsein verdanken, kamen auf höchst kuriosen Umwegen zustande.

Erstens: die Fähigkeit, unseren genetisch gewachsenen Körper zu erweitern, unser Machtpotential bis ins Unbegrenzte zu steigern. Wir verdanken sie dem Umstand, daß das Zentralnervensystem in unserer langen Vorfahrenreihe zu seinen immer anwachsenden Kompetenzen erst die Bildung von Verhaltensrezepten und zweitens dann auch noch die Schaffung und Weitergabe von Aufbaurezepten für Funktionsträger hinzunahm. Der Funktionsträger Erbrezept wäre dazu nicht in der Lage gewesen.

Zweitens: unsere Hände, die Voraussetzung dafür, daß die durch unsere Intelligenz gegebenen Möglichkeiten von uns genützt werden können. Diese für uns so entscheidend wichtigen Funktionsträger verdanken wir dem Umstand, daß wir von Energonen abstammen, die sich auf eine Lebensweise in Bäumen spezialisierten. Das führte bei ihnen zur Ausbildung des opponierenden Daumens, zur Entwicklung der Greifhand. Funktion dieses Organs war es – klipp und klar –, sich an Ästen festzuhalten. Wenn wir heute damit einen Bleistift führen, Karten spielen und im Strecksessel die Börsennachrichten lesen, dann sind das Funktionserweiterungen eines Kletterorgans.

Drittens: unsere Sprache. Auch ohne sie wären wir nicht, was wir sind. Der dazu nötige Blasebalg wurde primär zum Atmen entwickelt, also zur Gasaufnahme und -abgabe. In Funktionserweiterung übernahm diese Einheit beim Menschen auch die Lieferung des zum Sprechen unbedingt erforderlichen Luftstroms. Ein gesonderter Blasebalg zu diesem Zweck hätte sich über Mutationen kaum entwickeln können. Weitere Hilfsdienste leisten die Zunge, die Lippen und die Zähne. Sie alle haben eine andere Grundfunktion, sie alle übernahmen diese neue Funktion nur zusätzlich. Nur unser Kehlkopf entstand als besondere Hilfseinheit für akustische Signalgebung.

Viertens: unser begriffliches Denken. Auch das ergab sich auf Umwegen. Zur sprachlichen Verständigung mußten wir die diffuse Vielheit dessen, was wir erleben, konkreter zusammenfassen und mit Wortsymbolen versehen. Dies aber – darüber ist man sich schon seit einiger Zeit im klaren – wirkte wieder entscheidend auf das Denken zurück, ja wurde zur Grundlage unserer Denktätigkeit. Hier kann man nicht mehr eigentlich von einer Funktionserweiterung des Sprechens reden – eher von einem nützlichen Abfallprodukt. Denn in diesem Fall wurde für eine Funktion – das Sprechen – ein ganz bestimmter geistiger Vorgang nötig: die verbale Begriffsbildung. Und diese führte dann in unserem Zentralnervensystem zu einem besseren Manipulieren mit unseren Vorstellungen[3].
Darauf kann geantwortet werden: Gottes Wege sind unerforschlich. Und wem dieses Argument stichhaltig erscheint, dem kann man es nicht widerlegen. Ob man jedoch unser Dasein so oder anders beurteilt – es wird darum nicht weniger rätselhaft. Schon daß es Energie gibt und daß sich das Lebensgeschehen in so tausendfältigen Gestalten manifestieren *kann,* ist ebenso göttlich, als hätte der unerforschliche Urgrund alles Seins sich persönlich die Mühe genommen, jeden Heuschreck und jede Fäulnisbakterie persönlich zu formen. Dies aber ist offenbar nicht geschehen. Und nur das wird hier behauptet. Was dem gesamten Entwicklungsstrom zugrunde liegt, ist unserer Erkenntnis einstweilen verschlossen – vielleicht auch für immer. Keine der so vielen Ansichten oder Vermutungen über dieses Thema ist da schlechter als die anderen. Doch *wie* dieser Entwicklungsstrom dann in einzelnen Gestalten »auskristallisierte«, *darüber entschieden nicht überirdische Kräfte.* Solange sich die Eigenschaften der Atome und die Einflüsse von Schwerkraft, Klima usw. nicht prinzipiell ändern – und dafür gibt es keinen Hinweis –, ist hier die Entwicklung vorgezeichnet. Das Zweckmäßige ergibt sich aus Wechselwirkungen. *Diese* gestalten das Geschehen, dessen Teil wir sind.

Anmerkungen

[1] Noch eine Doppelfunktion: Die Pusztahirten tragen ihre Mäntel aus Schaffell bei Hitze nach außen (als Regenschutz), bei Kälte nach innen (zur Erwärmung).

[2] Bei dieser Darlegung geht es *nicht* um eine Argumentation für oder wider die Existenz »Gottes«. Diesbezügliche Ansichten sind Glaubenssache: also weder beweis-

bar noch gegenbeweisbar. Worum es hier geht, ist ausschließlich die Frage, ob eine höhere Macht den Evolutionsverlauf unmittelbar beeinflußte und steuerte – also während der Evolution selbst, in den letzten vier Milliarden Jahren, eingriff.

[3] Weitere Beispiele für die Umwege im Entwicklungsweg zum menschlichen Körper gibt Band 1 »Wie der Fisch zum Menschen wurde«.

IV
Kreisläufe

Was es für eine Bewandtnis mit den Gegenständen an sich und abgesondert von aller dieser Rezeptivität unserer Sinnlichkeit haben möge, bleibt uns gänzlich unbekannt. Wir kennen nichts als unsere Art, sie wahrzunehmen, die uns eigentümlich ist, die auch nicht notwendig jedem Wesen, obzwar jedem Menschen zukommen muß. Immanuel Kant (1781)

Was sie zusammenballt und verkittet, ist eine geheimnisvolle Gleichheit, die unseren Geist befremdet, mit der er sich jedoch abfinden muß.
Teilhard de Chardin (1947)

1

Konrad Lorenz nannte in einer seiner Schriften das innere Wirkungsgefüge eines Organismus einen »Kausalfilz«. Eine treffende Bezeichnung. Betrachtet man ein Stück Filz unter der Lupe, dann blickt man auf ein unüberschaubares Geflecht von regellos kreuz und quer laufenden Fäden. Blickt man in das Innere der Organismen und versucht man, die kausalen Zusammenhänge zu durchschauen, dann steht man vor einem nicht minder unübersichtlichen Geflecht. Es scheint aussichtlos, in diesem Gewirr Regelmäßigkeiten zu entdecken.
Die Betriebe und Staatsgebilde sind vom Menschen geschaffen. Hier beschäftigt man sich mit jeder kausalen Verflechtung, versucht jede Wechselwirkung im voraus zu erkennen oder zumindest im nachhinein zu erfassen. Aber auch hier ist das Gewirr von Beziehungen so verwoben, daß selbst die beste Planung auf Überraschungen stößt. Auch bei diesem Kausalfilz erschien es bisher aussichtslos, ein allgemeingültiges Schema zur Entwirrung der einzelnen Fäden zu finden.
Ich will im folgenden zeigen, daß es einen gemeinsamen Gesichtspunkt gibt, dieses Gewirr zu enflechten. Es ist kein Universalschlüssel, doch zeigt er den Weg, Ordnung in diese Verworrenheit zu bringen. Es sind *Kreisprozesse,* die im Evolutionsgeschehen ständig wiederkehren: Verknüpfungen von Ursachen und Wirkungen, die

regelmäßig aufeinanderfolgen. Schon bei den niedersten Vielzellern lassen sie sich deutlich nachweisen. Sie kennzeichnen den gesamten Entwicklungsfluß bis zu den heutigen Mammutbetrieben und Staatsgiganten.
Den ersten Vorgang dieser Kreisprozesse haben wir bereits besprochen: die »Funktionserweiterung« (Abb. 18 a).

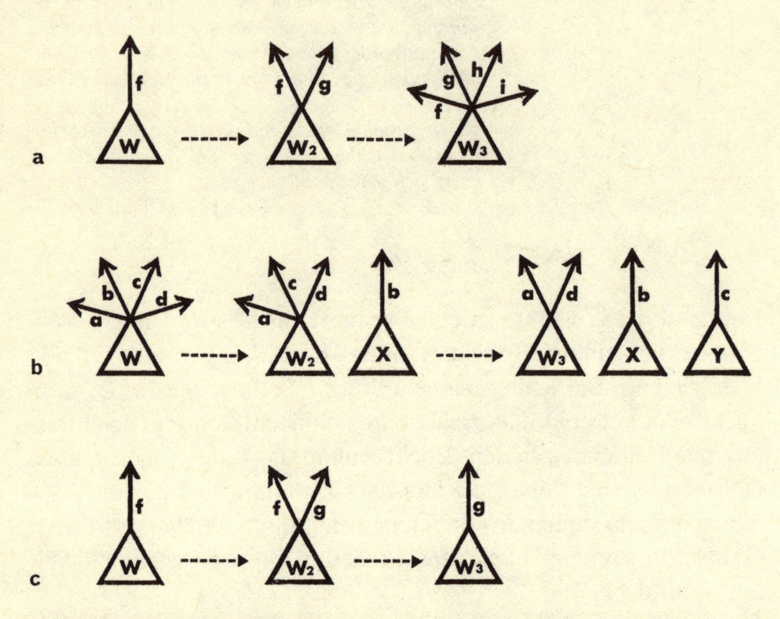

Abbildung 18: Hauptformen der Funtionsveränderung

a) *Funktionserweiterung.* W ist ein Funktionsträger innerhalb eines Energons (etwa in einem Tierkörper oder in einem Betrieb). Kraft seiner Struktur erbringt er eine im Rahmen dieses arbeitsteiligen Ganzen benötigte Wirkung: die Funktion f. Im Verlauf der individuellen oder evolutionären Entwicklung des Energons nimmt der Funktionsträger dann weitere Funktionen hinzu (zuerst g, dann auch noch h und i). Meist sind dazu gewisse strukturelle Änderungen oder zusätzliche Funktionsrezepte nötig. Es kann so zur *Überbürdung* eines Funktionsträgers (etwa eines Organs im Tierkörper oder eines Angestellten im Betrieb) kommen.
b) *Funktionsteilung.* Ein Funktionsträger (W) ist mit Funktionen überbürdet (a–d). Die einzelnen Funktionserfüllungen behindern einander gegenseitig. Ein neuer Funktionsträger (X) übernimmt eine dieser Funktionen (b). Im Laufe der weiteren Entwicklung geht auch noch die Funktion c auf einen dritten Funktionsträger (Y) über. Zu dieser Entwicklung kommt es häufig, wenn Energone anwachsen und aus immer zahlreicheren Einheiten bestehen. Dies führt zu erhöhter Arbeitsteilung, zu stärkerer »Differenzierung«. Sowohl bei den Organismen als auch bei den mensch-

lichen Erwerbsstrukturen gehen dann immer mehr Funktionen auf spezialisierte Einzelträger über.
c) *Funktionswechsel.* Diese Funktionsveränderung beginnt mit einer Funktionserweiterung gemäß Typ a. Ein Funktionsträger nimmt eine zusätzliche Funktion hinzu (g) In der weiteren individuellen oder evolutionären Entwicklung wird dann die ursprüngliche Funktion f überflüssig und rückgebildet. Der Funktionsträger übt so schließlich eine andere als die ursprüngliche Funktion aus. Auf diese Weise haben in der tierischen und pflanzlichen Evolution manche Organe andere Aufgaben übernommen, und auch in der Wirtschaft sind nicht selten Einheiten zu anderer, neuer Funktion gelangt. Es kommt so zur Entstehung neuer Funktionsträger aus schon bestehenden.
Beispiele für alle drei Formen der Funktionsveränderung siehe Text.

Jede Betrachtung der Energone muß immer davon ausgehen, daß diese Gebilde nicht eigentlich aus Materie, sondern aus einer Vielzahl von Einzelleistungen bestehen. Die verschiedenen Funktionsträger erbringen diese Leistungen. Eine im Durschnitt positive Energiebilanz ist notwendige Voraussetzung dafür, daß sie ihre Funktionen ausüben können. Im einfachsten Fall erbringt ein Funktionsträger nur *eine* Leistung, doch kommt es vor, daß er »gratis und franko« noch zusätzliche zu bieten hat. In der Mehrzahl der Fälle sind jedoch Änderungen nötig, wenn sich die Zahl der Leistungen steigern soll. Die Struktur muß sich ändern – wie etwa beim flachen Hausdach, wenn es zum Werkzeug der Wassergewinnung werden soll. Oder ein zusätzliches Verhaltensrezept muß eine neue Steuerung bewirken – wie im Falle unserer Hände, die so viele Tätigkeiten auszuführen vermögen. Von der Bilanz her ist entscheidend, daß solche Funktionserweiterungen zu verbesserten Erträgnissen führen müssen. Sonst sind sie bedeutungslos oder sogar hinderlich, werden nicht beibehalten und weiterentwickelt. Die steuernden Faktoren der natürlichen Auslese und des Konkurrenzkampfes merzen sie dann wieder aus.
Die hier zu besprechenden Kreisprozesse beginnen damit, daß ein Funktionsträger durch Abänderungen zusätzliche, das Energon fördernde Leistungen erbringt. Wie auf diese Weise immer weitere Leistungen zu einer ursprünglichen hinzukommen können, zeigte das Beispiel des Blutkreislaufes. Ganz ebenso kann in einem Betrieb oder im Staatswesen eine Einheit – etwa ein Mensch oder eine Abteilung – immer weitere Aufgaben übernehmen. Die Folgen sind dann freilich hier wie dort die gleichen. Allmählich wird der Funktionsträger überlastet, überfordert. Eine Pflicht stört die andere.

Da er allzu viele Aufgaben erfüllt, wird er keiner mehr völlig gerecht. Beim Blutkreislauf ist dieser Punkt noch nicht erreicht: Seine Hauptfunktion, für die Energie- und Stoffverteilung einen Kreislauf zu schaffen, ist so einfach, daß dieser für eine ganze Menge zusätzlicher Verwendungen mit eingespannt werden kann. Bei unserem Zentralnervensystem – das will ich noch zeigen – hat sich eine solche Überlastung bereits eingestellt. Einen analogen Vorgang zeigt uns der Angestellte, der zu seinem Chef kommt und sagt: »Es tut mir leid, ich schaffe es nicht mehr! Es liegt nicht an meinem guten Willen, aber es sind der Aufgaben einfach zu viele und zu verschiedene!«
Die Lösung ist bekannt, sie heißt »Funktionsteilung« (Abb. 18 b). An die Stelle des überbürdeten Organs treten zwei oder drei andere, deren jedes nun ein enger begrenztes Aufgabengebiet hat. Voraussetzung – bei den Organismen wie auch bei jeder menschlichen Erwerbsstruktur – ist allerdings wieder, daß auch diese Veränderung sich bilanzaktiv auswirkt. Nur dann ist die Funktionsteilung gerechtfertigt; nur dann hat sie Bestand. Der Chef sagt also: »Herr Meyer, ab heute machen Sie nur noch dies und das. Darauf können Sie sich nun ganz konzentrieren. Die restlichen Aufgaben werde ich jemand anderem übertragen.«
Dieser Vorgang wird besonders bei Anwachsen der Energone oder bei erhöhter Spezialisierung auf eine bestimmte Erwerbsform aktuell.

2

In der Evolution der Tiere und Pflanzen spielten Funktions*teilungen* eine entscheidende Rolle. Fast in jeder Struktur und in jedem Verhalten hinterließ dieser Vorgang seine Spuren. Die tierischen und pflanzlichen Körper – so wie wir sie im einzelnen sehen – sind gleichsam nur ein augenblicklicher Querschnitt durch einen sich sehr langsam vollziehenden Prozeß. *Nicht Geburt, Reifung und Tod sind das Wesentliche, sondern Vorgänge, die über Hunderte oder Tausende von Generationen hinweg verlaufen.* Beim einzelnen Organismus sehen wir bloß die augenblickliche Abstimmung zwischen den einzelnen Teilen. Was wir jedoch nicht sehen, ist die diesen Abstimmungen zugrunde liegende Dynamik.

So kann zum Beispiel die schützende Außenhaut bei kleineren Wassertieren ohne weiteres die Funktion der Atmung und der Exkretion mit übernehmen. Übersiedeln jedoch solche Lebewesen an Land – wie das in der Erdgeschichte der Fall war –, dann ist das nicht mehr möglich. Es ergibt sich ein *Funktionskonflikt.* Die Zellen können nicht den Körper vor Verdunstung und Austrocknung schützen und gleichzeitig ihre Atmungs- und Exkretionstätigkeit beibehalten. Es konnten deshalb nur solche Tiere das Land besiedeln – ein für uns bedeutsamer Vorgang, denn von einem dieser Pioniere stammen wir in unserer langen Vorfahrenreihe ab –, bei denen diese Funktionen sich getrennt hatten. An besonderen Stellen ausmündende Einheiten mußten die Atmung übernehmen, andere die Sekretion (Lungen, Nieren). Nur so war es möglich, daß im übrigen die Außenhaut weitgehend verhornte und Schutz vor der wasserentziehenden Kraft der Luft bot.
Ein noch anschaulicheres Beispiel für den Prozeß der Funktionsteilung liefert unser Darm – die zentrale Struktur jedes tierischen Energons. Bei einfachen Vielzellern – etwa bei Korallenpolypen und Medusen – hat er nur *eine* Öffnung. Durch diese muß die Beute aufgenommen und die unbrauchbaren Reste wieder ausgestoßen werden. Die Darmzellen müssen dort drei Funktionen leisten: verdauende Enzyme abscheiden, Nahrung aufnehmen und diese speichern. Schon bei Würmern übernahm dann eine zweite Öffnung (der »After«) die Abscheidung – wodurch ein fortlaufender Erwerbsvorgang möglich wurde. Entsprechende Muskelbewegungen trieben jetzt die aufgenommene Nahrung in immer gleicher Richtung durch den Darm. Das war die Voraussetzung für weitere *Funktionsteilungen.*
Die Zellen am Vorderende bildeten Funktionsträger zur groben Verkleinerung der Nahrung: Kiefer und Zähne. Andere Zellen spezialisierten sich auf die Herstellung der Enzyme. Indem sie in den Darm mündende Säckchen bildeten, konnten sie von der oft spitzen Nahrung nicht mehr direkt verletzt werden. Ein Darmabschnitt spezialisierte sich auf die Aufnahme größerer Nahrungsmengen: der Magen. Besonders wenn die Nahrungsquelle selten erschließbar ist, wird es wichtig, sie ausgiebig zu nützen. Die Drüsenabscheidung setzt schon hinter den Zähnen ein (Speicheldrüsen), im Magen wird dann die Beute rationell zerkleinert. Im anschließenden

Dünndarm wird das Gewonnene resorbiert und an das Blut weitergegeben. Auch die Funktion der Speicherung wurde schließlich von einem besonderen Organ wahrgenommen: von der Leber. Dazu kamen noch manche künstlich hinzugewonnene Einheiten: etwa die »Kausteine« bei den Vögeln und Krokodilen, die im Magen bei der Zerkleinerung der Nahrung mithelfen. Oder die Verdauungshelfer – wie bei den Insekten oder Wiederkäuern.
Innerhalb der Insektenstaaten fand eine ähnliche Differenzierung statt, allerdings auf höherer Integrationsstufe. Nicht zwischen Zellen oder Organen kam es hier zu einer Funktionsteilung, sondern zwischen Organismen. Auch die Staaten der Ameisen, Bienen und Termiten sind Energone: Hier hat sich allerdings nur eine sehr beschränkte Funktionsteilung entwickelt. Besondere Einheiten leisten den Schutz: die »Soldaten«. Die »Königin« übernimmt für alle das Fortpflanzungsgeschäft – eine beträchtliche Entlastung für alle übrigen. Zur Speicherung der Nahrung für Notzeiten bilden die Hummeln aus Wachs besonders geformte Honigtöpfe. Bei der amerikanischen Ameisenart *Myrmecocystus melliger* übernahmen einige aus dem Volk die gleiche Funktion. Alle übrigen füttern sie mit dem eingebrachten Honigtau, so daß ihr Hinterleib riesengroß anschwillt. Sie können nicht mehr laufen. Als »lebende Honigtöpfe« hängen sie an der Decke der »Honigkammer«. Hungernde Nestgenossen kommen zu ihnen und erhalten Nahrung aus ihrem Mund. Auch hier wird durch Funktionsteilung die Schlagkraft des Staates – des Energons – gesteigert.
Die Übernahme der Rezeptbildung durch das Zentralnervensystem steigerte beim Menschen die Möglichkeit zur Funktionsteilung außerordentlich. Jede Gemeinschaftsbildung stützt sich auf diesen Vorgang. Muß der einzelne für alles sorgen, dann ist er überlastet. Dann stört eine Tätigkeit die andere. Innerhalb der organisierten Gemeinschaft kann sich dagegen der eine auf dies, der andere auf jenes spezialisieren.
Es war Adam Smith, der in der Wirtschaft die besonderen Möglichkeiten einer gezielten Funktionsteilung erkannte. Taylor revolutionierte dann die moderne Fertigungstechnik durch sein »Funktionsmeistersystem« und schuf die Grundlagen für die heute so außerordentlich weit gediehene Technik wissenschaftlicher Betriebsführung. Von besonderer Bedeutung erwies sich hier die Aufgaben-

trennung bei den leitenden Personen. Werkstatt und Verwaltung müssen getrennt werden. (»Managers off the production floor!«) Ebenso ist es nicht gut, wenn etwa die Personalbeschaffung mit zur Kompetenz der Finanzabteilung gehört – denn letztere ist an Sparen gewöhnt, das kann aber die Verpflichtung guter Kräfte beeinträchtigen. Behält der Betriebsleiter Forschung und Entwicklung unter der eigenen Kompetenz, dann ist das schlecht, weil er in seinem Gebiet meist festgefahren ist und andere mögliche Bedarfslükken nicht erkennt.

Das ist der zweite Ablauf innerhalb der evolutionären *Kreisprozesse*. Erst führen Funktionserweiterungen zu einer *Überbürdung*. Dann führt diese zur *Funktionsteilung*.[1] Im weiteren Verlauf kann es auch bei den neu entstehenden Funktionsträgern zu Funktionserweiterungen kommen – zu weiteren Überbürdungen und weiteren Funktionsteilungen. Die Kreisprozesse, die somit stets bei Funktionsträgern mit *einer* Funktion beginnen und schließlich wieder zu Funktionsträgern mit *einer* Funktion zurückführen, setzen sich so fort.

Sie können jedoch auch anders verlaufen und ihren Weg über einen *Funktionswechsel* nehmen.

3

Auch dieser Prozeß nimmt von der Funktionserweiterung seinen Ausgang. Ein Funktionsträger übernimmt zu einer ursprünglichen Funktion eine zweite, sekundäre. Diese wird jedoch allmählich immer wichtiger – und schließlich geht die ursprüngliche verloren (Abb. 18 c).

Goethe entdeckte diesen Vorgang bei den Pflanzen. Am 17. Mai 1788 schrieb er an Herder: »Vorwärts und rückwärts ist die Pflanze nur Blatt.« Er sprach von einer »Metamorphose« der Blätter. Das diesem Buch vorangestellte Zitat ist einem Gedicht entnommen, das Goethe über diesen Gegenstand verfaßt hat.[2]

Spätere Forschungen haben Goethes Entdeckungen voll bestätigt. So sind etwa bei der Erbse die Ranken umgebildete Blätter. Ebenso sind bei der Berberitze die Dornen durch Funktionswechsel aus

Blättern hervorgegangen. Das gleiche gilt für die Gefäße der Kannengewächse, in welchen diese Insekten fangen. Und das gleiche gilt auch für sämtliche Staubgefäße und Stempel bei den Blütenpflanzen (Abb. 19).

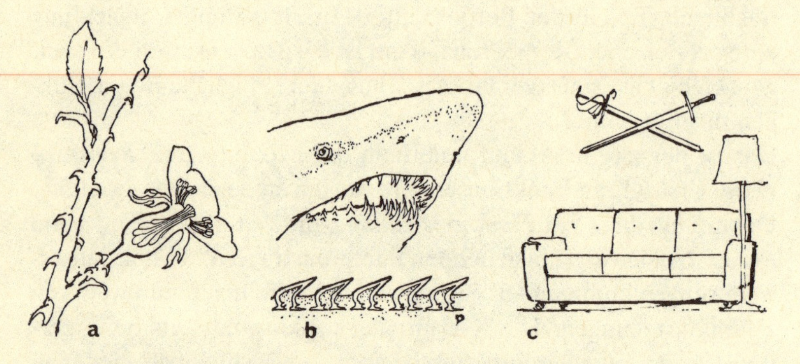

Abbildung 19: Beispiele für Funktionswechsel

a) Rosenstrauch. Stempel und Staubgefäße der Blüten sind (wie bei den meisten Blütenpflanzen) umgebildete Blätter. Die Fähigkeit zur Photosynthese bildete sich zurück, und andere Funktionen diktierten ihre notwendige Gestalt.
b) Haifischzähne. Es sind Placoidschuppen (p), die sich am Maulrand stärker ausbilden und dort zu Funktionsträgern des Nahrungserwerbes werden. Als Nachkommen der Urhaie an Land übersiedelten, wurden die Körperschuppen rückgebildet, die »Zähne« weiter differenziert. Auch die Zähne des Menschen haben ihren entwicklungsgeschichtlichen Ursprung in den Körperschuppen der Urhaie. (Bei den heute noch lebenden Haifischarten kann man in der Embryonalentwicklung sehen, wie die Zähne aus den Placoidschuppen hervorgehen.)
c) Schwerter und sonstige »Altertümer« werden häufig zur Dekoration von Wohnungen verwendet – ja werden zu diesem Zweck nachgebildet. An die Stelle der ursprünglichen Funktion tritt eine völlig andere: Sie werden zu Funktionsträgern des Imponierens und der Vermittlung von ästhetischem Genuß (in diesem Fall zu Bestandteilen von Luxuskörpern).

Durch Funktionswechsel konnten die Organismen verhältnismäßig leicht zu neuen Bildungen gelangen. Geringfügige Erbänderungen genügten hierfür bereits. Jede Zwischenstufe hat so positiven Auslesewert, erhöht also die Konkurrenzfähigkeit. Zu einer ursprünglichen Funktion tritt eine neue hinzu. Diese erweist sich dann – eventuell in veränderter Umwelt – als immer wichtiger, und durch die steuernde Wirkung der auslesenden Faktoren wird die neue Funktionserfüllung weiter entfaltet. Die ursprüngliche verliert ihre Bedeutung. In diesem Falle braucht die überflüssig werdende Einheit gar nicht mehr rückgebildet zu werden. Sie hat sich in eine andere, erwerbsfördernde verwandelt.

Die Pflanzen konnten so durch Abänderung *einiger* Blätter zu neuen wichtigen Funktionsträgern gelangen. Bei den Insektenbeinen ist es ähnlich. Manche wurden zu Putzwerkzeugen, andere zu Freßorganen; bei verschiedenen Insektenarten wurde sogar ein Saugstachel daraus. Beim Stachelschwein wurden aus einigen Stacheln Organe der Lauterzeugung. Sie sind zu einer hohlen Röhre erweitert und sehen wie Orgelpfeifen aus. Durch Aneinanderschlagen ergeben sie einen weithin hörbaren Ton. Bei den Haien wurden aus einigen ihrer dornartigen Placoidschuppen die Zähne. An der Maulkante entwickeln sie sich entsprechend länger, bilden längere Fortsätze. Man kann diese Entwicklung heute noch bei jedem Hai sehen. Als dann Nachkommen der Urhaie das Meer verließen und zum Landleben übergingen, wurden die Körperschuppen überflüssig, die in Zähne verwandelten Schuppen blieben dagegen erhalten und entwickeln sich im Sinne ihrer neuen Funktion weiter. Die Zähne sämtlicher höherer Wirbeltiere – einschließlich unserer eigenen – haben in den Placoidschuppen urzeitlicher Haie ihren entwicklungsgeschichtlichen Ursprung.

Als die Fische zum Landleben übergingen, wandelten sich ihre Flossen allmählich in Zehen und Finger. Übergangsstufen zeigen uns heute noch verschiedene Fischarten, etwa die Schlammspringer. Von der Lunge glaubte man längere Zeit, sie sei aus der Schwimmblase hervorgegangen. Doch hier ist der Zusammenhang – wie genauere Forschungen ergaben – verzwickter. Es ist gerade umgekehrt. Bei einigen im Süßwasser unter ungünstigen Bedingungen der Sauerstoffversorgung lebenden Fischen kam es – durch eine Einstülpung am Dach des Vorderdarmes – zur Bildung einer Lunge. Von diesen aber stammen nicht nur die Landwirbeltiere, sondern auch die Knochenfische ab. Die Lunge war somit das Primäre. Aus ihr erst entstand durch Funktionswechsel der den Auftrieb regelnde Funktionsträger »Schwimmblase«.

Die überflüssig gewordenen Kiemen wurden nur sehr langsam zurückgebildet. Wie schwer es dem Erbrezept fällt, sich von solchem Ballast zu befreien, zeigt sich darin, daß der menschliche Embryo auch heute noch in einer frühen Phase seiner Entwicklung (Anfang der vierten Woche) Kiemenspalten ausbildet. Aus dem Spritzloch der Haie wurde das Mittelohr. Aus dem oberen Teil der vordersten Kiemenbögen wurden die als Steigbügel bezeichneten Gehörknöchelchen.

Dieser letztgenannte Entwicklungsvorgang gilt in der Zoologie als Paradebeispiel für Funktionswechsel. In fast jedem Lehrbuch wird er angeführt. Aber gerade dieses Beispiel ist nicht treffend. Denn in diesem Falle fand zunächst eine allmähliche Rückbildung dieser Knochen statt. Millionen Jahre lang waren sie funktionslos. Erst dann wurden diese rudimentären Einheiten im Rahmen einer neuen Funktion wieder nutzbar und weiter ausgestaltet. Hier fand nicht wirklich ein Übergang von einer Funktion auf eine andere statt. Ein Rudiment – ein nutzloser Abfall – wurde hier zum Ausgangspunkt der Bildung eines neuen Funktionsträgers.

Bei den vom Menschen geschaffenen Energonen trat die Bedeutung des Funktionswechsels stark zurück. Wir sind bei unseren Neubildungen nicht mehr darauf angewiesen, daß jede Übergangsstufe positiven Selektionswert hat. Verbesserungen sind bei uns nicht auf graduelle Übergänge angewiesen.

Immerhin gibt es den Vorgang auch hier noch. Manche Knöpfe an unseren Kleidern dienen nicht mehr als Verschluß, sondern nur noch als Schmuck. Diese Funktionsträger haben somit einen radikalen Funktionswechsel erfahren. Das im Auto so wichtige Differential wurde nicht für dieses erfunden, sondern viel früher für Webmaschinen. Hier wechselte also eine Einheit nicht nur ihre Bedeutung, sondern auch das Energon. Das ist eine Art des Funktionswechsels, die wieder nur beim Menschen – da unsere künstlichen Organe von verschiedenen Energonen verwendet werden können – möglich ist.

Jeder Funktionswechsel führt zu einem neuen Funktionsträger – und auch bei diesem können sich dann die *Kreisprozesse* fortsetzen: Funktionserweiterung, Überbürdung, Funktionsteilung, Funktionswechsel...

Oder der Kreisprozeß führt zu einer *Funktionsbündelung* (Abb. 20 c).

Dieser letztgenannte Vorgang läßt sich bei den künstlichen Organen des Menschen besser verfolgen als bei den natürlichen der Tiere und Pflanzen.
Die Entfaltung sämtlicher technischen Einrichtungen – ganz besonders aller Maschinen – hat sich auf diese Art vollzogen. Will ein Konstrukteur eine schon bestehende Vorrichtung (Funktionsträger) durch Anfügung von Hilfseinheiten verbessern, dann denkt er zuerallerst an die schon existierenden, von anderen Menschen erfundenen. Selbst wenn er diese nicht so, wie sie sind, übernehmen kann, übernimmt er immerhin ihr Prinzip. Dieses kopiert er und paßt es den gegebenen Erfordernissen an.
Hier zeigt sich die eminente Bedeutung der menschlichen Sprache und Schrift. Jede Pflanzen- und Tierart muß gleichsam – in der evolutionären Entwicklung – jede neue Erfindung *selbst* machen. Gelangt das Energon Mistkäfer zu einer Verbesserung, dann kann unter gar keinen Umständen das Energon Pappel davon profitieren. Bis zum Menschen konnte jeder der unzähligen Äste in der Lebensentfaltung nur durch eigene Fortschritte vorankommen. Bei den vom Menschen gebildeten Energonen wurde es dagegen möglich, *daß ein Energon durch die Verbesserung eines anderen profitiert.*
Einem schon bestehenden Funktionsträger werden andere zugeordnet, die ihm gleichsam Vasallendienste leisten. Durch diese Zuordnung kommt es zu einer *Bündelung* von Funktionen, zur Entstehung von Funktionsträgern höherer Integrationsstufe. So wie jedes Energon aus untergeordneten Einheiten besteht, so bestehen nun auch diese aus untergeordneten Einheiten.
Bei der tierischen und pflanzlichen Entwicklung war eine solche Anlagerung schon bestehender Funktionsträger meist nicht möglich. Eine Mutation im Erbrezept konnte kaum bewirken, daß eine schon bestehende Einheit von einem Körperteil in einen anderen hinüberwanderte und sich dort einem Funktionsträger als Hilfseinheit zuordnete. Auf einem anderen Weg kam es jedoch auch hier zu einem analogen Vorgang.
Der Baustein aller Vielzeller, die Zelle, ist zu sehr vielen Funktionen und Differenzierungen fähig. Das ist ein Erbteil ihrer selbständigen Vergangenheit als Einzeller. Im Vielzeller werden jeweils nur

diese oder jene Fähigkeiten einzelner Zellen aktiviert, und viele Zellen bleiben undifferenziert: gleichsam als eine Reserve für allenfalls notwendige Erneuerungen. Durch Mutationen konnte es geschehen, daß an solche einem Funktionsträger benachbarte Zellen ein Kommando erging, das sie zu einer Hilfseinheit differenzierte. Wenn hier also auch eine Anlagerung *schon bestehender* Einheiten meist nicht möglich war – so war es auf diesem ganz anderen Wege doch möglich, zu einer solchen Anlagerung zu gelangen. In sukzessiver Entwicklung konnten so auch hier immer komplexere Organe höherer Integrationsstufe entstehen.

Dieser – für den ersten Evolutionsteil – ungemein wichtige Vorgang fällt letzten Endes wieder unter das Prinzip der Funktionserweiterung. Nicht der Funktionsträger selbst erweitert in diesem Fall die Zahl seiner Fähigkeiten, sondern undifferenzierte Reserveeinheiten werden zu einer Funktion aktiviert und lagern sich ihm als Hilfseinheiten an.

Selbst diese Entwicklungsform hat in der menschlichen Evolution eine Parallele. Ebenso entwicklungsfähig wie die undifferenzierte Zelle ist der undifferenzierte Mensch. Wird in einer Abteilung eine Hilfseinheit benötigt, dann können auch ungeschulte Kräfte eingestellt und auf die zu erbringende Tätigkeit eingeschult werden. Zahlreiche Betriebe verfahren so. Beim Menschen vollzieht sich dieser Vorgang bewußt und zielstrebig – kann somit schnell zu Ergebnissen führen. Die Vielzeller waren dagegen auf passende Änderungen im Erbrezept angewiesen.

Eine andere Möglichkeit, zur Anlagerung von Hilfseinheiten – also zu einer Funktionsbündelung – zu gelangen, ist *das Verwandeln von Umwelteinheiten in Funktionsträger.* Damit kommen wir zu einem der zentralen Probleme in der Evolution. *Wie kann überhaupt aus etwas völlig Funktionslosem etwas Funktionelles werden?*

5

Ich nenne diesen Vorgang – in Ermangelung einer besseren Bezeichnung – *Funktionsgeburt* (Abb. 20 d). Eine solche kann sich auf sehr verschiedene Art vollziehen.

Wie schon besprochen, kann ein Funktionsträger *eo ipso* zu mehreren Funktionen fähig sein (Doppelfunktion). Ebenso stellt auch jede Funktionserweiterung eine Funktionsgeburt dar. In beiden Fällen gelangt jedoch nicht etwas wirklich Funktionsloses zur Funktionsfähigkeit, sondern eine bereits funktionelle Einheit vermag weitere Leistungen zu erbringen.
Völlig funktionslos sind dagegen Abfallstoffe. Sie sind Behinderungen, ja Schädigungen im Körper und müssen abgeschieden werden. Nicht selten ist es Organismen gelungen, solche Exkremente in dienstbare Hilfseinheiten zu verwandeln. Manche einzellige Algen behalten ihre gasförmigen Stoffwechselprodukte im Körper – sie werden so zu einem Schwebeorgan. Der Auftrieb dieser Gaseinschlüsse gleicht das Gewicht der Zelle im Wasser aus. Andere Algen bilden analoge Funktionsträger, indem sie Fettropfen produzieren. Das Verfahren, Abfallstoffe für diesen Zweck einzusetzen, dürfte entschieden billiger sein.
Der Hund verwendet den ausgeschiedenen Urin dazu, sein Revier zu markieren. Der Urin wird so zu einem nicht unwichtigen Funktionsträger. In vielen Betrieben ist man dahin gelangt, Abfälle, allenfalls durch zusätzliche Bearbeitung, ebenfalls zu verwerten. In manchen Fällen wurde sogar später das Hauptprodukt daraus.
Eine weitere Entwicklungsstufe liegt vor, wenn das, was von der Beute übrigbleibt und nie in den Körper des räuberischen Energons gelangt ist, zu einem Funktionsträger gemacht wird. Das tut beispielsweise der »Blattlauslöwe« (eine räuberische Fliegenlarve), der sich mit den Häuten der von ihm ausgesaugten Blattläuse bedeckt. Er verwandelt sie in Funktionsträger der Tarnung. Von hier bedeutet es nur noch einen kleinen Schritt zur Verwandlung von Umwelteinheiten in künstliche Organe – wie es die Amöbe Difflugia bewerkstelligt, wenn sie aus Sandkörnern einen sie schützenden Panzer aufbaut.
Sowohl bei den Algen als auch beim Blattlauslöwen und bei dieser Amöbe sind angeborene Rezepte Voraussetzung für die Dienstbarmachung der jeweiligen funktionslosen Einheiten. Ob diese funktionslosen Einheiten das Endergebnis der Atmung (Luftblasen), eines Raubvorganges (Häute toter Blattläuse) oder beliebiger Vorgänge in der Umwelt (Sandkörner) sind, ist vom Prinzip her irrelevant. Auch hier zeigt sich der lückenlose Übergang von den »natür-

lichen« zu den »künstlichen« Funktionsträgern. In jedem Fall aber handelt es sich um eine Funktions*geburt*.

Solange solche zusätzliche Einheiten nur auf dem Weg einer Abänderung im Erbrezept gewonnen werden konnten, waren dieser Entwicklung Grenzen gesetzt. Als dagegen – beim Menschen – das Zentralnervensystem zur Fähigkeit gelangte, auf Grund individueller Erfahrung und direkter Informationsweitergabe zur Bildung und Verwendung künstlicher Organe zu gelangen, war ein völlig neuer Entwicklungsweg eröffnet.

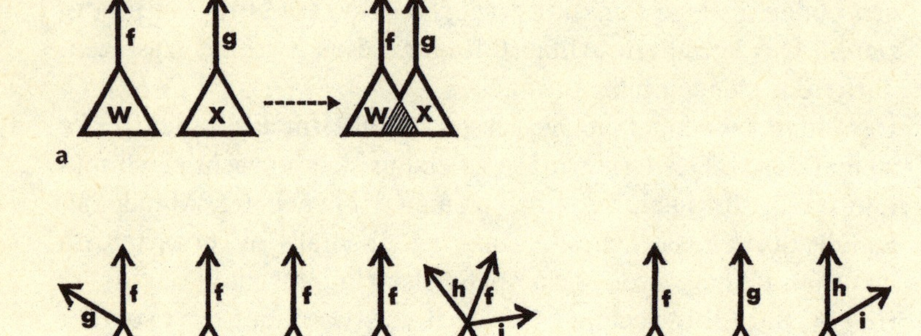

Abbildung 20: Formen der Funktionsrationalisierung und Funktionsgeburt

a) *Funktionspartnerschaft.* W und X sind Funktionsträger im gleichen Energon und mit verschiedenen Funktionen (f, g). Durch teilweise Vereinigung ihrer Strukturen kommt es zu Einsparungen. Beispiel: Niere und Keimdrüsen benützen zum Ausscheiden ihrer Produkte einen gemeinsamen Ausführungsgang. Oder: In einem Betrieb ersetzen zwei Abteilungen ihre Schreibkräfte durch eine gemeinsame Schreibkraft.

b) *Funktionszusammenlegung.* Mehrere Funktionsträger eines Energons (V–Z) üben die gleiche Funktion aus (f), zwei von ihnen zusätzliche (g, h, i). Diese Doppelspurigkeit wird beseitigt, indem *ein* Funktionsträger die Funktion f für alle übernimmt. Es kann einer der bereits vorhandenen sein (W) oder auch ein neugebildeter. Beispiel: Errichtung einer zentralen Reparaturabteilung in einem Betrieb.

In der Phantasie entwirft der Mensch Vorstellungen, wie ein für eine bestimmte Aufgabe geeigneter Funktionsträger beschaffen sein müßte. Nach einem solchen sucht er dann – ist er erfolgreich, dann handelt es sich um *Organfindung.* Oder: Er fertigt einen so beschaffenen Funktionsträger an – in diesem Fall handelt es sich um *Organbildung.*

Der Urmensch erkannte, wie ein Stein geformt sei müsse, um ihm als Meißel zu dienen – er schuf sich den Faustkeil. Die heutigen Industriegiganten halten Ausschau nach Produkten oder spezialisier-

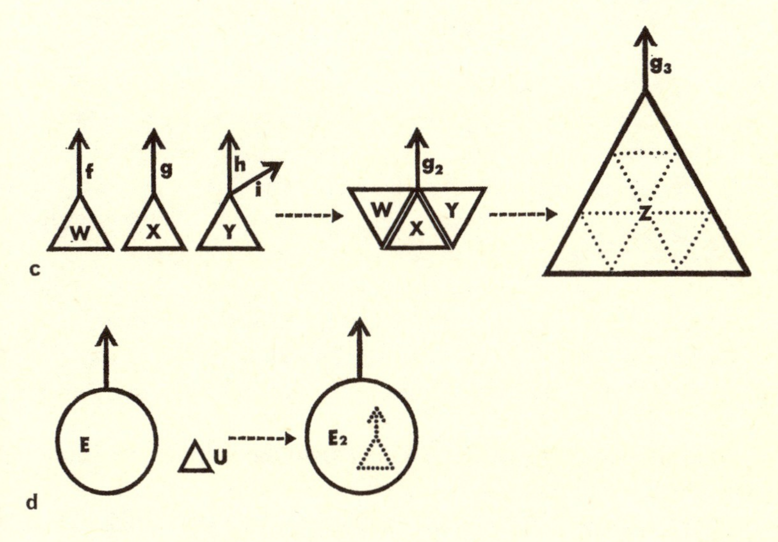

c) *Funktionsbündelung.* Die Leistungskraft des Funktionsträgers X wird durch Anlagerung der Funktionsträger W und Y gesteigert. Es kommt zur gemeinsamen, verbesserten Funktion g_2. Treten weitere Funktionsträger hinzu, dann kann ein Organ höherer Integrationsstufe entstehen, dessen Funktion (g_3) sich aus zahlreichen untergeordneten Funktionen aufbaut. Auf diese Weise dürften die meisten Komplexorgane der Tiere und Pflanzen entstanden sein, ebenso, beim Menschen, die meisten Maschinen.

d) *Funktionsgeburt.* E ist ein Energon, U eine für ihn funktionslose Einheit der Umwelt. Das Energon nimmt diese Einheit in seinen Wirkungskörper auf (E_2) und verwandelt sie in einen Funktionsträger. Aus etwas Funktionslosem wird etwas Funktionelles. Beispiel: Tiere und Pflanzen nehmen Stoffe auf, errichten aus ihnen funktionelle Strukturen – verwandeln sie so in Leistungserbringer. Oder: Abfallprodukte werden nutzbar gemacht – und so in Funktionsträger verwandelt. Wichtigstes Beispiel: die gesamte Herstellung von »künstlichen Organen« und deren Eingliederung in menschliche Berufsstrukturen und Erwerbsorganisationen.

ten Menschen, die sie in ihr Wirkungsgefüge einbauen können: nach Organisationen oder Betrieben, die sie derart beeinflussen und verändern können, daß diese ihre eigenen Ziele fördern. Eine anscheinend weltenweite Kluft: hier der Faustkeil, dort die Veränderung bestehender Produkte oder Organisationen. Im Prinzip aber ist es der gleiche Vorgang. Hier wie dort geht es um die Fähigkeit zur Organfindung, zur Organvorstellung und zur Organbildung aus fremder Struktur.

Letztlich ist diese Fähigkeit auch schon den niedersten Organismen eigen – ja sie ist eine Grundfunktion des Lebensprozesses überhaupt.

Denn jede Pflanze und jedes Tier nimmt anorganische Stoffe auf – und *assimiliert* sie. Das heißt: verwandelt sie in körpereigene Struktur. Dadurch aber wird Körperfremdes in Funktionsträger verwandelt. Der hierarchische Aufbau des »Zweckmäßigen« *im Sinne von den Energieerwerb Steigerndem* setzt sich in der hierarchischen Innenstruktur der Energone bis zu den kleinsten Bestandteilen fort. Jedes anorganische Molekül und Atom, das in das Wirkungsgefüge eines Energons eingebaut wird, verwandelt sich so in etwas Funktionelles – in einen Funktionsträger. Der gesamte Evolutionsprozeß wurzelt letztlich in einer Umwandlung von »Anorganischem« in »Organisches«.

Durch Anlagerung an schon bestehende Funktionsträger und durch Aktivierung funktionsfähiger Einheiten (etwa undifferenzierter Zellen) oder durch Eingliederung funktionslosen »Materials« kann also ein Funktionsträger höherer Integrationsstufe entstehen. Auch ein auf diese Weise gebildetes »Komplexorgan« kann dann im weiteren Evolutionsverlauf zusätzliche Funktionen übernehmen, zu Überbürdung gelangen, neue Funktionsteilung oder neuen Funktionswechsel erleben oder an einer weiteren Funktionsbündelung teilnehmen.

Auf jedem dieser angeführten Wege gelangen die betreffenden Energone zu neuen Funktionsträgern. Diese machen Pflege, Reparatur und allfällige Erneuerung nötig – vielfach auch Energiezufuhr und Abfallsabfuhr. Insgesamt kann es so im Gefüge eines Energons zu mancher *Doppelgleisigkeit* kommen – zu Energieausgaben, die vermeidbar sind und deren Senkung den Konkurrenzwert erhöht.

Die erste Möglichkeit, zu einer Rationalisierung zu kommen, nenne ich *Funktionspartnerschaft* (Abb. 20 a).
Sie besteht darin, daß zwei Funktionsträger ihre Struktur teilweise vereinigen, wodurch es zu Einsparungen kommt. So haben bei manchen Tieren (auch bei uns Menschen) Nieren und Keimdrüsen einen gemeinsamen Ausführungsgang – während das bei anderen nicht der Fall ist. In Betrieben kann es vorkommen, daß zwei Abteilungen über gleiche Funktionsträger verfügen (etwa je eine Schreibkraft), die hier wie dort nicht voll ausgelastet sind. Durch Funktionspartnerschaft können hier Einsparungen erzielt werden. Die Funktion wird vereinigt – die beiden Abteilungen teilen sich von nun ab den Funktionsträger.
Noch einschneidender ist dieser Vorgang bei der *Funktionszusammenlegung* (Abb. 20 b). Sie stellt eine radikale Beseitigung von Mehrgleisigkeit dar. Tritt innerhalb eines Energons an zahlreichen Stellen die gleiche Funktion auf, dann erhöht sich die Konkurrenzkraft, wenn an die Stelle dieser Einzelfunktionen ein darauf spezialisierter *gemeinsamer* Funktionsträger tritt.
Bei Betrieben ist dieser Vorgang häufig. Erreichen sie eine bestimmte Größe oder gelangen sie zu einer bestimmten Anzahl von Einheiten, dann kommt es zu radikalen Umschichtungen. So wird etwa ein gemeinsamer Fuhrpark gebildet, eine Bauabteilung, eine Rechtsabteilung, eine Forschungsabteilung, zentralisierte Lager- und Reparaturstellen, ein Prüffeld, eine Abteilung für Energieversorgung, eine Abteilung für Terminverfolgung und anderes mehr.
Im Produktionsprozeß führt die Zusammenordnung gleichartiger Arbeitsgänge zur »Werkstättenfertigung«. Einzelne Produktionsabläufe (I, II, III usw.) werden in Teilabschnitte zerlegt (a, b, c, d). Ist etwa der Arbeitsgang c im Produktionsablauf I dem Arbeitsgang a im Produktionsablauf III verwandt, dann werden die beiden in einer gemeinsamen »Werkstätte« abgewickelt. Praktisch heißt das, daß etwa alle Dreharbeiten in einer Dreherei ausgeführt werden, alle Gießarbeiten in einer Gießerei und so fort.
Es ist aufschlußreich, daß es in der Evolution der Tiere und Pflanzen nur sehr beschränkt zu solchen Funktionszusammenlegungen kam. Jede sekundäre Umordnung bedeutet rigorose Eingriffe und

Umschichtungen in der inneren Organisation: solche können aber nur selten durch hier und dort auftretende Änderungen im Erbrezept zustande kommen. Hätte eine übersinnliche, zur Ordnung hinleitende Kraft die Evolution der Organismen gesteuert, dann hätte es sehr wohl auch zu solchen Umschichtungen in den Gefügen kommen können. Sich selbst überlassen und dem vielfachen Einfluß verschiedenster Kräfte ausgesetzt, konnten jedoch die tierischen und pflanzlichen Organismen zu keinen drastischen Veränderungen gelangen, *selbst wenn sich dadurch ihr Konkurrenzwert (Selektionswert) erheblich gesteigert hätte.*
Die Vielzeller sind sehr föderative Organisationen geblieben. Jede ihrer Zellen ist immer noch ein weitgehend selbständiger Betrieb. So stellt beispielsweise jede Zelle ihr eigenes ADP her und lädt es selbst zu ATP auf. Das bedeutet beim Menschen insgesamt eine Substanzbildung von nicht weniger als 70 Kilogramm am Tag.[3] Dieser immer gleiche Vorgang wird in jeder einzelnen Zelle – also beim Menschen in Milliarden von »Betrieben« – ausgeführt; jeder hat dafür besondere Funktionsträger: die Mitochondrien. Dem kaufmännisch Denkenden mögen sich über ein solches Maß an Vielgeleisigkeit die Haare sträuben.
Auch die Konzentrationsdifferenz zur Umgebung hält jede Zelle für sich selbst konstant. Dazu hat jede einzelne die sogenannten »Ionenpumpen«. Bei den Blutkörperchen wurde gemessen, daß sie einem dreißigfachen Konzentrationsgefälle entgegenwirken müssen. Auch hier zeigt der Vielzeller eine geradezu gigantische Vielgeleisigkeit, die dem Körper insgesamt sehr erhebliche Ausgaben verursacht.
Zweifellos bietet den Vielzellern die Eigenständigkeit ihrer Bausteine viele wichtige Vorteile.[4] Darüber darf man aber auch die Mangelerscheinungen und konstruktiven Begrenzungen, die sich aus diesem föderativen Aufbau ergeben, nicht übersehen. Erst auf der Entwicklungsstufe Mensch *befreite sich die Evolution von dieser Beschränkung.* Bei den vom Menschen gebildeten, nicht mehr verwachsenen, nicht mehr aus einer Keimzelle hervorgehenden Erwerbsstrukturen wurde jede nur erdenkliche Funktionszusammenlegung möglich.
Es ergab sich hier sogar die Möglichkeit, daß der gleiche Funktionsträger für ganz verschiedene Energone tätig ist. Jeder Stunden-

buchhalter, der in kleineren Betrieben heute hier und morgen dort die Bilanzen und Steuererklärungen aufstellt, führt dies vor Augen. Man muß diesen Vorgang vom einzelnen, solche Dienste in Anspruch nehmenden Energon her sehen.
Die betreffenden Betriebe brauchen diese Funktion. Sie sind jedoch zu klein, um sich dafür eigene Funktionsträger – also einen Buchhalter oder einen Steuersachverständigen – einzustellen. Das bedeutet, normalerweise, daß diese Energone eben schlecht und recht mit den gegebenen Einheiten ihr Auskommen finden müssen. Einer der Angestellten – wenn auch in dieser Arbeit nicht so perfekt – muß dann eben diese Funktion ausüben. Nun aber bietet sich die Möglichkeit, daß ein Spezialorgan *gemietet* wird. Praktisch handelt es sich hier um *eine Funktionszusammenlegung zwischen ganz verschiedenen, ja sogar oft rivalisierenden Energonen.*
Den gleichen Vorgang sehen wir bei der heutigen EG. Jeder der europäischen Staaten unterhält eine eigene Regierung, ein eigenes Zoll- und Polizeiwesen, eine eigene Gerichtsbarkeit, eigene Forschungsstätten. Ließe sich hier eine Funktionszusammenlegung (wie sie zum Teil bereits erfolgt) erreichen, dann wären jedem der Staaten erhebliche Aufwendungen erspart.
Im wirtschaftlichen Bereich ist eben das der Grundgedanke, den Servan-Schreiber in seinem Buch »Die amerikanische Herausforderung« dargelegt hat: Jeder der europäischen Großbetriebe ist viel zu arm, um sich Forschungsausgaben wie die amerikanischen Mammutbetriebe leisten zu können. Ließen sich diese Anstrengungen vereinigen, dann würde die europäische Wirtschaft besser konkurrenzfähig.
Die Funktionszusammenlegung ist letztlich der Vorgang, durch den bei den menschlichen Erwerbskörpern mehrere kleine Energone zu einer größeren Einheit – zu einem größeren Energon – verschmelzen können. Den Tieren und Pflanzen war dieser Vorgang – mit geringfügigen Ausnahmen (etwa bei den Insektenstaaten) – rein technisch nicht möglich.
Auch die Funktionszusammenlegung führt schließlich zu Funktionsträgern mit *einer* Funktion. Auch in diesen können sich die *Kreisprozesse* fortsetzen.

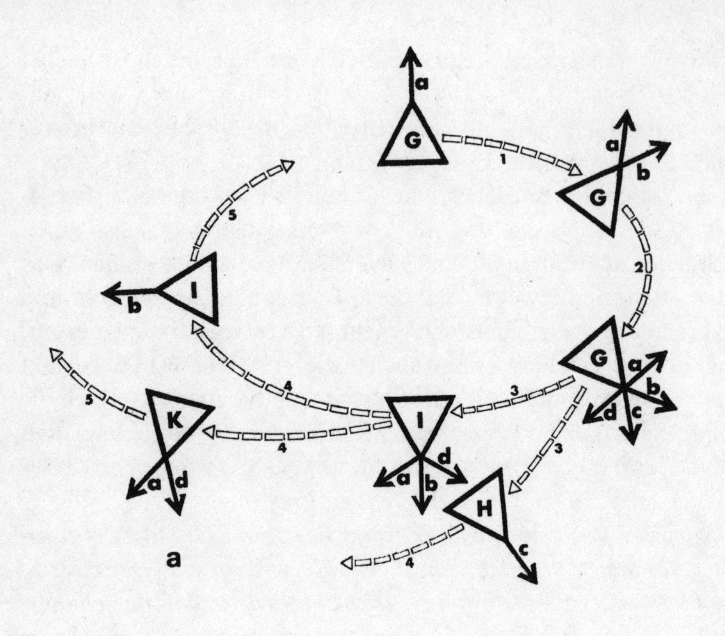
G
a
1
G
a
b
2
G
a
b
c
d
3
I
a
b
d
3
H
c
4
4
K
a
d
5
4
I
b
5
a

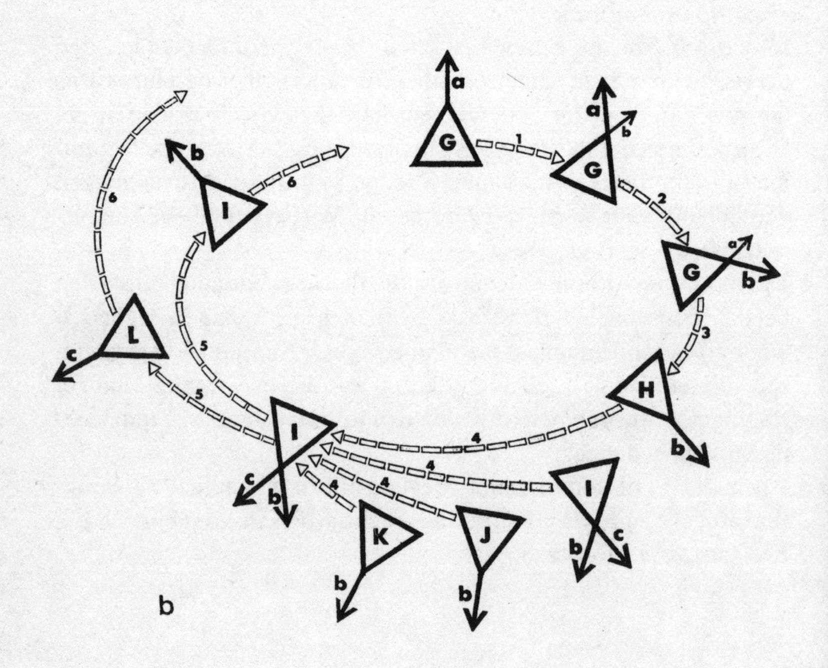
G
a
1
G
a
b
2
G
a
b
3
H
b
4
I
b
c
4
J
b
4
K
b
4
I
c
b
5
L
c
6
5
I
b
6
b

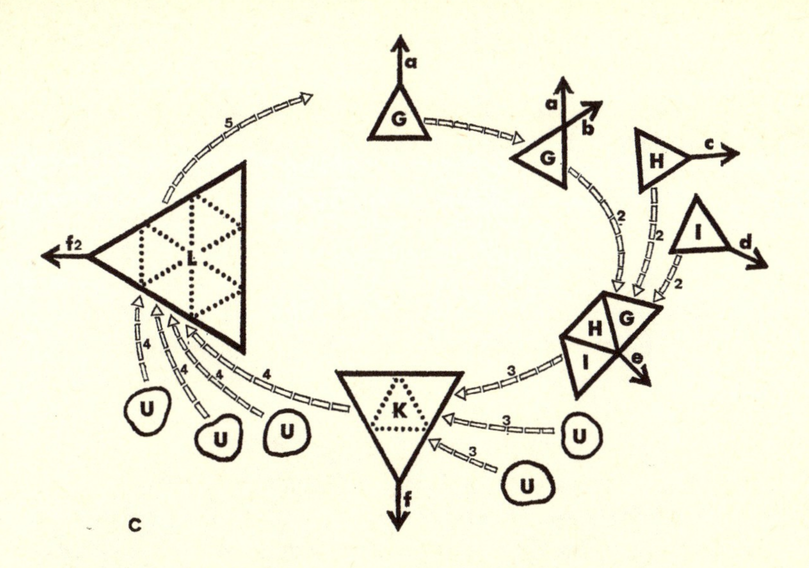

Abbildung 21: Beispiele für funktionelle Kreisprozesse

a) Der Funktionsträger G leistet zunächst nur die Funktion a. Im Zeitintervall 1 nimmt er, in Funktionserweiterung, die Funktion b hinzu; in der Spanne 2 auch noch die Funktionen c und d. Es kommt so zu einer Überbürdung, und in der Zeitspanne 3 findet eine Funktionsteilung statt: H übernimmt die Funktion c, I die Funktionen a, b und d. In der Zeitspanne 4 kommt es zu einer weiteren Funktionsteilung. Der Funktionsträger I hat schließlich wieder bloß *eine* Funktion. Bei ihm wie auch bei H kann es zu weiteren Kreisprozessen (analog G) kommen.
b) In der Zeitspanne 1–2–3 kommt es zu einem Funktionswechsel: die ursprüngliche Funktion a tritt an Bedeutung zurück, schließlich bleibt nur die zusätzliche Funktion b übrig. In der Zeitspanne 4 folgt eine Funktionszusammenlegung: der Funktionsträger I übernimmt von H, I und K die Funktion b. In der Zeitspanne 5 gibt er die zusätzliche Funktion c durch Funktionsteilung an den neuen Funktionsträger L ab. Wieder gelangen wir zu zwei Funktionsträgern (L und I) mit nur *einer* Funktion, bei denen es zu weiteren Funktionserweiterungen und neuerlichen Kreisprozessen kommen kann.
c) Auf eine Funktionserweiterung folgt hier eine Funktionsbündelung. Die Funktionen a, b, c und d ergeben zusammen eine neue Funktion e. Durch Hinzunahme von (für sie) funktionslosen Umwelteinheiten (U) kommt es dann in den Zeitspannen 3 und 4 zur Bildung eines Komplexorganes (K) mit nur einer Funktion (f), das weitere Einheiten hinzunehmen kann (L) und seine Funktion steigert (f_2). Auch hier kann es wieder zu Funktionserweiterungen und zu weiteren Kreisprozessen kommen.

7

Der Gedanke an Kreisprozesse ist öfter aufgetaucht. Nach dem Konzept der buddhistischen Religion führen die Handlungen eines Lebens zu Folgeerscheinungen im nächsten, und die Existenz des Individuums setzt sich so in ursächlicher Verflechtung (Karma) fort – bis es sich schließlich von diesen Wirkungen völlig befreit hat und ins Nirwana aufgeht.
Nietzsche beruhigte seinen revoltierenden Geist mit der Vorstellung der »ewigen Wiederkehr«. Alles muß – notwendigerweise – letzten Endes wiederkommen. Ein gewagter – aber auch recht unwahrscheinlicher Gedanke.
Nicht wenige Poeten haben die ständige Folge von Geburt, Reifung und Tod zum Gegenstand einer verallgemeinernden Weltbetrachtung gemacht. Oswald Spengler übertrug eine ähnliche Vorstellung auf die Völker. Ihre Organisation bildet sich, wird erfolgreich, daraufhin versinken sie in Luxus, verweichlichen, werden von anderen ausradiert. Ein solcher »Untergang« bedrohe auch das »Abendland«.[5]
Von der Energontheorie her betrachtet wurden die wirklich bedeutsamen Kreisprozesse bisher übersehen. *Nicht das Sichtbare, Körperliche ist die eigentliche Realität.* Geburt, Reifung und Tod sind gleichsam nur Pulsschläge in der Lebensentwicklung; ein etwas langsamerer Pulsschlag ist das Werden und Vergehen der Völker.

Im Querschnitt bieten die Energone ein unüberschaubares Netz von Verflechtungen – einen »Kausalfilz«. Aus der Sicht ihrer evolutionären Entwicklung veränderten und entfalteten sie sich dagegen in immer wiederkehrenden Kreisprozessen. Wie in ständigen Strudelbildungen fließt – tastet sich – der Entwicklungsstrom weiter (Abb. 21).
Auf diese Weise bestimmen die steuernden Einwirkungen der Umweltfaktoren die Gestalt der Energone und ihrer so zahlreichen Funktionsträger. An jeder ihrer Strukturen vollzieht sich – über den Weg der Steuerkausalität – die modellierende Tätigkeit der sich mannigfach überschneidenden Kraftfelder. Von der Bilanz her – vom Energon her – lassen diese Einwirkungen, auf Grund funktioneller Verwandtschaften, eine Einteilung zu. Von den *Energiequel-*

len und *Stoffquellen* sowie von den *störenden und feindlichen Umweltkräften* haben wir bereits gesprochen.
Es gibt aber noch weitere für die Energone bedeutsame Umweltfaktoren.

Anmerkungen

[1] Gutenberg verwendet die Bezeichnungen *Funktionsanhäufung* und *Funktionsstreuung.* (»Grundlagen der Betriebswirtschaftslehre«, Berlin 1951, Bd. I, S. 174.)
[2] »Die Metamorphose der Pflanzen«, in »Gott und Welt«, 1798.
[3] Dem steht natürlich ein ebenso großer täglicher Substanz*abbau* gegenüber. Das Aufladen jedes ADP-Moleküls zu ATP bedeutet Substanzaufbau, das Entladen Substanzabbau. Der Vergleich soll bloß anschaulich den Umfang dieser Prozesse in unserem Körper zeigen.
[4] Zu diesen mag es auch gehören, daß manche chemische Synthese überhaupt nur im »Kleinbetrieb« möglich ist. Nur in dieser Dimension gibt es relativ riesige Oberflächen auf kleinstem Raum. Wie man in der chemischen Industrie festgestellt hat, sind manche Vorgänge, die in der Kleinretorte »Zelle« ablaufen, in »Großsynthese« gar nicht möglich.
[5] »Der Untergang des Abendlandes«, München 1918.

V
Roß und Reiter

»Vielleicht nimmt uns ein Delphin auf den Rücken oder ein anderes Wunder errettet uns.«
Platon: Sokrates zu Glaucus (ca. 380 v. Chr.)

Erst heute sucht man systematisch die allgemeinen Faktoren zu entdecken, die eine langfristige Expansion in der Wirtschaft hervorrufen.
Jean-Jacques Servan-Schreiber (1967)

1

Das Bild, das die Energontheorie von den Organismen als Querschnitte durch einen Entwicklungsstrom entwirft, ist für unser Denken unanschaulich. Anschaulich für uns ist der Hund, der uns schwanzwedelnd begrüßt und den wir streicheln. Anschaulich sind die Blumen, zu denen die Insekten heranschwirren. Anschaulich ist die Nachbarin, die gerade mit der Einkaufstasche das Haus verläßt. Unanschaulich ist dagegen das Wirkungsgeflecht der Energone, die sich über die uns gewohnten Körper hinweg ausdehnen und in denen der Mensch nur noch ein Teil ist.
Es wird nicht leicht sein, die als so selbstverständlich erachtete Begriffsgrundlage der heutigen Biologie zu erschüttern. Ich möchte jedoch folgendes zu bedenken geben: Über die Bedeutung des Selektionswertes besteht keinerlei Meinungsverschiedenheit – letzten Endes war es immer die natürliche Auslese, die darüber entschied, was bestehen und fortbestehen konnte und was nicht. Nun sind aber die »Körper«, an denen diese Auslese angriff, nicht unbedingt mit den genetisch gewachsenen Körpern identisch. Bei vielen Arten sind sie es noch, bei anderen sind sie es schon nicht mehr, beim heutigen Menschen sind sie es nie. Das aber bedeutet, daß nicht der genetisch gewachsene Körper die eigentliche Realität ist, sondern der Wirkungskörper – auch wenn sich dieser unseren Sinnen nicht augenfällig darbietet.

Goethe sagte: Die Sinne täuschen nicht, aber das Urteil trügt. Das ist wahr – und auch falsch. Was uns die Sinne zeigen, sind *echte* Aspekte der Wirklichkeit. Also liegt es an unserem Urteil, diese Meldungen richtig zu interpretieren. Anderseits aber liefern sie unserem Gehirn ein recht einseitiges Bild. *Was sie uns zeigen, präsentieren sie in überzeugender Deutlichkeit; was sie uns verheimlichen, geht in diesem Feuerwerk von Darbietungen unter.*

Trotz aller kritischen Fähigkeit hat unser Urteil somit einen harten Stand, wenn es sich *gegen* diese »Sinneswelt« wendet. An ihm liegt es, sich nicht täuschen zu lassen, hier hat Goethe recht. Doch daß uns die Sinne täuschen, stimmt sicher ebenfalls.

In der Wirtschaft hat die Betrachtungsweise der Energontheorie verhältnismäßig schnell Verständnis gefunden[1]. Hier blickt man seit eh und je nicht auf zusammengewachsene Körper – sondern auf Betriebe. Der zentrale Begriff, der alle Erwerbsanstrengungen umschließt, heißt hier »Unternehmen«. Dieses so wesentliche Etwas läßt sich aber nicht wirklich mit Händen greifen, nicht riechen, nicht sehen. Es setzt sich nicht nur aus den eigentlichen Betriebsmitteln zusammen – Lokal, Werkzeuge, Ware –, sondern außerdem auch noch aus Dienstleistungen, Geschäftsverbindungen, einem guten »Ruf«, Standort, Konzession, aus Kredit, Erfahrungen, Wirtschaftsmoral der Mitarbeiter und so weiter.

Auch das sind konkrete Einheiten, die Erfolge oder Nichterfolge bestimmen – genauso wie jene, die sich anfassen lassen. Man nennt sie »immaterielle Güter« – was wieder insofern nicht stimmt, als sie letztlich doch durchaus materieller Natur sind. Es sind Funktionsträger. Im Gesamtgefüge des Erwerbsvorganges sind es funktionsbringende Bestandteile. Genau das aber ist die Art, wie die Energontheorie auch die tierischen und pflanzlichen Wirkungsgefüge betrachtet.

Auch günstige Umweltkräfte können die eigene Struktur verbessern – *wenn das Energon sie zeitweise in seine Dienste zu zwingen vermag.*

2

Es gibt Umweltkräfte, die das Energon gleichsam auf den Rücken nehmen – wie ein Roß den Reiter. Sie fördern es, verbessern seine

Energiebilanz. Manchmal erfolgt diese Hilfeleistung von selbst, ohne jedes Dazutun. Aber das ist die Ausnahme. Meist muß das Energon selbst nachhelfen, um in den Genuß dieser günstigen Wirkungen zu gelangen. Es muß »das Roß besteigen«, ihm »einen Sattel anlegen«. Konkret: es muß Verhaltensrezepte und Strukturen hervorbringen, durch die es die fremden Kräfte in sein Leistungsgefüge hineinzwingt.

Das Schild-Speer-Verhältnis gegenüber den Störungen und Feinden ist stets bilanznegativ. Eine ungünstige Wirkung muß abgeschirmt werden, das verursacht Aufwendungen. Beim Roß-Reiter-Verhältnis sind zwar auch Ausgaben erforderlich – ihnen stehen aber entsprechend größere Energiegewinne gegenüber (Abb. 22).

Spinnen benützen die Energie des Windes, um weite Luftreisen auszuführen. Auf einem erhöhten Platz produzieren sie einen längeren Spinnfaden: Das ist das Segel, welches sie vorwärtstreibt. Der Reibungswiderstand des Fadens zwingt den Wind, diesen mit sich zu reißen, und daran hängt die Spinne als Passagier. Man hat solche

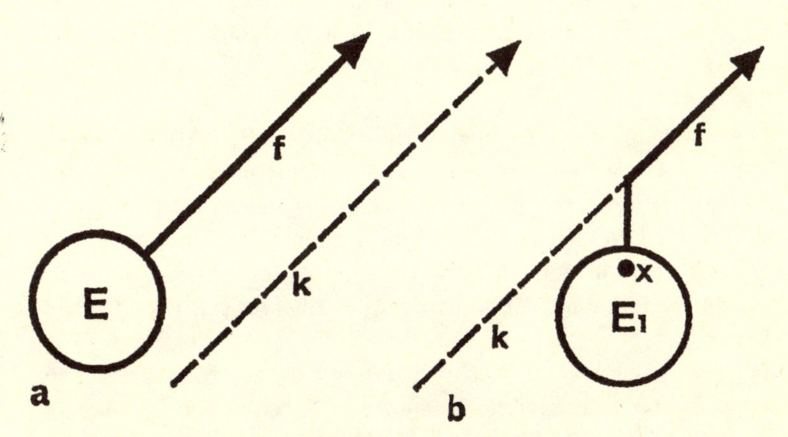

Abbildung 22: Nutzbarmachung von Fremdenergie

Ein Energon (E) benötigt eine Funktion (f); k ist eine in der Umwelt vorhandene, völlig unabhängig von E wirkende Kraft. Durch den zusätzlichen Funktionsträger x (Struktur, Verhaltensrezept) vermag das Energon diese Kraft in seinen Dienst zu zwingen: Sie erbringt nun ganz oder teilweise die Funktion f. Beispiele: Ausnützung von Wind- oder Wasserkraft, von Wärme, der Tätigkeit anderer Organismen oder eines gegebenen und benötigten Widerstandes, eines Wirtschaftstrends usw. Eigener Energieaufwand oder eigene Struktur wird so erspart.

Spinnen vom Flugzeug aus mit Netzen bis in 3000 Meter Höhe erbeutet. Sie werden also über sehr weite Strecken getragen.
Bei vielen Pflanzen sind die Samen mit Flugeinrichtungen versehen. Auch das ist eine Investition, die zur Dienstbarmachung von Fremdenergie führt. Fallen die Samen direkt neben die Pflanze, dann schafft sich diese selbst Konkurrenz. Anderseits ist sie aber – zumindest an Land – nicht in der Lage, die Samen mit eigener Kraft von sich zu entfernen. Auch hier wird der Wind eingespannt.
Eine Windmühle ist ein wesentlich komplizierteres Gebilde, arbeitet aber nach demselben Prinzip. Durch eine entsprechende Vorrichtung wird die Windkraft mit in den Dienst eines Energons (des Müllers) gezwungen. Entscheidend ist – und das wurde bisher nicht beachtet und nicht auseinandergehalten –, daß in jedem solchen Fall die Energie *direkt* für das Energon wirkt, *ohne von diesem vereinnahmt zu werden.* Von der Spinne wird die Windenergie nicht gefressen und verdaut, sondern wirkt direkt für die Spinne. Bei den Pflanzen wird die Windenergie nicht von den Plastiden vereinnahmt und dann in einen Flugvorgang investiert – sie wirkt direkt auf die Samen. Beim Müller ist es nicht anders. Die Windenergie wird nicht über das Geld, das er einnimmt, gewonnen. Sie wirkt direkt für seinen Berufskörper – indem sie das künstliche Organ Mühle betreibt.
Das ist ein ungemein wichtiges Prinzip, dessen Bedeutung man sich in seiner Tragweite klarmachen muß. Jedes Roß-Reiter-Verhältnis hat mit dem eigentlichen Erwerbsvorgang nicht das geringste zu tun. Es fördert ihn, ist aber von ihm getrennt. Es beruht immer darauf, daß eine in der Umwelt vorhandene freie Energie dazu gebracht wird, einen Funktionsträger des Energons *direkt* zu betreiben.
Diese Möglichkeit zur Machtsteigerung hat beim Menschen ungeheure Bedeutung erlangt. Sie spielte auch schon bei den pflanzlichen und tierischen Energonen eine nicht geringe Rolle.
Der Botaniker Troll sah ebenfalls diesen Unterschied. Die Wasserbeförderung bei den Landpflanzen, so schrieb er, geschehe nicht »mit Hilfe eines eigenen im Stoffwechsel erzeugten Energiepotentials: Die Pflanze begibt sich vielmehr mit ihren Organen in ein Potentialgefälle, das sie in der Umgebung vorfindet und als solches für sich arbeiten läßt«.[2] Hinzugefügt muß hier werden, daß nur eine be-

sondere Formbildung der Pflanze zu diesem Einspannen von Umweltkräften führt. Die Oberfläche der Blätter in Verbindung mit dem zu den Wurzeln hinabführenden Röhrensystem bewirkt, daß durch die stattfindende Verdunstung Wasser hochgesaugt wird. Dazu kommt noch aktiver Wurzeldruck. Aber die Hauptarbeit beim Hochschaffen des Wassers übernimmt die durch die Sonnenwärme verursachte Verdunstung.

Die Lianen und der Efeu zeigen eine andere Art von Energieeinsparung. Wollten diese Pflanzen selbst einen Stamm ausbilden, der sie soundso hoch über den Boden erhebt, dann würde sie das soundso viel kosten. Einen beträchtlichen Teil dieses Aufwandes ersparen sie sich durch Ausbildung von Ranken, mit denen sie an anderen Pflanzen hochklettern. Sie nützen auf diese Weise die Energieausgabe eines anderen Energons aus und erhöhen so ihr eigenes Potential.

Die Mistel erspart sich sogar das Hochklettern. Ihre Früchte sind klebrig, bleiben am Schnabel von Vögeln haften und werden von diesen an Ästen abgestreift. Dort schlägt dann der Keim einen Senkkern in das fremde Holz und gelangt so an dessen Saftleitungen. Voraussetzung für diese doppelte Nutzbarmachung von Fremdenergie war die Ausbildung entsprechender Rezepte und Strukturen. Durch die Früchte und ihre Klebrigkeit wird der Vogel dazu gebracht, den Keim an seinen Bestimmungsort zu bringen. Dort wird dann durch den Senkkern die Saftleitung der anderen Pflanze – also fremde Investition – für die eigenen Erwerbszwecke nutzbar gemacht.

3

Manche »Rösser« werden gleichzeitig von mehreren Reitern ausgenützt – zum Beispiel die Schwämme.

Ihr Erwerbsvorgang verläuft so, daß durch Wimpernschlag ein durch ihr inneres Hohlraumsystem führender Wasserstrom bewirkt wird. Die darin enthaltenen Kleinlebewesen werden dann innerhalb der Röhren von Kragengeißelzellen erbeutet.

Die Aufrechterhaltung des Wasserstromes kostet Energie: Diese spannen zahlreiche andere Energone vor ihren Erwerbswagen.

Schlangensterne postieren sich vor die Ansaugöffnungen und fangen den Schwämmen das herangestrudelte Plankton direkt »vor dem Maul weg«. Andere siedeln sich in den Gängen selbst an. A. S. Pearse, ein englischer Naturforscher, hatte die Geduld, sämtliche in einem großen Schwamm lebenden »Einmieter« zu zählen. Es waren 17128. Sie alle profitierten von dem ständigen Wasserstrom, außerdem von der Schutzwirkung innerhalb des Röhrensystems. Auch hier muß bedacht werden: Diese gewonnenen Vorzüge haben mit dem eigentlichen Erwerbsakt nichts zu tun. Allen diesen Organismen werden bloß eigene Ausgaben, sei es zum Heranstrudeln der Nahrung, sei es zur Bildung einer Schutzvorrichtung, erspart. Der Energiegewinn nimmt auch hier nicht den umständlichen Weg über den eigenen Magen, über die eigene Verdauung.

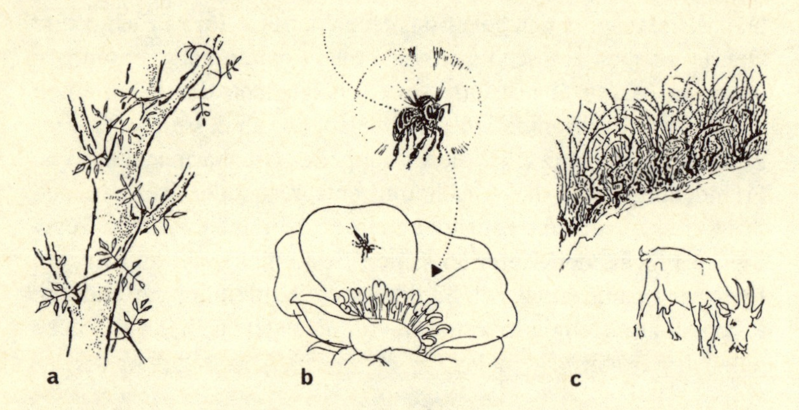

Abbildung 23: Beispiele für den Gewinn von Fremdenergie durch gewaltsame Dienstbarmachung anderer Energone

a) Die Liane klettert am Baumstamm hoch, bringt so ihre Blätter höher zum Licht und erspart sich die Ausbildung eines eigenen tragenden Stammes.
b) Der Maiwurm *Meloe* klettert auf Blüten, wartet dort auf Bienen, klammert sich an deren Pelz fest und läßt sich in den Bienenbau eintragen. Er gelangt so unbemerkt bis an die Brut, von der er sich dann ernährt.
c) Der Mensch pflanzt dornige Pflanzen als Hecke an: zur Umzäunung seines Wirkungsraumes (Schutz gegen Eindringlinge, Vorrichtung zum Verhindern des Entweichens von Haustieren).

In allen drei Fällen liegt der Nutzbarmachung ein Verhaltensrezept zugrunde: bei a und b ein angeborenes, bei c ein erworbenes. Bei a und c wird ein Widerstand benötigt, bei b eine Bewegung.

An Land ist neben Schutz auch Wärmegewinn ein wesentliches Problem. Tausende verschiedene Arten von Kleintieren leben in Höhlen und Nestern anderer Tiere. Sie gelangen so – durch Ausbildung entsprechender Verhaltensrezepte – zu Wirkungen, die sie selbst nichts kosten.
Milben haften sich an Mistkäfern fest und werden so von einem Kuhfladen zum nächsten getragen. Da ein solcher nur einige Tage weich und für sie aufschließbar bleibt, ist diese Ortsveränderung für sie wichtig. Die Larven des Maiwurmes klettern zu Blüten hoch; setzen sich dort Bienen nieder, dann klammern sie sich an diesen fest. So gelangen sie ohne besondere Anstrengung und unbemerkt in den sonst streng bewachten Bienenbau – direkt zu den Eiern, die sie dann samt dem für die Larven bestimmten Nahrungsvorrat auffressen.
Vom Geier wird behauptet, daß er Landschildkröten hoch in die Lüfte trägt und dann fallen läßt – so daß ihr Panzer am Boden zerschmettert wird. Dann erst kann er sie fressen. Sollte das stimmen, dann würde hier die Schwerkraft eingespannt. In der Puszta fliegen Brachschwalben zwischen den Beinen der dort weidenden Rinder hin und her. Die Rinder scheuchen für sie die Insekten auf, nach welchen die Vögel dann schnappen. Besondere Verhaltensrezepte sind hier sozusagen das »Saumzeug«, durch das Fremdenergie in den eigenen Dienst gespannt wird.
Ebenso ist es bei den Meeresschildkröten. Sie kriechen an sandigen Küsten an Land, graben sich dort mit ihren Hinterbeinen ein Loch und legen darin ihre Eier ab. Das Loch verschließen sie, machen es unkenntlich. Die Hitze der Sonne brütet dann die Eier für sie aus. Im malaiischen Inselgebiet errichten die Großfußhühner aus Pflanzenteilen Haufen, die nach vier oder fünf Wochen, vom Regen durchtränkt, in Fäulnis übergehen. Nun scharren sie ein Loch und legen ihre Eier in das Innere, wo die Temperatur auf 41 bis 45 Grad ansteigt. In allen diesen Fällen sind Tiere zu Verhaltensrezepten gelangt, durch die sie fremde Energieströme in das eigene Wirkungsgefüge leiten. In jedem dieser Fälle erspart sich das Energon eigene Energieausgabe.
In einem japanischen Tierschutzgebiet fütterte man Makaken mit Getreidekörnern, die man ihnen auf das Meeresufer hinstreute. Einer dieser Affen machte die *Entdeckung* – das Wort »entdecken« ist

hier am Platz –, daß sich die Körner weit leichter vom Sand trennen ließen, wenn er sie samt dem Sand zusammenraffte und ins Wasser warf. Der Sand sank auf den Grund, die Körner trieben oben. Das Tier *merkte* sich die Methode, und andere *machten es ihm nach.* Im Laufe von zwölf Jahren wurde sie von achtzehn Rudelangehörigen übernommen.[3]

Hier stehen wir bereits an der Schwelle zum menschlichen Fortschritt. Auf Grund von gemachter Erfahrung wurde hier ein neues Verhaltensrezept gebildet und an andere weitergegeben. Durch dieses Rezept werden Naturkräfte dazu gebraucht, den »Weizen von der Spreu« zu sondern.

4

Eine für Tiere schwer aufschließbare Energie ist die im Holz gespeicherte. Über den Weg des Feuers gelangte der Mensch an ihre Nutzung. Irgendwann einmal entdeckte einer, wie sich dieser Prozeß entfachen ließ – und die Methode wurde dann traditionell weitergegeben.

Die im Rohöl enthaltene Energie zwingen wir, unser künstliches Organ Auto zu treiben. Der dafür nötige zusätzliche Funktionsträger war der Explosionsmotor. Bei unserer Verwertung der Wasserkraft ist es die Turbine. Weder das Benzin noch der Wasserfall nehmen ihren Weg durch unseren Mund in unseren Magen – sondern diese Kräfte betreiben direkt für uns künstliche Organe. Durch den Funktionsträger Atomreaktor gelangen wir bereits an die in den Atomen gefesselten Energiemengen.

Wilhelm Ostwald sah in sämtlichen Maschinen »Energietransformatoren«. Die Überlegenheit des Menschen erkläre sich »durch die Menge der von ihm organisierten, das heißt unter seine Herrschaft gebrachten Energie«.[4]

Das ist ein sehr verwandter Standpunkt. In diesem Sinne hat die Maschine schon im Spinnfaden der luftreisenden Spinne ihren ersten Vorgänger. Auch dort wird bereits Fremdenergie in das eigene Wirkungsgefüge eingeschleust. Durch die Vermittlungstätigkeit des Fadens wird Windenergie den eigenen Interessen dienstbar ge-

macht. Auch das ist bereits eine nutzbringende Energietransformation.
Die gesamte menschliche Machtsteigerung beruht letztlich auf diesem Vorgang. Unser Magen kann nur sehr beschränkt Nahrung verarbeiten, dies setzt den Leistungen unserer Muskeln eine absolute Grenze. Unserem Zentralnervensystem gelingt es jedoch nicht nur, unseren genetischen Körper durch künstliche Organe zu erweitern – es schafft auch Transformatoren, die Fremdenergien dazu zwingen, solche künstlichen Organe direkt zu betreiben. Nur so konnte der Mensch die Macht der von ihm gebildeten Erwerbskörper immer mehr steigern.
Allein das Thema »Einbeziehung von Fremdenergie« ist so umfangreich, daß es in einem eigenen Werk abgehandelt sein sollte. Hier kann nur ein grober Überblick gegeben werden.

5

Eine besonders interessante Methode der Nutzbarmachung von Fremdenergie besteht darin, auf die angeborenen Verhaltensrezepte anderer Organismen einzuwirken.
Der Kuckuck legt seine Eier anderen Vögeln ins Nest und erspart sich so das Brutgeschäft. Voraussetzung dafür ist, daß der junge Kuckuck bei den fremden Eltern noch stärker deren Brutpflegeverhalten auslöst als die eigenen Jungen. Auf Grund seines besonders großen und auffälligen Sperrachens füttern sie ihn bevorzugt. Er verdrängt dann die anderen und wirft sie aus dem Nest. Trompetenfische schwimmen dicht an den Körper von Papageienfischen angeschmiegt und gelangen so unbemerkt in die Nähe ihrer Beute: kleiner Fische. Die auffällig gefärbten und harmlosen Papageienfische werden so als Tarnschild benützt. Hier wie beim Kuckuck wird eigene Energieausgabe durch Anpassung an anderen Tieren angeborene Verhaltensrezepte erspart.
Bakterien, Würmer, Krebse, vor allem aber Insekten und Milben lösen durch Absonderung besonderer Substanzen bei Pflanzen Wachstumsvorgänge aus, die ihre eigene Bilanz fördern. Man nennt das die Bildung von »Gallen«. Bei den Gallwespen und Gall-

mücken werden die Eier in das Innere von jungen Blättern abgelegt, wo die von den Larven abgeschiedenen Wuchsstoffe bewirken, daß das Blattgewebe für sie ein schützendes Heim bildet. Sogar passende Nahrung wird von den Pflanzenzellen bereitgestellt. Die Perfektion dieser Manipulation von Wachstumsrezepten geht so weit, daß manche Pflanzengallen Deckel ausbilden, die dann den Tieren den Weg ins Freie öffnen. Man nannte diese Vorgänge – aus teleologischer Sicht – »fremddienliche Zweckmäßigkeit«. Von der Energontheorie her kann diese Bezeichnung ohne weiteres beibehalten werden. Durch Abscheidung besonderer Substanzen gelingt es hier Energonen, auf den Erbrezepten eines anderen Energons wie auf einem Klavier zu spielen. Diese werden zu Bildungen angeregt, die der Pflanze selbst nicht dienen, also in der Tat »fremddienlich« sind. Energone sind hier dahin gelangt, fremde Organismen durch Einwirkung auf ihr genetisches Rezept für sich arbeiten zu lassen.
Das extremste Beispiel für diesen Vorgang sind die Viren (Abb. 24, 25). Sie bestehen aus nichts anderem als aus einem Erbrezept und einer Umhüllung. Gelangen sie in das Innere von pflanzlichen oder tierischen Zellen – vielfach durch die fremddienliche Übertragung durch beißende oder saugende Insekten –, dann setzt folgender Prozeß ein: das Virusrezept – ein DNS-Faden – verdrängt gleichsam das der Zelle eigene Erbrezept aus dessen Kompetenz, und die infizierten Zellen beginnen nun an Stelle von arteigener Struktur *Viren zu erzeugen*. Den »Fließbändern« des Zellbetriebes wird gleichsam ein anderes Steuerungsrezept unterschoben. Die Stoffe zum Aufbau neuer Viren (Nucleotide) liefert die Zelle, ebenso die nötige Energie. Nicht nur produziert sie nunmehr weitere ebensolche Rezeptfäden, sie umhüllt sie auch. Im Verlauf dieses fremddienlichen Vorganges geht sie selbst zugrunde. Das Virus wird so vervielfältigt.
Nach dem bisherigen Begriff »Lebewesen« wußte man nicht recht, wie man die Viren einreihen sollte. Einerseits bestehen sie aus organischen Molekülen – anderseits zeigen sie überhaupt keinen inneren Stoffwechsel und können auskristallisieren wie anorganische Substanz.
Von der Energontheorie her ist es ein klarer Fall. Die Viren sind Energone, die nur noch durch Erwerb von Fremdenergie existie-

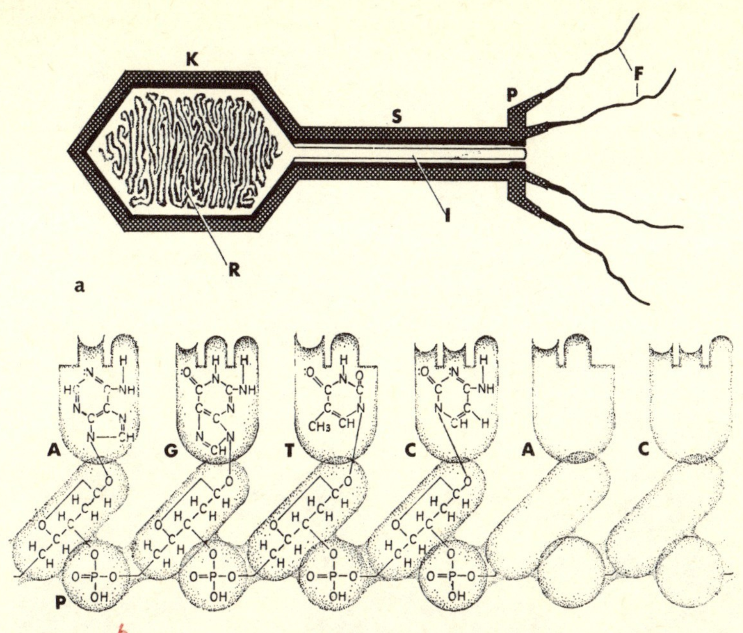

Abbildung 24: Anatomie eines Virus (T_2-Phage)

Dieser winzigste aller Parasiten besteht aus einem »Kopf« (K), einem »Schwanz« (S), einer Schwanzplatte (P) und Schwanzfäden (F). Dieses Energon hat keinerlei Stoffwechsel. Durch Fremdenergie kommt es in Kontakt mit Kleinorganismen oder Zellen, seine Schwanzplatte haftet sich an der Haut fest, und die Innenröhre (I) dringt in die Zelle ein. Der im Kopf enthaltene DNA-Faden, ein einziges Riesenmolekül (das Erbrezept R), gelangt so in die betreffende Zelle, tritt dort funktionell an die Stelle der zelleigenen Rezeptfäden und veranlaßt die Zelle, statt körpereigener Substanz nur noch ebensolche Viren hervorzubringen – bis sie zugrunde geht. Die Rezeptfäden aller Tiere und Pflanzen sind nach dem gleichen Prinzip aufgebaut, ihr »Code« ist mit den gleichen vier »Buchstaben« geschrieben (den Basen Adenin, Guanin, Thymin und Cytosin), die in langen Reihungen dem Faden anhaften (b).

ren. Sie sind parasitäre Erbrezepte, die sich selbständig gemacht haben. Der gesamte Apparat zum eigenen Energieerwerb fiel hier weg. Was übrigblieb, ist ein durch Umhüllung geschütztes Rezept, das bei Eindringen in andere Zellen deren innere Organisation auf die Produktion von Viren umstellt. W. Weidel sprach von »vagabundierenden Genen«, »Parasiten in Molekülgestalt«. Die Existenz dieser Strukturen beruht darauf, daß sie lebende Zellen zu einer bestimmten Tätigkeit veranlassen können. Diese Tätigkeit besteht *in der Vervielfältigung ihrer selbst.*

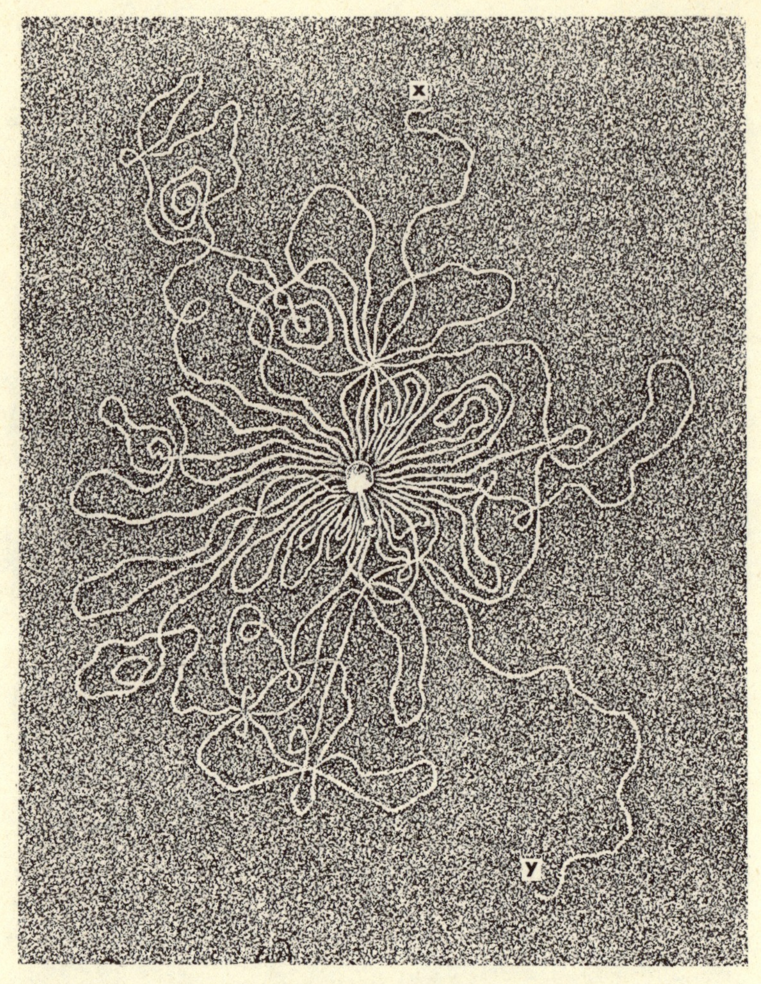

Abbildung 25: Ein T_2-Phage mit aufgebrochenem Kopf

Diese elektronenmikroskopische Aufnahme bei 60000facher Vergrößerung stammt von A. K. Kleinschmidt (Biochem. Biophys. Acta, 61, 857, Amsterdam 1962). Der DNS-Faden (Desoxynucleinsäurefaden) ist zur Gänze ausgetreten und als ein langes Fadenmolekül mit deutlich sichtbaren Enden (x und y) sichtbar. Wenn in diesem Buch von Erbrezepten die Rede ist, dann sind in erster Linie solche Strukturen gemeint.

Da sich die Struktur des Erbrezeptes – die sich bis herauf zum Menschen nicht geändert hat – nirgends einfacher und klarer studieren läßt, hat man in der Genetik diese Objekte zum besonderen Studienobjekt gemacht. Für das so wichtige Prinzip des Erwerbs von Fremdenergie sind sie ein höchst anschauliches Beispiel. Während beim Kuckuck und bei den gallenerzeugenden Tieren wohl die Erbrezepte anderer Energone manipuliert werden, dies aber bloß den eigenen Erwerbsvorgang unterstützt, ist bei den Viren – die bestimmt durch sekundäre Rückbildung zu dem wurden, was sie sind – das gesamte auf den eigenen Erwerb ausgerichtete Gefüge weggefallen, und übrig blieb ein Rezept, das seine Vervielfältigung bewirkt.[5]

6

Ich komme jetzt zu einer Überlegung, die recht schwierig ist. Es geht um das Prinzip der Reizbarkeit und der Reaktion. Der sowohl bei Pflanzen als auch bei Tieren ausgebildete Mechanismus arbeitet in der Regel so, daß im Organismus ein Potentialgefälle bereitliegt, um einen Vorgang auszulösen. So wie ein Gewehr abgeschossen wird, indem man den Hahn zieht, so läuft beim Eintreffen eines bestimmten Reizes eine bestimmte Reaktion ab. Troll formulierte das sehr klar: »Die Reaktion beruht demnach auf einem Energiepotential, das bereitliegt und nur am Ausgleich verhindert ist. Bei Reizung werden diese Hemmungen aufgehoben.« Daraufhin muß dann eine »Wiedererrichtung des Potentialgefälles stattfinden«, damit es zu weiteren derartigen Reaktionen kommen kann. Troll bezeichnete diese Wechselwirkung als »Anstoßkausalität«.
Die Verwandtschaft mit der in Teil 1, Kapitel VII dargelegten Steuerkausalität liegt auf der Hand. Auch hier geht die Energie des Reizes nicht in den von ihr ausgelösten Vorgang ein – ebensowenig wie die Kraftanstrengung des Abziehens des Hahnes beim Gewehr die Kugel beschleunigt. Hassenstein wies auch auf diesen Zusammenhang hin: »Der Begriff ›Steuerkausalität‹ läßt sich auch in Analogie zu dem bekannten Begriff der Auslösungskausalität verstehen.« Erinnern wir uns hier an den Raubvogel, der die Ausbildung der weißen Farbe bei den Kaninchen *steuert.* Dieser Vorgang erstreckt sich über viele Generationen – und führt schließlich zur Bildung ei-

ner Schutzeinheit gegen diesen Feind. Das heißt also: Der störende Faktor bewirkt selbst die gegen ihn erfolgende – evolutionäre – Reaktion.

Bei der Anstoßkausalität (oder »Auslösungskausalität«) vollzieht sich der gleiche Vorgang beim Individuum. Wird bei einem Tier oder einer Pflanze durch einen Reiz eine Abwehrreaktion ausgelöst, dann wird ebenfalls der Störfaktor zum Auslöser der gegen ihn gerichteten, schon bereitliegenden Reaktion.

Im Abschnitt Fremdenergie ist dieser Vorgang insofern interessant, als auch hier fremde Energie für das Energon tätig ist. Hier haben sich zur Reaktion auf Umwelteinflüsse Strukturen gebildet, sie so beschaffen sind, daß der zu beantwortende Einfluß selbst die Abwehrhandlung bewirkt. Bildlich gesprochen ist das etwa so, wie wenn ein mich angreifender Gegner selbst den Schuß auslöst, der ihn dann trifft.

Genau dieser Vorgang kennzeichnet einerseits die Bildung von Abwehrstrukturen in der natürlichen Auslese, anderseits die Auslösung individueller Reaktionen. *In jedem Fall macht der Evolutionsfluß die Störungen selbst zum Bewirker der sie abwehrenden Prozesse.*

7

Beim Menschen steigerte sich die Fähigkeit, fremde Aktivität in das eigene Wirkungsgeflecht zu zwingen, ins Virtuose. Betrachten wir zuerst unsere Manipulation der genetischen Rezepte von Tieren und Pflanzen.

Was wir unter dem friedlichen Wort »Zucht« verstehen, ist nicht mehr und nicht weniger als eine gezielte Abänderung von Erbrezepten zu unserem Vorteil. Während das Virus und die gallenerzeugenden Tiere stets nur individuell ihre selbstdienliche Wirkung ausüben, sind wir in diesem Punkt noch ein Stück weiter gegangen. Der Züchter – darauf wies bereits Darwin hin – ersetzt die natürliche Auslese durch »künstliche Zuchtwahl«. Praktisch heißt das, wir wählen bewußt jene erblichen Varianten aus, die unserem Bedarf am besten entsprechen. So entstanden die Haustiere, so entstanden die Nutzpflanzen, von denen wir uns ernähren. Im natürlichen Lebenskampf wären sie nicht konkurrenzfähig. Die Obstbäume produzieren viel größere und süßere Früchte, als sie sich normal leisten könnten. Die Rinder und Schweine setzen viel mehr Fleisch und Fett an als normal. Uns paßt das so, weil wir sie ja aufessen wollen. Nur indem wir sie gegen die natürliche Auslese abschirmen und verteidigen, können sie bestehen.

Hier haben wir durch gezielte Auslese die Bildung von Erbrezepten bewirkt, die unsere jeweilige Ausbeute vergrößern und verbessern und so unser Energiepotential steigern. Wir steuern so das Zustandekommen von Organismen, die *in unserem Sinne* tätig sind.

Dem eigenen Artgenossen gegenüber zeigte der Mensch eine ähnliche Tendenz. Wer auf die eine oder andere Art Gewalt über Grund und Boden gewann, hatte lange Zeit Macht über alle, die in dieser Gegend lebten. Denn Nahrung gibt letztlich nur der Boden. »Leibeigenschaft« und »Hörigkeit« sind geläufige Bezeichnungen für die Methode, andere Menschen zum Betreiben fremddienlicher Erwerbsstrukturen zu zwingen. Unmittelbare Gewalt ist eine weitere. Wir sprechen in diesem Fall von »Sklaverei« und »Unterjochung«. Den analogen Vorgang gibt es bei den Raubameisen. Sie brechen in andere Ameisenstaaten ein, rauben deren Puppen, und die schlüpfenden Jungameisen werden dann zu Dienern der eigenen Gemeinschaft. Die Amazonenameisen der Gattung *Polyergus* sind nicht mehr fähig, selbständig zu fressen. Sie müssen von den geraubten Arbeiterinnen gefüttert werden. Daß im Fall der Ameisen der Vorgang auf der Bildung angeborener, im Fall des Menschen auf erworbenen Verhaltensrezepten beruht, konstituiert keinen grundsätzlichen Unterschied. Hier wie dort handelt es sich um das gleiche funktionelle Prinzip, fremde Energone oder Artgenossen gewaltsam in eigene Funktionsträger zu verwandeln.

Auch der Anfang der industriellen Entwicklung war durch diese Tendenz gekennzeichnet. Der Unternehmer hatte in bestimmten Gebieten ein Monopol zur Vergabe von Arbeitsstellen und nützte das aus. Er erzwang die Bildung ihm dienstbarer Berufskörper. Darauf fußte die von Marx geübte Kritik und die Lawine der sich daraus ergebenden Entwicklung des Kommunismus.

Am bedeutsamsten für die Menschheitsentwicklung war das Ausnützen von Ergebnissen fremder Arbeitsleistung, *die in der Vergangenheit erfolgte.*
Auch hier sehen wir die ersten Anfänge schon beim Tier vorgezeichnet. Der Einsiedlerkrebs eignet sich einen zusätzlichen Funktionsträger an: ein leeres Schneckenhaus. Die Schnecke ist längst tot. Das Schneckenhaus – das ihm nun dient – ist also das Ergebnis vergangener Arbeit.
Tiere, die Höhlen oder Bauten verwenden, welche andere vor ihnen erzeugt haben, geben weitere Beispiele. Die Bienenbauten dienen mehreren Generationen. Auch die heute in dem erwähnten japanischen Tierpark lebenden Makaken profitieren von der Leistung eines nicht mehr lebenden Artgenossen. Das von ihm entdeckte Rezept, Getreidekörner vom Sand zu trennen, hat sich auf dem Wege der Nachahmung auf sie fortgepflanzt. Im großen und ganzen gibt es hier aber nur wenige Vorstufen.
Erst beim Menschen wurde es anders. Viele künstliche Organe leisten weit über den Tod ihres Herstellers hinaus anderen Menschen Dienste. Das gilt für Werkzeuge und Gebrauchsgegenstände, aber noch weit mehr für Häuser, Straßen und öffentliche Einrichtungen. Wird ein neuer Betrieb gegründet, dann spielt es in der Bilanz eine ganz gehörige Rolle, ob zu dem vorgesehenen Platz bereits Straßen hinführen, ob ein Wasseranschluß vorhanden ist, ob es Kanalisation, Elektrizität und sonstige Gemeinschaftseinrichtungen gibt. Ist dies der Fall, dann nützt das sich bildende Energon vergangene Arbeit für sich aus. Es bezieht dann bereits erfolgte Fremdleistungen in sein Wirkungsgeflecht ein.
Noch bedeutsamer ist dieser Vorgang beim Aufbau all jener Rezepte, die zur Herstellung künstlicher Organe und zu deren zweckvoller Verwendung notwendig sind. Hier stützt sich der Mensch fast ständig auf das, was wir das »geistige Gut« der Menschheit nennen. Die dafür nötige Eigeninvestition nennen wir Wissen – oder *Bildung.*
Wäre es möglich, unsere einzelnen täglichen Handlungen – bleiben wir beim Berufsleben – in jede ihnen zugrunde liegende Einzelleistung aufzulösen und diese bis zu ihrem Ursprung zurückzuverfol-

gen, dann kämen wir bei manchen bis in die graue Vorzeit. Jeder zielstrebigen Tätigkeit liegt die Koordination von Aktionen und Reaktionen zugrunde – Verhaltensrezepte, die irgendeinmal von Menschen erstmalig hervorgebracht und dann an andere weitergegeben wurden. Freilich bildet unsere Intelligenz selbst täglich neue Rezepte, aber zum Großteil bauen sie sich doch immer auf der Leistung und Vorarbeit anderer Menschen auf. Über Nachmachen, Sprache, Schrift und Schulen pflanzten sie sich fort, verzweigten sich in unabsehbarer Verflechtung.
Hier sind wir zum unanschaulichsten Punkt des Bildes gelangt, das die Energontheorie vom Menschen und von den von ihm gebildeten Erwerbskörpern entwirft. In ganz ungeheurem Ausmaß – dem Alltagsmenschen kaum bewußt – fügen wir in unsere Wirkungsgeflechte die Leistungen von Fremdenergie mit ein, die in längst vergangener Zeit erbracht wurden.
Betrachtet man die Entwicklung der Energone von ihren Anfängen an – soweit wir diese noch zurückverfolgen können –, dann blickt man auf eine Folge immer unanschaulicher werdender Gefüge. Zuerst waren die einzelnen Energone mit dem sichtbaren, fühlbaren Körper – den man bis heute als »Lebewesen« schlechthin ansieht – noch weitgehend identisch. Jedoch allmählich wurden zusätzliche Einheiten in eigene Funktionsträger verwandelt. *Der wirkliche Körper, der sich mit der natürlichen Auslese auseinandersetzte, erweiterte sich.* Bis zum Menschen hielt sich dieser Prozeß in engen Grenzen. Dann aber, durch die sich steigernde Leistungsfähigkeit eines unserer natürlichen Funktionsträger – unseres Gehirns – und durch dessen bedeutsame Funktionserweiterung und Funktionsübernahme, sprengten die Energone gleichsam die bisherigen Ketten. Plötzlich vermochte der nicht mehr zusammengewachsene, nicht mehr zur Gänze greifbare und sichtbare Teil des Wirkungskörpers sich über alle Maßen auszudehnen.
Die vom Menschen gebildeten Energone, die sich in gigantischer Erweiterung um ihn ausbreiten – nicht unähnlich den vielzelligen Körpern rings um die sie hervorbringenden Keimzellen –, bestehen aus einem ständig pulsierenden, ganz ungeheuer komplexen Wirkungsgeflecht. Hunderte und Tausende von zusätzlichen Einheiten werden in diesen Leistungskörper einbezogen – manche oft nur für Augenblicke. Und die meisten dieser zusätzlichen Einheiten wer-

den längst nicht mehr durch Energie betrieben, welche die Zentralstruktur Mensch in ihrem Magen persönlich aufschließt. Hunderte und Tausende von fremden Energieströmen werden vielmehr dazu gebracht, diese zusätzlichen Funktionsträger *direkt* zu betreiben. Die Zusammenhänge sind aber noch komplizierter. Die wichtigste Form, Fremdenergie in das Roß-Reiter-Verhältnis einzuspannen, haben wir noch nicht besprochen.

Anmerkungen

[1] Die von Wolfgang Mewes entwickelte EKS (energo-kybernetische Managementstrategie) stützt sich in mehrfacher Hinsicht auf Konsequenzen der Energotheorie.
[2] W. Troll, »Allgemeine Botanik«, Stuttgart 1948, S. 352.
[3] M. Kawai, »Newly Acquired Pre-Cultural Behavior of the Natural Troop of Japanese Monkeys on Koshima Island« (»Primates 6«, 1965), S. 1–30.
[4] W. Ostwald, »Die energetischen Grundlagen der Kulturwissenschaft«, Leipzig 1909, S. 55, 73f.
[5] In der Biologie wird »Stoffwechsel« (einschließlich »Energiewechsel«) als grundlegendes Kriterium der Lebewesen angesehen. Ein solcher ist bei fast allen Organismen nachweisbar, es gibt jedoch Funktionsträger, die auch ohne solchen *Wechsel* ihre Funktion leisten (etwa die Stacheln des Rosenstrauches, deren Funktionsfähigkeit nach Absterben sogar noch besser wird). Bei den Viren ist überhaupt kein Stoff- oder Energiewechsel vorhanden. L. v. Bertalanffy bezeichnet als Charakteristikum der Lebewesen, daß sie sich in einem »Fließgleichgewicht« befinden, daß sie »offene Systeme« sind. Das stimmt, unterscheidet sie aber *nicht* von den anorganischen Erscheinungen. Denn auch ein Waldsee, in den ein Bach einmündet und aus dem ein anderer abfließt, ist ein »offenes System«, befindet sich ebenfalls »im Fließgleichgewicht«. *Stoff*wechsel und *Energie*wechsel sind – von der Energontheorie her – bloß Hilfsmittel, die unter Umständen auch überflüssig werden können. Charakteristisch für die Lebensträger ist einzig und allein die durchschnittlich aktive Bilanz an verwertbarer, *für sie tätiger* Energie.

VI
Partnerschaft

Wozu hätten wir Freunde nötig, wenn wir sie nicht nötig hätten?
W. Shakespeare (»Thimon von Athen«, 1607)

»Mein Kriton, wir sind dem Asklepios einen Hahn schuldig, entrichtet ihm den und versäumt es nicht.«
Sokrates' letzte Worte (399 v. Chr.)

1

In den USA vollzieht sich ein Prozeß, der die dortigen Mammutbetriebe mehr und mehr zu Bestandteilen der Staatsstruktur werden läßt.
Den klassischen Unternehmerbetrieben wuchs ihr Werk über den Kopf. Ebenso verloren die Aktionäre ihren Einfluß auf diese mächtigen Erwerbsgebilde. Die Aufgaben der Steuerung sind heute so kompliziert, daß das Management zur obersten Betriebszentrale geworden ist. Aber auch dieses ist nicht mehr der eigentliche Leiter. Die wirklichen Entscheidungen liegen in diesem hierarchischen System noch »ein Stück weiter unten«: bei den Planern, Technikern und anderen Spezialisten. In diesen Riesenbetrieben (es gibt deren etwa 300, deren Umsatz mehr als die Hälfte des gesamten Wirtschaftsumsatzes in den USA ausmacht) bildete sich ein Rückgrat, das die tatsächliche Steuerung ausübt. Galbraith benannte es »Technostruktur«.[1]
Dieses Gebilde – ich folge hier seinen Ausführungen – löste sich von der bisherigen Kontrolle, wurde zu einer sich selbst steuernden Oligarchie. Seine Interessen sind nicht mehr mit jenen der Aktionäre identisch. Die Dividenden werden in einem vernünftigen Rahmen gehalten, zum eigentlichen Ziel wird aber das Anwachsen der Erwerbsstruktur. Die Zuwachsrate ist entscheidend. Sie bedeutet für jeden Angehörigen der Technostruktur mehr Verantwortung,

mehr Aufstiegschancen. Der technologische Fortschritt wird gefördert, der Markt wird gesteuert, Risiken werden vermieden.
Der wichtigste und größte Kunde ist der Staat. 55 bis 60 Prozent des Nationalprodukts in den USA werden allein für den Wehretat ausgegeben – heute über 100 Milliarden Dollar. Der Staat reguliert die Gesamtnachfrage. *Mit seinen Interessen identifiziert sich die Technostruktur.*
Den Staatsstellen wieder sind diese Energone vertrauenerweckend. Sie werden nicht von Unternehmer- oder Aktionärsinteressen geleitet. Sie arbeiten vorausschauend, vorsichtig, rentabel und klug. Die Leitung profitiert nicht unmittelbar von den Erträgnissen. Die Erträgnisse werden in erster Linie dem Wachstum und Fortschritt zugeführt.
So kommt es zu einer natürlichen *Partnerschaft.* Die staatlichen Stellen verstehen sich gut mit der Technostruktur. Ein kollegiales Zusammenwirken zwischen dieser und den einzelnen Waffengattungen findet statt. Mit gleicher Hingabe arbeiten die Vertreter des Staates und der privaten Wirtschaft zusammen. Eine ganz natürliche Symbiose ergibt sich – wobei jeder Teil den anderen fördert und bestärkt. Es kommt so dahin, daß diese privatwirtschaftlichen Giganten mehr und mehr zu Bestandteilen des Staatsgiganten werden. Verschiedene Energontypen verbinden sich hier zu Interessengemeinschaften. Der Vorgang ist höchst kompliziert, weil diese Betriebe ja selbst Teile der USA sind. Bestandteile eines größeren Energons, bis dahin weitgehend unabhängig, verschmelzen so mehr und mehr mit diesem. Sie werden zu Teilen der staatlichen Bürokratie.
Ich bin eher skeptisch, ob es mir mit diesem Buch gelingen wird, den modernen Wirtschafter für Schnecken und Wacholderbüsche zu interessieren. Die Tiere und Pflanzen erscheinen aus dem Sichtwinkel wirtschaftlicher Problematik äußerst belanglos – wenn sie nicht gerade auf unseren Teller gebracht werden sollen. *Und doch geben sie so manchen Aufschluß darüber, was sich heute auf höchster Machtebene vollzieht.*

2

An den Pflanzen gibt es zwei Dinge, die sie uns liebenswert machen. Erstens die Blüten, zweitens die Früchte. Von diesen Bildungen haben nicht wenige angenommen, daß sie von göttlicher Vorsehung eigens für den Menschen geschaffen worden seien. Damit wir sie genießen könnten. Ich will nun zu zeigen versuchen, daß gerade sie uns über jene Vorgänge Aufschluß geben können, denen wir das Machtnetz unserer heutigen Existenz verdanken. General Motors und Dow Chemical scheinen himmelweit entfernt von der Pelargonie auf dem Fensterbrett und von dem Kürbis im Gemüsegarten. Sie sind es auch – aber nur in unserer Vorstellung.
Die erste Möglichkeit für die Landpflanzen, ihre Samenverbreitung durch fremde Kraft finanziert zu bekommen, war die Indienststellung des Windes. Aber es ergab sich noch eine andere Möglichkeit, wodurch die Samen sogar noch um ein Vielfaches weiter von der Mutterpflanze entfernt werden konnten. Auch hier handelte es sich um das Einspannen von Fremdenergie, auch hier waren eigene Ausgaben erforderlich. Besondere Strukturen mußten ausgebildet werden. Sie sahen etwas anders aus als jene, welche die Windenergie in den Dienst der Pflanze zwingt. Im wesentlichen bestanden sie aus Zucker, der rings um den Samen angeordnet war. Sodann aus einer darum gespannten Haut. Förderlich war, wenn diese möglichst bunt ausfiel.
Diese Bildung nennen wir »Früchte«. Sie sind nichts anderes als ein Zahlungsmittel an die Vögel, welche sie auffressen und auf diese Weise die Samen verbreiten. Der Same gelangt so in den Vogelmagen und wird später an ganz anderer Stelle entleert. Meist sogar mit daran klebenden Exkrementen, die beim Keimungsprozeß als Düngemittel willkommen sind.
Der radikale Unterschied zur Samenverbreitung durch den Wind besteht darin, daß in diesem Fall ein Energon ein anderes dazu bringt, ihm förderliche Dienste zu leisten. Während dem Wind die mit der Flugvorrichtung verbundene Energieaufwendung nicht im geringsten »dient«, ist das den Samen umhüllende Fruchtfleisch für den Vogel ein direkter Vorteil. Es ist für ihn wertvolle Nahrung. Seine Dienste werden so entsprechend »bezahlt«. Daß beide Partner von diesem Geschäft nichts wissen, ändert an dem sich vollzie-

henden Tauschvorgang nicht das geringste: Er beruht auf der Entwicklung von Verhaltensrezepten, die sich in diesem Falle nicht bloß bei dem die fremde Hilfe erwerbenden Energon bildeten. Auch die Verhaltensstruktur der Vögel paßte sich an diese willkommene Zuckergabe an.

Allerdings funktionierte die Sache nicht unbedingt und ohne weiteres. Die Vögel müssen – da sie fliegen – ganz besonders mit ihren Energien sparen und haben darum eine äußerst schnelle, ja rasante Verdauung. Für sie ist es ein Vorteil, wenn die Nahrung ihren Magen nicht allzulange beschwert. Für die Samen bedeutet das eine Gefahr. Denn werden sie in diesem wirkungskräftigen Prozeß selbst mitverdaut, dann ist der Samenverbreitung nicht viel geholfen.

Der Kirschkern, jedem bestens bekannt, zeigt den zusätzlichen Aufwand, der hier nötig war. Der eigentliche Samen mußte so umhüllt sein, daß die ätzende Magenflüssigkeit ihm nichts anhaben konnte. Eine feste Außenhaut rings um die Frucht war ebenfalls wichtig. Sie durfte nicht so fest sein, daß dies die Vögel störte, doch wenn kleinere Tiere (die nicht fliegen und die Samen transportieren konnten) von diesem Zuckerhort ferngehalten wurden, war das ein Vorteil.

Damit waren aber die »Probleme« dieser Pflanzen noch durchaus nicht gelöst. Die Keime gelangten so wohl in weite Entfernung, aber gerade dies führte auch wieder zu einer Schwierigkeit. In der Evolution konnten die Organismen nicht weiterkommen, wenn der Mechanismus der geschlechtlichen Verschmelzung der Keimzellen nicht arbeitete. Wir kommen darauf noch zurück. Nun aber wird – durch Hilfe der Vögel – die Tochterpflanze weit entfernt. Wie sollten ihre Keimzellen sich mit anderen vereinigen?[2]

Die stillen Pflanzen sind weit dynamischer als es scheint. Für den Transport der Keimzellen gelang es ihnen, die Insekten (und auch manche Vögel) einzuspannen. Auch dieser Hilfsdienst erforderte eine entsprechende Gabe, eine Aufwendung, ein Lockmittel, eine Belohnung. Es ist wiederum der für die Tiere so leichtverdauliche Zucker. Außerdem, um die nicht eben sehr sehbegabten Insekten zu diesem für sie bestimmten Geschenk zu führen, war die Entwicklung von Geruchsstoffen und möglichst bunten Blätter zweckmäßig.

Wir nennen diesen Funktionsträger zur Nutzbarmachung der Insektenenergie – diesen »Energietransformator« nach Ostwald – »Blüte«. Die »Bestäubung« ist hier ein klarer Geschäftsvorgang – von dem wiederum die Partner selbst nicht das geringste »wissen«. Er kam zur Ausbildung – und da er funktionierte, blieb er bestehen und wurde immer weiter vervollkommnet.
Jene Teile also, die wir an den Pflanzen so besonders angenehm und liebenswert finden (Früchte und Blüten), haben mit dem eigentlichen »Wesen« der Pflanze recht wenig zu tun. Es sind zusätzliche Organe, die ihnen auf Grund ihrer eigenen Unbeweglichkeit aufgebürdet sind. *Könnte der Kirschbaum laufen, dann hätten weder die Japaner an seinen Blüten Freude noch wir selbst an seinen Früchten.*
Die Entwicklung ging aber noch ein Stück weiter. Warum dem Menschen Blüten gefallen, ist nicht Gegenstand dieses Buches. Warum uns Früchte schmecken, versteht sich von selbst. Beide Gründe führten nun aber dazu, daß auch hier die menschliche Manipulation von Erbrezepten einsetzte, die wir »Zucht« nennen. Der Mensch erreichte durch diesen Vorgang, daß es heute pflanzliche Energone gibt, die ganz sinnlos große und bunte Blüten bilden, oder Früchte von der Größe und von einem Zuckergehalt, wie ihnen das im natürlichen Gleichgewicht der Natur nie möglich wäre. Wir protegieren sie. Sie werden gedüngt, verteidigt, geschützt und gehätschelt. Wozu? In dem einen Fall gewinnen wir so für uns angenehm schmeckende Nahrungsmittel. Im anderen gewinnen wir jene so schwer erfaßbare und in Zahlen darstellbare Wirkung, die wir unser »Wohlgefallen« nennen. Wenn es heute die prächtigen Zierblüten gibt, dann ist das auch wieder ein sehr verschlungener Weg, um Fremdenergie für uns arbeiten zu lassen. In diesem Falle schafft sie für uns das, was wir als »schön« empfinden – also Vorteile im »Luxusbereich«. *Auch dazu haben wir die Kräfte der Natur gebracht.*

3

Zurück zu unserem Einsiedlerkrebs. Manchen Arten genügt die schützende Hülle, welche die Schnecke vor ihnen – für ihre eigenen Bedürfnisse – schuf, anderen nicht. Sie schützt vor vielen Raubfein-

den, nicht vor Tintenfischen. Eine Möglichkeit, auch diese abzuhalten, besteht darin, Seerosen aufs Gehäuse zu pflanzen. Auch dazu gelangten – wie jeder weiß – manche der Einsiedlerkrebse.
Geht ihr Erwerbsgeschäft gut und werden sie größer, dann wird das Schneckenhaus für sie zu klein. Von angeborenem Verhalten gesteuert, suchen sie dann nach einem größeren. Sie übersiedeln in dieses und übertragen auch die Seerosen auf das neue Haus. Mit den Scheren streicheln sie deren Fuß, worauf sich dieser von der Schale ablösen läßt. Mit der Schere überpflanzt der Krebs dann die Seerose auf das neue Haus. Das ist keine Intelligenzleistung, auch dazu mußten sich im Evolutionsgeschehen angeborene Verhaltensrezepte entwickeln – einerseits beim Krebs, anderseits bei den Seerosen, denen die Symbiose ebenfalls zugute kommt.
Für den Krebs ist die Seerose ein Funktionsträger des Schutzes. Für die Seerose ist der Krebs ein Funktionsträger der Fortbewegung. Die Seerose wird so in der Gegend herumgetragen und kommt mit größerer Wahrscheinlichkeit an Nahrung heran. Das Prinzip jeder derartigen Verbindung von zwei Energonen wird hier deutlich ablesbar. Die Partner machen einander wechselseitig zu künstlichen Organen, *welche den besonderen Vorzug haben, daß sie sich selbst betreiben.* Jeder gewinnt so einen Anteil fremder Leistung. Jeder der beiden Teile gliedert von Fremdenergie betriebene Organe in sein Wirkungsgefüge ein.
Auch beim Verhältnis der Pflanzen zu den Vögeln und Insekten ist es nicht anders. Die Pflanze gewinnt so Funktionsträger der Fortbewegung. Die Vögel und Insekten gewinnen Zucker. Das sieht so aus, als würden die Pflanzen in diesem Geschäft zu ihrer Energiequelle. Das stimmt aber nicht ganz. Auch hier wird nicht eigentlich dieser Zucker ertauscht – sondern Fremdenergie. Die Pflanzen werden für die Vögel und Insekten zu *Herstellern und Lieferanten* dieser Zuckergabe. Sie werden also zu Funktionsträgern der Nahrungs*beschaffung*. Auch hier wird durch eine Leistung eine andere Leistung erworben.
Dieser Unterschied ist wichtig, um die ähnlich gearteten menschlichen Tauschakte richtig zu sehen. Nehmen wir den einfachen Fall, daß ein Mensch für den anderen einen Zaun baut und als Gegenleistung von diesem fünf Hühner bekommt. Auch was der Zaunbauende in diesem Falle eintauscht, ist nicht eigentlich die Nahrung

selbst, sondern die *Arbeitsleistung, die zur Beschaffung dieser Nahrung erforderlich war.* Der andere hat diese Hühner gefüttert und großgezogen: das ist die Leistung, die hier zum Tausch geboten wird.
Als Vermittler in diese Tauschakte kann dann noch Geld eingeschaltet sein. Das macht den Vorgang komplizierter, ändert aber am Grundzusammenhang nichts.
Auch wenn für Geld Nahrungsmittel erworben werden, wird mit dem betreffenden Geldbetrag *die zur Beschaffung dieser Nahrungsmittel notwendige Anstrengung bezahlt.* Das ist insofern von hoher Wichtigkeit, als sich daraus das höchst unkonstante Wertverhältnis zwischen Geld und Rohenergie erklärt.
Kaufe ich Fleisch, Gemüse, Kohle oder Elektrizität – also Energie in irgendeiner für uns verwendbaren Gestalt –, dann mag das gleich Quantum an einem Ort doppelt soviel kosten als am anderen, zu einem Zeitpunkt doppelt soviel als zu einem vorhergehenden. Wäre Geld eine unmittelbare Anweisung auf Rohenergie, dann wäre unverständlich, wieso kein konstantes Verhältnis vorliegt. Das ist Geld jedoch nicht. Sondern Geld ist immer und ausschließlich ein Anweisungsschein auf menschliche Arbeitsleistung – deren Wert je nach Angebot und Nachfrage sowie sonstigen Umständen schwankt.
Von der Energontheorie her ist somit Geld ein – innerhalb einer Gesellschaft anerkannter – Anweisungsschein auf das Ergebnis menschlicher Leistung. Oder noch genereller: eine funktionelle Hilfseinheit, um eine ungeheure Vielzahl von künstlichen Organen, die sich selbst betreiben, zeitweise in das eigene Wirkungsgefüge eingliedern zu können. *Niemals wird mit Geld etwas anderes erworben als menschliche Leistung – auch wenn ich einen Bleistift kaufe, auch wenn ich in einem Gasthaus einen Braten esse.*
Dieses Grundprinzip, daß bei Tauschakten zwischen Energonen nie Objekte ertauscht werden, sondern immer nur Leistungen anderer Energone, ist allgemein gültig – vom ersten symbiotischen Verhältnis, zu dem Organismen je gelangten; bis zur Verflechtung von General Motors mit dem US-State Department. Stets handelt es sich um einen Leistungstausch – auch dann, wenn dabei *Objekte* den Besitzer wechseln. Bei den amerikanischen Mammutbetrieben, die – gemäß den Untersuchungen von Galbraith – allmählich zu Organen

des Staates werden, ist die Lage insofern noch verzwickter, als hier Energone in einem anderen Energon stecken. Jeder Betrieb innerhalb eines Staates ist – wenn auch nur in loser Gefügtheit – ein Teil desselben. Hier verschwistert sich also ein Energon mit dem anderen, das gewissermaßen schon ein Teil seiner selbst war.
Auch dieser Vorgang – und hier kommen wir dem Grundprinzip der Bildung aller Energone sehr nahe – wird besser verständlich, wenn man ihn von seinen Anfangsstufen her betrachtet.

4

Bleiben wir bei den nun schon so oft zitierten Einsiedlerkrebsen. Bei *Eupagurus prideauxi* – diese Art lebt im Mittelmeer – ist der Partner immer nur eine einzige Seerose, eine *Adamsia palliata.* Sie ist für den Krebs nicht nur ein Schutzorgan, sondern leistet noch einen weiteren Dienst. Sie umwächst mit ihrem Fuß das Schneckenhaus und scheidet am Rand eine Hornsubstanz ab – derart, daß dadurch das Schneckenhaus vergrößert wird (Abb. 26 b, c). Die Schnecke, die es schuf, hätte es nicht viel besser weiterbauen können. Auf diese Art wird für den Einsiedlerkrebs, wenn er größer wird, die Übersiedlung in ein anderes Schneckenhaus überflüssig. Das ist für beide Partner ein Vorteil. Das künstliche Organ Seerose verbessert hier das künstliche Organ Schneckenhaus. Diese Komplizierung erwähne ich hier jedoch bloß als Übergang zu der nun folgenden.
Beim Einsiedlerkrebs *Eupagurus constans* – er lebt in der Nordsee – wird derselbe Hilfsdienst von einer ganzen Kolonie von Hydroidpolypen *(Hydractinia sodalis)* geleistet (Abb. 26 d, e). Hier ist es ein ganzer Rasen von Polypen, der das Schneckenhaus überwuchert und es durch Ausscheidungen ebenfalls vergrößert. Diese Gemeinschaft tut noch ein übriges: Sie bildet an der Kante der Öffnung besonders entwickelte Wehrpolypen aus – also ein noch erhöhter Feindschutz für den Krebs. In diesem Fall ist also der Tauschpartner des Krebses nicht mehr ein einzelnes Energon, sondern bereits eine organisierte Vielheit von mehreren Hundert Energonen.
Ein ähnliches Verhältnis finden wir in den Ameisen- und Termiten-

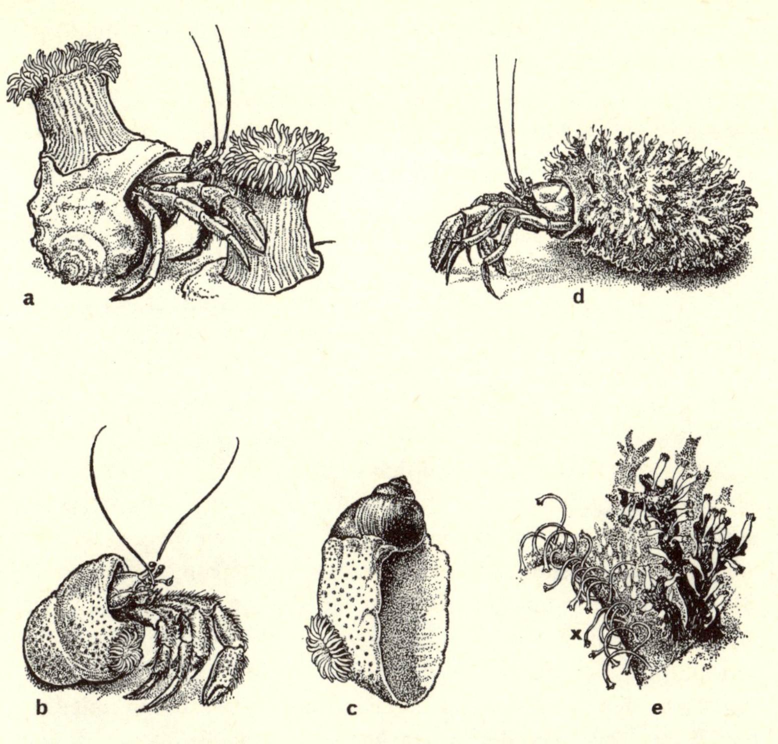

Abbildung 26: Beispiele für die Nutzbarmachung anderer Energone in beidseitigem Interesse (Symbiose)

a) Der Einsiedlerkrebs *Pagurus arrosor,* der Seeanemonen auf sein Schneckenhaus pflanzt. Die Schutzwirkung des künstlichen Organs Schneckenhaus wird so noch verstärkt: besonders gegenüber dem Hauptfeind Tintenfisch *Octopus).* Wächst der Einsiedlerkrebs und muß er in ein anderes, größeres Haus übersiedeln, dann überpflanzt er auch die Seerosen. Durch Streicheln mit den Scheren bewirkt er, daß sie sich ablösen lassen. Der Vorteil für die Seerosen in dieser Partnerschaft (die bei beiden Tierarten auf angeborenen Verhaltensrezepten beruht) ist: Sie werden gratis herumgetragen und gelangen so besser an Nahrung.
b) Beim Einsiedlerkrebs *Eupagurus prideauxi* leistet die Seerose *Adamsia* noch einen weiteren »Dienst«: durch entsprechende Kalkabscheidung vergrößert sie das Schneckenhaus (c), so daß für den Einsiedlerkrebs die Notwendigkeit zu Übersiedlungen wegfällt. Das ist für *beide* Partner ein Vorteil.
d) Beim Einsiedlerkrebs *Eupagurus constans* wird das Schneckenhaus von einer Polypenkolonie der Gattung *Hydractinia* überwachsen. Auch diese Vielheit aneinanderhaftender Polypen baut die Mündung des Schneckenhauses weiter: betätigt sich als künstliches Organ, das ein anderes (das Schneckenhaus) verbessert. Am Mündungsrand (e) bildet die Polypenkolonie besonders entwickelte Wehrpolypen aus (x) – eine zusätzliche, dem Einsiedlerkrebs (und damit auch wieder der Partnerschaft) dienende Funktion.

bauten bei den schon erwähnten Symphilen. Es sind Insektenlarven sehr verschiedener Ordnungen und Familien, die von den Ameisen geschützt, gefüttert und herumgetragen werden, weil sie aus Drüsen eine von den Ameisen geschätzte Flüssigkeit abscheiden. So wie die Pflanzen durch die Gabe ihrer Früchte und ihres Nektars Vögel und Insekten in Funktionsträger verwandeln, so machen diese Larven durch ihre Abscheidungen einen ganzen Tierstaat zu ihrem Verbündeten. Auch hier – ebenso wie bei *Eupagurus constans* – steht einem Energon als Partner eine organisierte Energonvielheit gegenüber. Sie ist in diesem Fall weit größer: Der Symphile ist in ihrer Gemeinschaft bloß ein winziges Objekt. Das würde am grundsätzlichen Verhältnis noch nichts verändern. Eine Änderung ist jedoch insofern gegeben, als der Termitenstaat bereits als ein lose gefügtes Energon angesehen werden muß.

Für jeden Symphilen ist der gesamte Ameisen- oder Termitenstaat, in dem er lebt, ein Schutzorgan. Für diese Staaten wieder ist jeder Symphile der Spender erwünschter Abscheidungen.

Bewegen wir uns eine Integrationsstufe abwärts. Ich erinnere hier an die Verdauungshelfer der Termiten. Es sind Einzeller, die in deren Darm leben und für sie die Holznahrung verdaubar machen. Auch hier stehen wir vor einem Gegenseitigkeitsverhältnis mit sehr ungleichen Partnern. Für jeden Verdauungshelfer ist der riesige Termitenkörper ein Funktionsträger des Schutzes und der Nahrungsbeschaffung. Denn daß sie die Aufschließung des Holzes besorgen, ist nicht ein reiner Liebesdienst für den Wirt, sondern sie gewinnen dabei selbst Energie und Stoffe. Für den großen Termitenkörper ist wieder jeder Verdauungshelfer ein Organ der Nahrungsaufschließung. Hier steht ein Einzeller einem vielzelligen Körper als Partner gegenüber.

Bei den Wiederkäuern, in deren Magen Bakterien das Verdauungsgeschäft unterstützen, wird der Größenunterschied noch gewaltiger. Im Magen der Ziege leben Millionen von Bakterien. Trotzdem ändert sich dadurch nichts am Prinzip. Jede Bakterie ist ein Tauschpartner des Ziegenkörpers.

Ja noch mehr: Indem die Gesamtheit dieses vielzelligen Körpers zu einem Hilfsorgan des Schutzes und der Nahrungsbeschaffung für jedes Bakterium wird, dient diesem nicht nur die Ziege als Ganzes – *sondern auch jedes ihrer Organe!* Nur durch das Zusammenwirken

aller dieser Einheiten gelangt das Bakterium zu der von ihm gewonnenen Fremdenergie. Fällt das Herz der Ziege aus, erlischt die Leistung dieses vielzelligen Partners.
Man denke nun schließlich noch an die symbiotischen Algen, die im Körper des Wurms *Convoluta* die Niere ersetzen (S. 44). Da sie im Gewebe der übrigen Zellen fest eingebettet liegen, wird hier das kollegiale Verhältnis zu den anderen Organen dieses Körpers noch deutlicher. Damit sind wir aber schließlich an dem Punkt, daß zwischen jedem Organ – jedem Funktionsträger – eines vielzelligen Körpers und diesem Körper selbst eine Tauschbeziehung besteht. Im Rahmen dieses Buches führe ich diese Gedankenlinie nicht weiter; nur im Nachwort komme ich darauf nochmals kurz zurück. Was *hier* nachgewiesen werden soll, ist bloß, daß auch zwischen einem Energon, das in einem anderen eingebettet liegt, und diesem selbst ein Tauschverhältnis möglich ist. Vom größeren Körper her gesehen wird dann der kleinere Partner mehr und mehr zu seinem Teil, zu seinem Organ. Umgekehrt aber wird der große Körper so auch mehr und mehr zu einem Organ des kleineren – also zu einem Organ dieses seines eigenen Bestandteiles. Die Auswirkungen in der Praxis sind jedermann vertraut: das Ganze wird von seinen Teilen ebenso abhängig wie der Teil vom Ganzen.
Hier gelangt unser Vorstellungsvermögen wieder an eine schwer überwindbare Hürde. Wir können uns nur schwer einen größeren Körper als Organ eines kleineren, der sein eigener Teil ist, vorstellen.
Trotzdem gilt ganz allgemein: *Wie auch immer die Größen- und Lageverhältnisse von Energonen sind: sie können miteinander in Beziehung treten – derart, daß jedes zum Funktionsträger des anderen wird.*

5

Im großen Frontabschnitt der die Energone *behindernden Umwelteinflüsse* haben wir zwei Teilabschnitte unterschieden: die Raubfeinde und die Störungen. Die begriffliche Trennung beruht darauf, daß die Räuber immer Energone sind, für die das von ihnen bedrohte Energon die Energiequelle darstellt. Zwischen ihnen und

dem bedrohten Energon besteht also ein Schloß-Schlüssel-Verhältnis. Die Störungen können dagegen sowohl Energone als auch anorganische Kräfte sein. Sie behindern und schädigen das betroffene Energon, verschlechtern also seine Bilanz, ohne jedoch selbst freie Energie von diesem zu gewinnen.
In dem nicht minder großen Frontabschnitt der *fördernden* Umweltfaktoren ist es berechtigt, eine ebensolche Unterteilung vorzunehmen. Auch hier gibt es anorganische Kräfte und Energone, die zu dienstbaren Rössern gemacht werden können, ohne daß ein Gegenseitigkeitsverhältnis besteht. Den »Störungen« kann man sie als »Förderungen« schlechthin gegenüberstellen. In der zweiten Gruppe wird das Pferd nicht nur dienstbar gemacht – es wird »gefüttert«. Diese Gruppe umfaßt stets nur Energone. Für ihre Leistungen werden sie durch Gegenleistungen bezahlt. Man könnte sie den »Räubern« unter der Bezeichnung »Helfer« gegenüberstellen, doch ist dieses Wort stark mit menschlichen Assoziationen belastet. Besser ist deshalb die in der Biologie geläufige Bezeichnung »Symbionten« – oder »Partner«.
Vom Konkurrenzwert her betrachtet können jedoch alle Aufwendungen, die der Dienstbarmachung von Fremdenergie dienen, in eine gemeinsame Rubrik zusammengefaßt werden – ebenso wie wir auch auf dem Frontabschnitt »Störungen und Raubfeinde« den Aufwand aller Abwehrmaßnahmen zusammengefaßt haben. Auch hier liegt eine enge funktionelle Verwandtschaft vor.
Auch bei sämtlichen Anstrengungen zur Gewinnung von Fremdenergie, sei es durch Hervorbringen zusätzlicher Einheiten (etwa Früchte bei den Pflanzen oder einer Mühle beim Energon Müller) oder durch Dienstleistungen (Weiterbau des Schneckenhauses, Werbewirkung, die auch anderen zugute kommt) sind wiederum, so behaupte ich, die Kriterien Kosten, Präzision und Zeitaufwand maßgebend. Und auch hier ist zur Ermittlung des Konkurrenzwertes jedes dieser Kriterien sowohl in der Aufbauperiode als auch in den Erwerbsphasen, in den Nichterwerbsphasen und in allfälligen Stilliegephasen getrennt zu betrachten. Die Argumente dafür sind im wesentlichen die gleichen, wie ich sie für die anderen Umweltfronten gegeben habe. Wir gelangen so zu weiteren zwölf prinzipiell meßbaren Werten, die zu berücksichtigen sind.
Die steuernden Wirkungen, welche die fördernden Umweltbedin-

gungen und die Symbionten ausüben, vollziehen sich auch wieder auf dem Weg der Steuerkausalität. Gelangt ein Energon zu einer Bildung, welche die Dienstleistung von Fremdenergie nach sich zieht, dann gewinnt es einen Konkurrenzvorteil – und ist dieser von genügender Bedeutung, dann setzt sich diese Besonderheit durch. Der fördernde Faktor bestimmt auch hier wieder darüber, wie die zu seiner Erschließung führende raum-zeitliche Struktur beschaffen sein muß – *er steuert* somit ihre Ausbildung. Auch hier liegt im Prinzip ein Schloß-Schlüssel-Verhältnis vor. Der Unterschied ist bloß der, daß in diesem Fall das Energon nicht universell verwendbare freie Energie erwirbt, sondern eine Hilfeleistung, die im *direkten Antrieb eines seiner Funktionsträgers besteht.*

Noch dies: Der gleiche Umweltfaktor kann sehr wohl einmal förderlich und ein andermal schädigend sein. Das einfachste Beispiel liefert hier die Schwerkraft. Steigt ein Tier einen Berg hinauf, dann wirkt diese Kraft als Störung – erzwingt mehr Ausgaben als Fortbewegung auf ebenem Boden. Geht das Tier bergab, dann wird die gleiche Kraft plötzlich zum willigen Roß. Jetzt erleichtert Fremdenergie die Fortbewegung – sie wird billiger als auf ebenem Boden. In diesem Fall halten sich Gewinn und Verlust die Waage, doch bei anderen Umweltkräften (etwa Wind oder Wasserkraft) haben viele Energone dem *gleichen* Faktor gegenüber sowohl schützende Anpassungen als auch solche, um sie in ihren Dienst zu zwingen. Der gleiche Faktor kann also sehr wohl am Frontabschnitt der behindernden Umweltfaktoren wie auch an jenem der fördernden in Erscheinung treten.

Damit sind vier begrifflich klar trennbare Gruppen von Umweltfaktoren dargelegt, welche die Ausbildung der Energone jede in ihrer Art beeinflussen und ihre evolutionäre Entwicklung steuern. Das Passungsverhältnis zu jeder dieser Gruppen – *Energiequellen, Stoffquellen, Räuber und Störungen, fördernde Kräfte und Symbionten* – beeinflußt den Konkurrenzwert.

Damit sind aber noch nicht alle »Teile«, aus denen sich die Energone aufbauen, auf die Ursachen, die letztlich ihre Struktur bestimmen, zurückgeführt. Sehr viele Funktionsträger stellen keine *unmittelbaren* Anpassungen an die Umwelt dar. Die Energone haben nicht nur äußere Fronten – sie haben auch *innere Fronten.*

Anmerkungen

[1] J. K. Galbraith, »Die moderne Industriegesellschaft«, 1968.

[2] Die Entwicklung ist hier etwas »historisierend« dargestellt. In der Praxis hat sie sich ganz parallel in kleinen Schritten auf beiden Entwicklungsgeleisen vollzogen.

[3] Joseph Schumpeter verglich die Funktion des Geldes mit jener eines »Eintrittsbilletts«. Friedrich Bendixen nannte es eine »Anweisung« auf einen dem eigenen Beitrag zum Sozialprodukt entsprechenden Anteil desselben. Auch hier wird also Geld als Äquivalent menschlicher *Leistung* aufgefaßt, in die es »einzutreten« erlaubt, an der es einen »Anteil« vermittelt. Karl Marx war ebenfalls dieser Ansicht. Der Wert des Geldes sei »durch die zu seiner Produktion erheischte Arbeitszeit« bestimmt und drücke sich »in dem Quantum jeder anderen Ware aus, worin gleich viel Arbeitszeit geronnen ist«.

[4] Zertrampelt ein Elefant eine Ameise, dann vernichtet er diese, doch gewinnt er nichts von der in ihren Molekülen gespeicherten Energie. Er bildet also – obwohl er sie vernichtet – bloß einen *störenden* Umwelteinfluß.

Anhang

I
Über Energie

Im folgenden gebe ich einige Beispiele für die verschiedenen Erscheinungsformen von Energie und die Energiewerte, die sie darstellen. Während man gewöhnlich die einzelnen Energiearten in verschiedenen Maßen mißt – die jedoch alle ineinander umrechenbar sind –, ist hier jeder Wert auf die dem CGS-System (Zentimeter-Gramm-Sekunden-System), entsprechende Maßeinheit *Erg* bezogen. Das gibt eine bessere Übersicht über die Phänomene und ihr Ausmaß.[1]

1. *Ruhmassenenergie:* Alle Materie ist eine Erscheinungsform von Energie. Jedes Kilo beliebiger Materie, also 1 Kilo Heu, 1 Kilo Diamanten, 1 Kilo Sauerstoff oder 1 Kilo Schallplatten, repräsentiert den gleichen Ruhmassen-Energiewert, nämlich . . . . $9 \cdot 10^{23}$ erg

- Ein Mensch von 80 Kilo . . . . $7{,}2 \cdot 10^{25}$ erg
- Der Planet Erde . . . . $5{,}4 \cdot 10^{48}$ erg

2. *Kinetische Energie:* Diese hat jeder Körper, der sich (relativ zu einem anderen) bewegt.

- Kinetische Energie einer Pistolenkugel mit der Masse 3 Gramm und der Geschwindigkeit von 250 Meter pro Sekunde . . . . $9{,}4 \cdot 10^{8}$ erg

- Kinetische Energie eines 80 kg schweren Menschen, der mit 18 Kilometer/Stunde Geschwindigkeit läuft . . . . $2 \cdot 10^{10}$ erg
- Kinetische Energie des Planeten Erde innerhalb des Sonnensystems (Umlaufgeschwindigkeit um die Sonne 30 Kilometer pro Sekunde $2{,}7 \cdot 10^{40}$ erg

3. *Gravitationsenergie* (Massenanziehung): Diese ist im Verhältnis zu anderen Energieformen gering.

- Gegenseitige Massenanziehung zweier Neutronen in einem Atomkern . . . . ca. $6 \cdot 10^{-43}$ erg
- Gegenseitige Massenanziehung der Teilchen, aus denen der Mensch aufgebaut ist, insgesamt . . . . ca. 1 erg
- Massenanziehung zwischen Erde und Sonne . $5{,}3 \cdot 10^{40}$ erg

4. *Elektromagnetische Energie:* Unter dieser Rubrik faßt die moderne Physik (auf Grund der Quantentheorie) eine Vielzahl von Kräften zusammen: die elektromagnetischen Wellen (von den Radiowellen über das sichtbare Licht bis zur γ-Strahlung); die Elektrizität; alle chemischen Energien, Deformationskräfte, Oberflächenspannungen, Van-der-Waalsschen Kräfte usw.

- Bindungsenergie des Elektrons an den Atomkern im Wasserstoffatom (er besteht bloß aus einem Proton) . . . . $2{,}2 \cdot 10^{-11}$ erg
- Chemischer Energiegehalt von 1 kg Kohle (Heizwert) . . . . ca. $3 \cdot 10^{14}$ erg
- Grundumsatz des Menschen (Speicherung von zirka 1000 Kcal chemischer Energie in ATP-Molekülen und deren Abbau in ADP-Moleküle) . . . . $4{,}2 \cdot 10^{13}$ erg
- Oberflächenspannung des Bodensees . . . . $4 \cdot 10^{14}$ erg
- Sonneneinstrahlung je Minute auf die beleuchtete Seite der Erde . . . . $1 \cdot 10^{26}$ erg

- Jahresproduktion an elektrischer Energie auf der ganzen Erde im Jahre 1965 . . . . ca. $1{,}2 \cdot 10^{26}$ erg

5. *Kernenergie:* Dies ist die Bindungsenergie der Nukleonen (Protonen und Neutronen) innerhalb eines Atomkerns.

- Mittlere Bindungsenergie eines Nukleons . . ca. $1{,}3 \cdot 10^{-5}$ erg
- Energiemenge, die bei der Explosion der über Hiroshima abgeworfenen Atombombe frei wurde . . . . $8{,}8 \cdot 10^{20}$ erg
- Energie der Wasserstoffbombe, die nicht aus einer Spaltung, sondern aus der Schaffung eines neuen Elementes (Fusion) und dem damit verbundenen »Massendefekt« ihre Energie bezieht[2]: Fusion von 1 kg Wasserstoff zu Helium . . . . $6{,}7 \cdot 10^{21}$ erg

[1] Für die Ausarbeitung dieser Werte danke ich Herrn Prof. Dr. Gerhard Ecker vom Institut für Theoretische Physik in Wien.

[2] Solche Fusionen sind der Hauptenergielieferant der Sterne und auch der Sonne.

II
Die Verlagerung der Organbildung vom Genom auf das Gehirn

Die evolutionäre Entwicklung der Steuerungsfunktion wird im folgenden in zehn Hauptstufen graphisch dargestellt. Man kann aus diesen Schemata ersehen, wie in einem ganz kontinuierlichen Übergang die Funktionen des Aufbaus von Verhaltensrezepten und körperlichen Einheiten von einem Funktionsträger (Genom) auf einen anderen (Zentralnervensystem) übergingen. Die Abtrennung des ersten Evolutionsteiles (Stufe 1 bis 7) vom zweiten (Stufe 8 bis 10), die sich in der bisherigen radikalen Abtrennung der Biologie von den Geisteswissenschaften äußert, *ist, wie diese Stufenfolge zeigt, künstlich und verfälscht unsere Einschätzung der Wirklichkeit.*

1. Stufe: Das Genom G (Erbrezept) übt direkt eine Wirkung (f) aus. Das ist innerhalb der Zellen tausendfach der Fall.

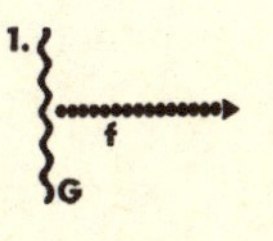

2. Stufe: Das Erbrezept bewirkt den Aufbau eines Funktionsträgers (W), der seinerseits eine bestimmte Funktion ausübt. Diese ist »passiv«, sie bedarf keiner weiteren Steuerung. Beispiel: Aufbau des Innen-

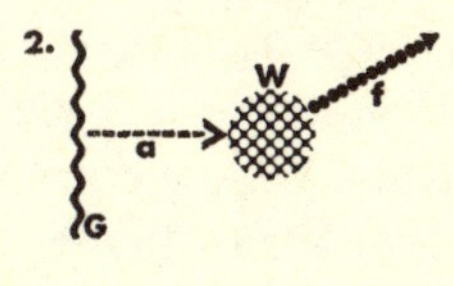

skeletts oder Panzers bei einem Einzeller. Ohne weitere Einflußnahme von seiten des Erbrezeptes erbringen diese Strukturen Stütz- und Schutzwirkungen.

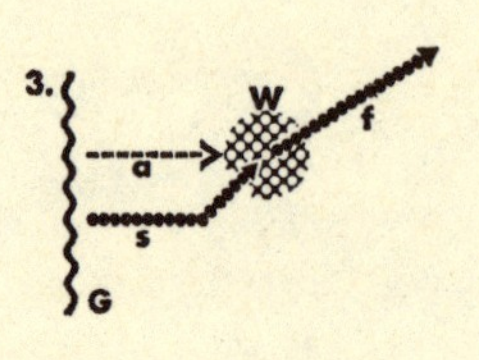

3. Stufe: Das Erbrezept baut einen »aktiven« Funktionsträger auf und bewirkt in gesonderter Funktion (s) auch die notwendige Steuerung. Beispiel: Aufbau von Geißeln und Befehlsübermittlung an diese.

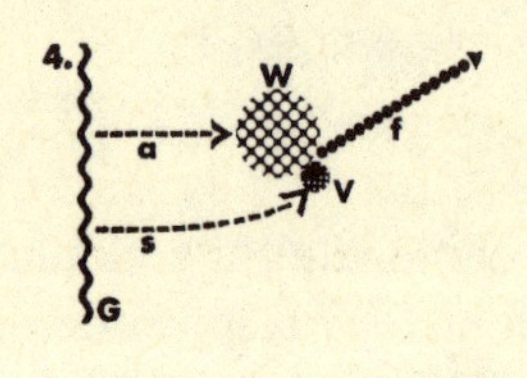

4. Stufe: Der gleiche Vorgang wie bei Stufe drei, doch baut in diesem Fall das Erbrezept eine zum Funktionsträger gehörende zusätzliche Struktur auf (V), welche die Steuerung von W besorgt: ein Verhaltensrezept. Während also auf Stufe drei das Erbrezept die Steuerung des Funktionsträgers besorgen muß, wird dieser auf Stufe vier »selbständig«. Auf Grund der Einheit V (wie immer diese auch beschaffen sein mag) kann er seine funktionelle Bewegung selbst steuern. Dies dürfte bei manchen Organellen innerhalb von Zellen, etwa beim Centriol, der Fall sein.

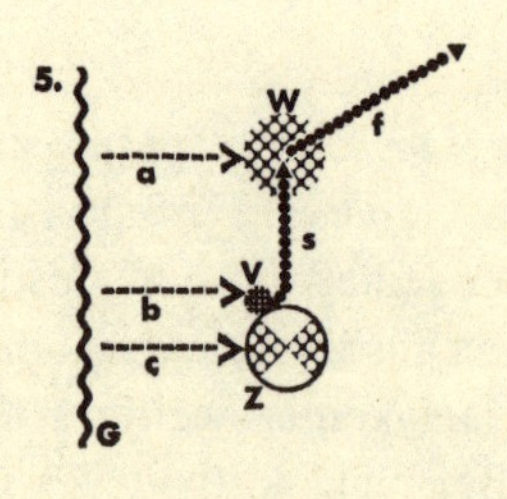

5. Stufe: Das Erbrezept baut ein besonderes Steuerungsorgan Z auf und stattet dieses mit dem zur Steuerung von W notwendigen Verhaltensrezept V aus. In diesem Fall leistet das Erbrezept bereits drei verschiedene Aufbaufunktionen (a, b, c), bildet drei verschiedene körperliche Strukturen (W, V, Z) aus. Diese Entwicklungsstufe ist bei allen Tieren, die über ein Zentralnervensystem verfügen, erreicht.

6. Stufe: Das Zentralnervensystem übernimmt den Aufbau des Funktionsträgers (a), entweder indem es diesen bereits fertig aus der Umwelt beschafft (Beispiel: der Einsiedlerkrebs, der ein fremdes Schneckenhaus zu seinem Schutzorgan macht), oder indem es den künstlichen Aufbau einer zusätzlichen funktionellen Einheit steuert (Beispiel: die Bildung der Waben bei Bienen und Wespen, die Bildung des Spinnennetzes und die Dammbauten der Biber). Das Verhalten ist in diesem Fall angeboren: es wird durch die vom Erbrezept aufgebauten Einheiten V und Z bewirkt.

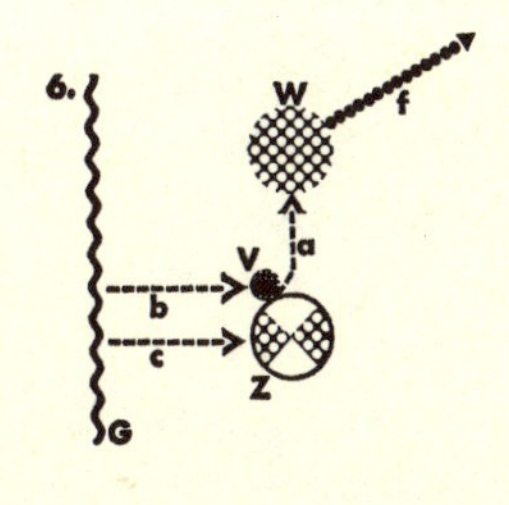

7. Stufe: Das Zentralnervensystem übernimmt eine andere der auf Stufe fünf vom Erbrezept ausgeübten Wirkungen a, b und c, und zwar die Wirkung b: den Aufbau des Verhaltensrezeptes V. Das ist der für alle lernbefähigten Tiere typische Vorgang. Sie bauen in individueller Auseinandersetzung mit der Umwelt (U) das zur Steuerung ihrer Funktionsträger nötige Verhaltensrezept selbst auf. Bei den »Lerntieren« erfolgt das im Vorgang des »Spielens« und »Lernens«. In die-

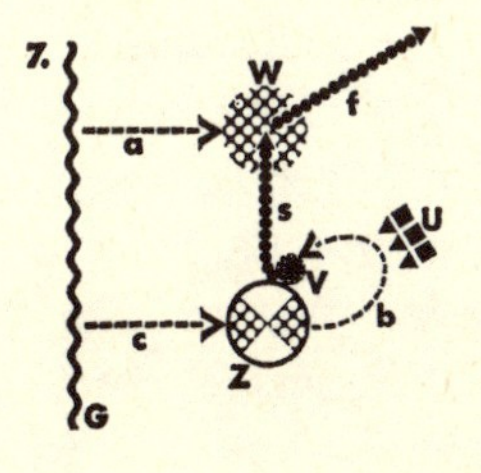

sem Fall ist das Verhaltensrezept nicht »angeboren«, es ist »erworben«. Das Verhalten kann so den jeweiligen Besonderheiten der Umwelt angepaßt werden.

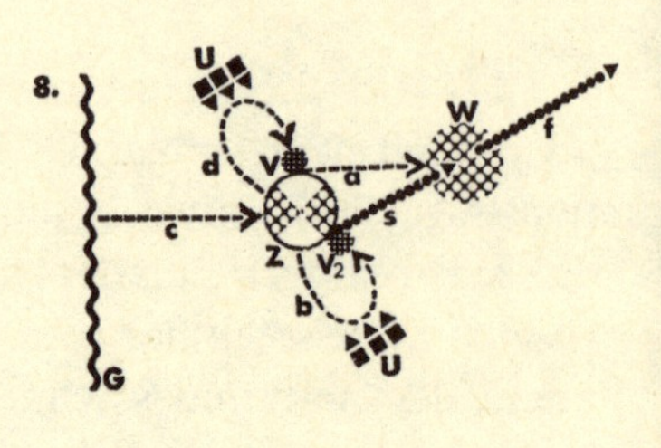

8. Stufe: Das Zentralnervensystem übernimmt nicht bloß eine, sondern zwei der auf Stufe fünf vom Erbrezept ausgeübten Funktionen: erstens baut es (d) in individueller Auseinandersetzung mit der Umwelt ein Verhaltensrezept (V) auf, das dann (a) den Aufbau des Funktionsträgers W bewirkt. Zweitens baut es, ebenfalls in individueller Auseinandersetzung mit der Umwelt (b), das weitere Verhaltensrezept V_2 auf, das die aktive Funktion von W steuert. Beispiel: die Herstellung und Verwendung eines Speeres. Sowohl die Bildung (a) als auch die Handhabung (s) dieses Funktionsträgers müssen »gelernt« werden. Dieses Schema kennzeichnet den Übergang von den tierischen Leistungen zur menschlichen Intelligenz. Es gilt für alle unsere Werkzeuge, Waffen und Ausrüstungen, die vom Gebraucher selbst hergestellt werden.

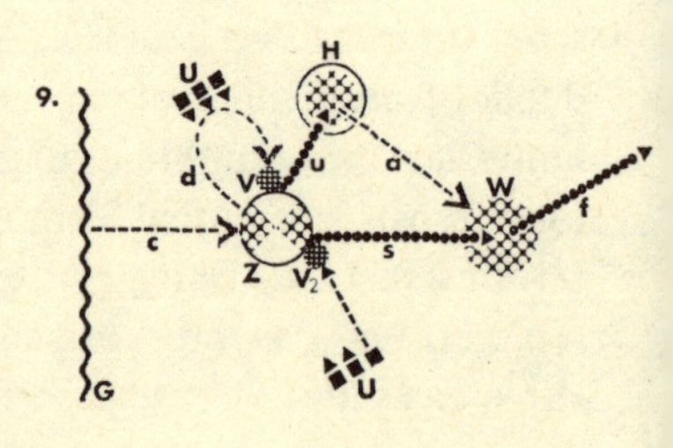

9. Stufe: Hier wird der Funktionsträger W nicht mehr selbst aufgebaut, sondern ein anderes Energon (H) besorgt dessen Bildung. Durch Gewalt oder durch einen Tauschvorgang (u) wird dieser »Hersteller« dazu gebracht, das Ergebnis seiner Anstrengung, also den Funktionsträger W, abzutreten. Das dafür nötige Verhaltensrezept (V) wird selbst gebildet: durch »Lernen« und »Sammeln von Erfahrung«. Praktisch: Ein Mensch stellt fest, daß ein anderer Mensch Speere herstellt, und raubt ihm einen solchen oder erwirbt diesen durch Tausch. Das zur Verwendung dieses Funktionsträgers notwendige weitere Verhaltensrezept V_2 wird im Schema nicht mehr selbst erworben, sondern durch Einwirkung der Umwelt aufgebaut. Dieser Vorgang ist bei der Kindeserziehung gegeben und bei jedem Einfließen traditionellen Wissens über den Weg der Sprache und der Schrift. Eine fördernde Umwelt greift hier ein: der »Erzieher«. Dieses Schema kennzeichnet alle Güterproduktion innerhalb der arbeitsteiligen menschlichen Gesellschaft. Einzelne Energone (»Hersteller«) spezialisieren sich auf die Bildung benötigter Funktionsträger und geben diese in einem Tauschakt ab (Gewerbe, Industrie, Handel). Eine ungeheure Vielzahl von künstlichen Organen wird so erwerbbar.

10. Stufe: Das Zentralnervensystem gelangt nicht nur in die Verfügungsgewalt des von einem anderen Energon (H) hergestellten Funktionsträgers W, sondern erreicht, wieder über Gewalt oder Tausch (u), daß auch die zweckmäßige Bedienung dieses Funktionsträgers (s) durch ein anderes Energon (T) ausgeübt wird. Das kann ein Tier sein (etwa ein Ochse, der einen Pflug – W – zieht), ein Mensch (etwa ein Wagenlenker) oder eine Organisation (etwa ein Bauunternehmen). Beide für diese Dienstbarmachung fremder Energone nötigen Verhaltensrezepte (V, V_2) sind von der Umwelt (Gesellschaft) aufgebaut, werden also in Gestalt von Erziehung und Tradition übertragen. Das gleiche gilt für ein drittes Verhaltensrezept (V_3), durch das ein anderes Energon (im Schema auch wieder T) zu einer unmittelbaren Funktion veranlaßt wird. Beispiele: Dienstleistung eines Friseurs, eines Rechtsanwaltes, einer Versicherungsgesellschaft. Auf dieses letzte Grundschema lassen sich sämtliche organisatorischen Verflechtungen innerhalb der menschlichen Gesellschaft zurückführen. Immer geht es darum, daß andere Energone dazu gebracht werden, entweder durch Bildung und Abtretung von Funktionsträgern das eigene Wirkungsgefüge zu vergrößern (H) oder eine spezialisierte Tätigkeit, die den eigenen Zwecken dient, zu erbringen (T). Diese letztere kann in einer unmittelbaren Tätigkeit bestehen (f_2) oder in der Bedienung beziehungsweise Steuerung eines dem eigenen

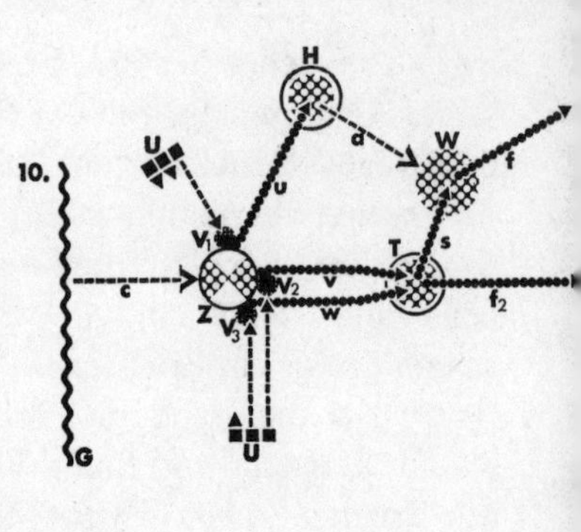

Leistungsgefüge angehörenden Funktionsträgers (s). Die notwendigen Verhaltensrezepte können (wie im Schema) gratis von der fördernden Umwelt (Erziehern, Stammesangehörigen) aufgebaut werden, oder ihr Erwerb erfolgt durch Raub oder Tausch: das entspricht dann wieder dem Verhältnis zu Energon H, das in diesem Fall als Funktionsträger ein Verhaltensrezept bildet und abgibt.

III
Über das Wort »Seele«

Wenn in diesem Buch die Worte »Seele« und »seelisch« tunlichst vermieden wurden, dann hat das einen konkreten Grund, der kurz dargelegt werden soll. Es dürfte nämlich nicht viele andere Worte geben, die so viele verschiedene Bedeutungen haben, oder, anders ausgedrückt: nicht viel anderes, das auf so vielen verschiedenen »Gehirnschubladen zum Einordnen von Begriffen« als Wortetikett angeheftet wird.

Nach vielen alten Glaubensvorstellungen löst sich die Persönlichkeit des Menschen nach seinem Tod vom Körper ab und lebt in unsichtbarer Gestalt weiter. Die christliche Religion lehrt, daß die Seele dem Menschen von Gott eingehaucht und unsterblich ist. Sie kann leiden und Veränderungen erfahren. Sie wird von Sünden »befleckt« und wieder »reingewaschen«, muß büßen oder geht in einen Himmel ein. Nach der Anschauung des Buddhismus besiedelt die Seele in Reihenfolge zahlreiche Körper, auch solche von anderen Lebewesen. Sie ist dem »Ich«, dem Bewußtsein, zugehörig: mit dem Tode des Menschen geht das Bewußtsein ebenfalls aus ihm aus. Auch die Pythagoreer glaubten an eine solche »Wanderung« der Seele.

Während also nach dieser Vorstellung die Seele ein von Gott geschaffenes oder sonst in die Welt gekommenes Etwas ist, das mit materiellen Körpern verbunden in Erscheinung tritt und sich wieder von ihnen löst, ist sie nach anderer Vorstellung der Teil eines »Allgeistes«, einer unteilbaren »Weltseele«, ein Teil Gottes selbst. Für Spinoza waren Seele und Körper ein und dasselbe Ding, eine »Ausdrucksform« der »göttlichen Substanz«. Die »Allseele« manifestiert sich nach vielfacher Vorstellung in der gesamten Welt, auch in den Gesteinen und Gestirnen. Wie Plotin sagte, »emaniert« das Körperliche aus dem Seelischen. »Die Seele ist eher als der sichtbare Leib«, der Leib ist »Werkzeug der Seele« (Schubert). Für Emerson und Suabedissen ist der Mensch somit ein *Organ* dieser »Überseele«.

Wieder anders sahen Aristoteles und viele nach ihm die Seele. Sie ist kein Wesen, das vom lebenden Körper getrennt existiert, sondern eine Kraft, die den Leib zum Lebendigen macht. Sie ist ein gestaltendes Prinzip, sie kommt auch schon in Pflanzen vor. Sie ist ein Formprinzip: Leib und Seele verhalten sich zueinander wie Stoff und Form (Duns Scotus). Kritolaos nannte die Seele »Quinta essentia«. Nach E. Becher ist sie der »führende Faktor« in den Organismen. Die Aristotelische Bezeichnung »Entelechie« wurde von H. Driesch übernommen. Die Seele ist eine ganzmachende ordnende Kraft, nur ein Teil der Seele sei im Menschen bewußt: das »Ich«.

Platon dagegen sah im Leib ein »Fahrzeug« der Seele, das sie wie ein »Steuermann« lenkt. Das erscheint ähnlich, ist aber eine grundsätzlich andere Vorstellung: ein Steuermann lenkt bloß ein Schiff, konstruiert und baut es jedoch nicht. Damit haben wir schon vier höchst verschiedene Begriffe, die mit dem gleichen Wort bezeichnet werden. Erstens: sie (die Seele) ist *ein Etwas, das in den Körper hineinschlüpft und diesen wieder verläßt.* Zweitens: sie ist *Bestandteil einer an sich unteilbaren »Allseele«,* ein Teil Gottes, der sich in der gesamten Welt, auch den Gestirnen, manifestiert. Drittens: sie ist *eine zur Ordnung hin lenkende Kraft, welche die Organismen aufbaut.* Viertens: sie ist eine *steuernde Kraft, die den Körper lenkt.*

Manche Denker sahen in der Seele *das Prinzip aller Bewegung.* Thales von Milet erklärte, auch der Magnet habe Seele, weil er das Eisen bewegt. Einige Pythagoreer sahen in den »Sonnenstäubchen oder das sie Bewegende« die Seele. Heraklit sah in der Seele »feinste unkörperliche Materie, einen Teil des Urfeuers«. Hier wird Seele weitgehend dem heutigen Begriff »Energie« gleichgesetzt. Alkmaion sah in der Seele *»eine sich selbst bewegende Zahl,* die ih-

ren Sitz im Gehirn hat«. Auch Xenokrates nannte sie »die sich selbst bewegende Zahl«. Agrippa sprach von einer »substantiellen Zahl«.
Im krassen Gegensatz zu so subtilen Seelenauffassungen erklärte der Arzt Virchow: »Wenn ich untersuche, was unter dem Begriff Seele zusammengefaßt wird, so komme ich zu einer Reihe von organischen Tätigkeiten, die sich überall an bestimmte Teile des Körpers knüpfen, die ganz bestimmt lokalisiert sind, wo es durchaus unmöglich ist, daß die Kraft wegläuft und das Organ verläßt.« Sobald dieses Organ nicht mehr da ist, sei von ihrer Tätigkeit »gar nichts zu finden«, »gar nichts nachzuweisen«. Hobbes erklärte, *Seele und Gehirn seien identisch.* Nicht eben sehr zartfühlend gegenüber den anderen Seelenauffassungen provozierte der Zoologe C. Vogt diesen »materialistischen« Standpunkt. Er sagte: »Das Gehirn sezerniert die Seele wie die Niere den Urin.«
Ein anderer Konflikt in den Standpunkten betrifft das Verhältnis Seele und Geist. R. Martin und K. Saller zitieren in ihrem Lehrbuch der Anthropologie (1966) als moderne Definition der Seele jene von Fischel. Dieser sieht in der Seele *»die erlebende zielstrebige Gesamtheit aller anklingenden, steuernden und schaffenden überkörperlichen Regungen«* (meines Erachtens ein Beispiel dafür, daß die Seelendefinitionen seit den griechischen Philosophen nicht wesentlich an Klarheit gewonnen haben). Und vom Geist sagt er, dieser sei eine der Seele gegenüber selbständige, aber von ihr geformte Ganzheit aller höheren Gedächtnisinhalte, der Ideale und der Alltagserfordernisse, die insgesamt Erlebnisse bedingen können. Wenn ich recht verstehe, heißt das: die Seele bildet – zumindest weitgehend – den Geist. Teilhard de Chardin – auf dessen Weltbild ich in Anhang IV näher eingehe – erklärt sehr klar, daß eine gesteigerte *Verdichtung des Geistigen* (das aller Materie innewohne) zur Bildung der Seele führt.
Sehr viele teilen mit Cicero die Ansicht, daß die Seele *stofflicher Natur* sein müsse, »denn nur Stoffliches kann wirken und leiden«. Der Wiener Psychologe H. Rohracher dagegen schreibt: »Wer ist glücklich oder unglücklich? Vielleicht das Gehirn? Die Frage stellen, heißt sie verneinen.« Die Ganglienzellen und die Atome könnten nicht leiden, die Materie könne weder Angst noch Hoffnung empfinden: »Der Mensch ist mehr als sein Gehirn.« Demokrit

lehrte, die Seele bestünde *aus feinsten, beweglichen, runden Atomen,* die zwischen die Körperatome des Organismus eingelagert seien. Dagegen erklärte Descartes, die Seele sei *unausgedehnt.* Nach Reinhold Lotze und Hans Sihler sind die Bewußtseinsvorgänge »raumlos« und daher »grund- und wesensverschieden« von den körperlichen Vorgängen, die sich in den Nerven und im Gehirn abspielen. Man könne sie mit diesem Prozeß überhaupt nicht vergleichen. »Dieses Neue nennen wir das Seelische.«

Nicht wenige Denker hielten die Seele gar nicht für *eine* Erscheinung, sondern deren zwei. Nach Numenios habe der Mensch *zwei Seelen*: eine vernünftige und eine vernunftlose. Die Manichäer unterschieden zwischen einer »Lichtseele« und einer »Leibesseele« (so auch der frühe Augustinus); Wilhelm von Occam unterschied zwischen einer »sensitiven« und einer »intellektiven« Seele. Solche Vorstellungen reichen weit zurück. Im Buddhismus wird zwischen einer Lebenskraft (»akegerun«) und der geistigen Seele (»erkin sunesun«) unterschieden – sehr ähnlich auch in der Bibel zwischen »nephesch« (einem im Blute befindlichen Lebensprinzip) und »rûach« oder »n'schāmā«. Für Aristoteles kam neben dem allen Organismen zukommenden psychischen Gestaltungsprinzip im Menschen noch der Geist hinzu, der vom Körper trennbar und unsterblich ist: »eine andere Art von Seele«.

Kant erklärte, die »Seele« sei nur *»das Subjekt der Bewußtseinsprozesse«,* sie sei kein »Ding an sich«. Gemeint ist damit, daß unser Gehirn, an das Zusammenfassen von Erscheinungen in »Begriffe« gewöhnt, schließlich daran glaubt, daß diese Begriffe – das Ergebnis seiner eigenen Tätigkeit – etwas Reales sind. Ein Beispiel: Eine Vielzahl von Bäumen nennen wir einen »Wald«. Das aber, was wir Wald nennen, sind nur eben zahlreiche beieinander stehende Bäume. Trotzdem bezeichnen wir diese geistige Zusammenfassung mit einem Hauptwort, wir machen es zu einem *Subjekt*, dem wir Eigenschaften beilegen. Der Wald ist dicht, er verfärbt sich, er wird abgeholzt. Ganz in diesem Sinne machen wir – wie Wundt sagte – die Gesamtheit unserer psychischen Erfahrungen (also unserer »Innenerlebnisse«) zu einem »Subjekt, dem wir alle einzelnen Tatsachen des psychischen Lebens als Prädikate beilegen«. Die »Seele« ist demnach – wie L. Knapp sagte – eine *»Abstraktion von Bewußtseinsvorgängen«* und besteht nur eben aus den Bewußtseinserscheinungen, »welche der Stoffwechsel in dem lebenden Nerv produziert«. Besonders klar legt Jodl diesen Standpunkt dar. Nicht eine »Seele« hat »Zustände oder Betätigungen, wie Empfinden, Vorstellen, Fühlen, Wollen, sondern die Gesamtheit dieser Funktionen eines lebendigen Organismus ist seine Seele.«

Auch Schopenhauer und Nietzsche waren dieser Ansicht. Das Wort Seele ist bloß ein Wort: *ein Sammelbegriff für unser Innenleben.* Hume sprach von einer Vielheit der Wahrnehmungen in ständiger Veränderung und Bewegung ohne eigentlichen Träger. Die meisten heutigen Naturwissenschaftler teilen diese Auffassung. Das Wort »Seele« oder »seelisch« baut sich aus den im Organismus ablaufenden Funktionen auf. Es ist, wie R. Eisler es im »Wörterbuch der philosophischen Begriffe« definiert, *»die von innen erfaßte, sich unmittelbar in ihrer Eigenqualität erlebende Organisation,* von welcher die einzelnen Bewußtseinszustände abhängig sind, durch deren Zusammenwirken sie selbst konstruiert und charakterisiert ist«.

Dies führt dann zu der Frage, wieweit auch den Tieren und Pflanzen ein solches Innenerlebnis – eine solche »Seele« – zugebilligt werden kann. Dazu äußerte R. Woltereck, daß man die Bezeichnung »seelische Vorgänge« nur auf die höher differenzierten Tiere (Warmblüter) anwenden soll. »Es ist zum mindesten geschmacklos, das Erleben einer Darmzelle oder einer Kartoffel als psychisch zu bezeichnen.«

Sodann ist bei diesem Standpunkt zu fragen, welche Funktionen, die uns Innenerlebnisse vermitteln, als seelisch bezeichnet werden sollen. Alle? Auch hier gibt es sehr verschiedene Abgrenzungen von »Begriffsschubladen«. Als Hauptkategorien werden meist genannt: Empfinden, Fühlen, Wollen und Denken. Doch es gibt viele, die in das »Seelische« die eigentlichen Denkakte nicht einbeziehen, sondern nur die »Gefühlswelt«. So sagte etwa Helvetius, die Seele sei »nur *die Fähigkeit zu empfinden*« (»la faculté de sentir«).

Wenden wir uns – schließlich – dem allgemeinen Sprachgebrauch zu, dann zeigt sich, daß es im allgemeinen mehr die Gefühlswelt ist, die als das »Seelische« angesprochen wird. Ein brillanter Kopf kann völlig »seelenlos« sein, ein eher geistig beschränkter dagegen »die Seele von einem Menschen«. Und auch nicht alle Gefühle werden – in der Regel – unter »seelisch« angeführt, sondern meist nur die positiven, für die Mitmenschen angenehmen. *Kunstverständnis, Takt, Nächstenliebe, Tierfreundlichkeit, Charme, Liebesfähigkeit, Treue* und ähnliches sind »seelische Werte« – kaum dagegen Wut, Neid, Hinterlist, Bosheit, Sadismus und so weiter. Niemand hat diese Auffassung besser ausgedrückt als Goethe:

> Das artige Wesen, das entzückt,
> Sich selbst und andre gern beglückt,
> Das möcht ich Seele nennen.

Mit dieser Darlegung sollte – ganz abgesehen vom Einzelthema Seele – gezeigt werden, welch mangelhaftes Werkzeug Worte sein können. Ihre Funktion ist es, Verständigung zwischen Menschen zu ermöglichen. Heftet nun der eine sie als Symbol auf eine »Begriffsschublade« und ein zweiter auf eine *ganz andere*, dann »reden sie aneinander vorbei«, wenn sie in einer Diskussion das betreffende Wort verwenden – nicht anders, als wenn sie verschiedene Sprachen sprächen. Solche Arten von Diskussionen gab es zu allen Zeiten und gibt es heute in noch größerer Zahl. Auch hier möchte ich mit Goethe schließen:

> Mit Worten läßt sich trefflich streiten,
> Mit Worten ein System bereiten,
> An Worte läßt sich trefflich glauben,
> Von einem Wort läßt sich kein Jota rauben.
> (Gespräch zwischen Mephistopheles und Schüler,
> Faust, 1. Teil)

IV
Über Teilhard de Chardin

Pater Teilhard war kein Wahrheitssucher im eigentlichen Sinne. Er suchte nicht nach der Wahrheit *an sich* – nicht nach einer Wahrheit, wie immer diese auch aussehen mochte. Er unternahm eine Art Kreuzzug für den christlichen Glauben.
Die »Lauheit« der heutigen Christen bedrückte ihn. Auf seinen Fahrten durch viele Teile der Welt – lange weilte er beispielsweise in China – erlebte er die geistige »Unruhe im Herzen der Ordensleute und Priester«. Irgend etwas, so schrieb er, »klappe zwischen den Menschen und Gott nicht mehr«. Die Vernachlässigung der naturwissenschaftlichen Erkenntnisse durch die Kirche erachtete er als einen schwerwiegenden Fehler – ja als eine Mißachtung Gottes. Da ja – im Sinne des christlichen Glaubens – die Welt ein bewußtes und so gewolltes Werk Gottes ist, konnten Einzelheiten dieser Schöpfung der göttlichen Offenbarung nicht widersprechen. Deshalb erklärte er, die Theologie dürfe nicht länger die Augen vor den Ergebnissen der Forschung verschließen, »sie dürfe nicht auf die geringste der so gewonnenen Wahrheiten verzichten«.
Teilhard zog die Konsequenz und übersiedelte vorbehaltlos und konsequent in dieses andere Lager. Zwischen dem christlichen Glauben – der christlichen Wahrheit – und den Ergebnissen der Forschung mußte es eine Brücke, eine Synthese geben. Pater Teilhards Lebenswerk bestand darin, nach dieser Verbindung zu su-

chen. Er fand eine, die ihn persönlich zufriedenstellte, und verfocht sie bis zu seinem Tod.
Wie sieht diese Verbindung aus?
Das erste Anliegen Teilhards richtete sich darauf, dem Planeten Erde und dem darauf lebenden Menschen die zentrale Bedeutung zurückzugeben. Seit Kopernikus und Galilei drehte sich nicht mehr das Universum um die Erde. Die Erde war nur noch ein unbedeutendes Staubkorn in der unendlichen Vielzahl anderer Himmelskörper. Der Mensch selbst war – seit Lamarck und Darwin – nicht mehr etwas Einmaliges, von der Natur Abgesondertes, von Gott persönlich zum Zwecke einer Art von Prüfung auf diese Erde Gepflanztes: er war ein Verwandter des Affen – ein Verwandter der Krebse, Würmer und Bakterien. Teilhard entwarf zwei Konzepte, welche diese so unerfreuliche Situation radikal veränderten. Erstens: die Materie hat *in toto* Bewußtsein – Bewußtsein ist eine »allen Korpuskeln gemeinsame universelle Eigenschaft«. Zweitens: Nicht die »Dimensionen« Klein und Groß – welche den Planeten Erde innerhalb des Universums zu einem Staubkorn machen – sind das ausschlaggebende. Eine andere, *dritte* Dimension ist ausschlaggebend: jene der anwachsenden »Komplexität«. Durch »Verdichtung« der Materie käme es zu einem »Aufstieg des Bewußtseins«... den Menschen nannte Teilhard das »komplexeste«, das zutiefst »zentrierteste aller Moleküle«.
Die Gestirne sind gleichsam »Laboratorien«, in denen eine Evolution der Materie vor sich geht. Aber hier entstehen nur recht einfache Atome oder Verbindungen. Die Planeten dagegen seien der Platz, wo – in der dritten Dimension – eine weitere Entfaltung des Geistigen möglich ist. Das »Seelische« folge dichtauf: Sobald sich die Atome zu Molekularstrukturen aus Hunderttausenden und Millionen von Atomen zusammenballen, käme es dahin, daß »die materiellen Korpuskeln sich beseelen, sich vitalisieren«. Teilhard schreibt: »Ohne die biologische Evolution, die das Gehirn aufgebaut hat, gäbe es keine geheiligte Seele.«[1] In der menschlichen Seele sei schließlich der »höchste Psychismus« erreicht.
So gibt Teilhard dem Staubkorn »Planet Erde« und dem darauf lebenden Staubkorn »Mensch« wieder seine Bedeutung zurück. Hier – und nur eben hier – konnte dieser gottgewollte Vorgang stattfinden.

Innerhalb der menschlichen Gemeinschaft fände nun eine weitere »Verdichtung« des Geistig-Seelischen statt. Ein Prozeß »fortlaufender Einswerdung« fände hier statt. Ein »Super-Leib« bilde sich: ein »neues Stockwerk im Gebäude des Lebens«. Es bilde sich, wie er sagt, »ein hyper-komplexes, hyper-zentriertes und hyper-bewußtes Über-Molekül«. Nunmehr, nach den Phasen der Vitalisation (Lebensentfaltung), der »Hominisation« (der menschlichen Entfaltung) käme es zur dritten, letzten Phase: zur »Planetisation«. Durch einen Akt »universeller Liebe« vereint, käme es zu einem totalen Einswerden – zu einer »totalen Reflexion« des Bewußtseins. Die so entstandene Gesamtseele löse sich schließlich vom Planeten Erde – ihrer Geburtsstätte – ab, »entmaterialisiere sich«. Der kritische Reifungspunkt sei dann erreicht, und das Psychische verbinde sich mit »der irreversiblen Essenz der Dinge«. Am »Zielpunkt seiner Zusammenziehung und Totalisation in sich selbst« kehrten dann die Sterne und die Erde zu der »verblassenden Masse der ursprünglichen Energie zurück«, und das Psychische ginge zu Gott – an den Punkt »Omega«, wie er sich naturwissenschaftlich ausdrückte – ein. So würde es dann schließlich nur noch Gott geben »alles in allem«. Dieser Ausspruch des Paulus dürfte Leitstern für den Gedankenbau, den Pater Teilhard ebenso überzeugt wie überzeugend errichtete, gewesen sein. Noch auf der letzten Seite seines Tagebuches, drei Tage vor seinem Tod, erwähnte er ihn.

Pater Teilhard, der wohl konsequenter als irgendein Priester vor ihm naturwissenschaftlich dachte, konnte kaum übersehen, daß die Anzeichen für ein »Sich-in-Liebe-Vereinen der Menschheit« gering sind. Er sprach von einer »planetaren Kompression«. Die zunehmende »Kollektivierung« bedrücke wohl den einzelnen, sie sei aber ein unabwendbarer Prozeß: eine »Geburtskrise«. Den totalitären Staaten, dem Geburtenüberschuß, den Kriegen, selbst der Atombombe wußte Teilhard – an eine von Gott so gewollte Welt glaubend – Positives abzugewinnen. Der gegenwärtigen »Zwangsphase« würde eine »Freiheitsphase« folgen. Die immer stärkere Kompression der Menschheit, durch alle diese, wenn uns auch unangenehme Mittel begünstigt, würde nicht zu einer »absurden Versklavung« führen. Es sei vielmehr »das Sprossen eines Zweiges, der eines Tages noch stärkere Individuen tragen« würde. Er schrieb:

»Die wirkliche Vereinigung erstickt nicht, sie verschmilzt nicht die Elemente: sie supradifferenziert sie in der Einheit.«[2]
Teilhard glaubte, daß dieser – aus nüchterner Sicht etwas unwahrscheinliche – Vorgang durch außerirdisches Einwirken bewirkt würde. Vom Punkt Omega – also von Gott – gingen gleichsam Strahlen aus, die bisher nur von den »mystischen Menschen« wahrgenommen würden. Dieser Einfluß würde sich verstärken. Ein »mächtiges Feld innerer Anziehung würde so entstehen, in dem alle von innen her ergriffen würden«.
Wieweit diese Lehre dem Christentum in seinen heutigen Schwierigkeiten hilft, ist eine Frage, die hier nicht zur Diskussion steht. Jedenfalls aber ließ Pater Teilhard die Evolution als ein Ganzes sehen, als eine Entwicklung, die über den Menschen hinweg fortschreitet, die, vom Organischen ihren Ursprung nehmend, über eine kontinuierliche Verdichtung und Komplizierung zu immer größeren Einheiten – den Lebenskörpern – führt und auf diese Art zu einem immer höheren Bewußtsein, zu einer immer weitere Schichten umfassenden »Gesamtseele«. Teilhard sprach von einer sich entfaltenden »denkenden Schicht« der Erde, von einer »Aureole« sie umschließender »denkender Energie«. Wenn bei Teilhard vom »Geist der Erde« die Rede ist, dann ist das nicht poetisch gemeint, sondern im Sinne dieser Worte. Er bezeichnete die Gesamtheit der vom Menschen »vitalisierten Materie« als *Noosphäre* und sah in ihr eine eigene »zoologische Schicht«.
Auf diesem Entwicklungsweg kam Teilhard zu ähnlichen Schlußfolgerungen wie jene, die in diesem Buch dargelegt werden. Er kam ebenfalls zur Ansicht, daß die vom Menschen *künstlich* geschaffenen Strukturen nicht als etwas vom Lebensprozeß Gesondertes angesehen werden dürften. Unser »künstliches« Tun sei bloß eine »transformierte Verlängerung« des natürlichen Tuns der übrigen Lebewesen. »Auf höherer Ebene und mit anderen Mitteln« setzt der Mensch »die unterbrochene Arbeit der Evolution fort.«[3] Das Werkzeug ist »das Äquivalent des differenzierten Organs in der Tierreihe«, es ist – und hier macht Teilhard seinen Standpunkt ganz klar – »das wirkliche Homologon und nicht die oberflächliche, aus einer banalen Konvergenz entstehende Nachahmung«.[4] Teilhard schreibt: »Dasselbe Individuum kann abwechselnd Maulwurf, Vogel oder Fisch sein.« Als einziges unter allen Tieren »hat der

Mensch die Fähigkeit, Abwechslung in sein Werk zu bringen, ohne endgültig sein Sklave zu werden«. Er kann sich verwandeln, »ohne sich somatisch zu binden«.

Auch Teilhard sah in jedem Individuum der Tier- und Pflanzenreihe ein »Vermittlungsorgan« – einen *»Durchgangsort«* der Lebensentwicklung. Der Mensch werde durch eine »andere, höhere Einheit beherrscht«.

Teilhard sah in dieser höheren Einheit etwas anderes als den durchaus ziellos-kausalen Prozeß einer Energieentfaltung, in dem die Energontheorie den Ursprung aller Lebenserscheinungen erblickt. Hier konnte er – gemäß seiner Grundeinstellung – kaum zu einer anderen Vorstellung gelangen. Im übrigen aber schätzte er den Menschen ganz ähnlich ein: *als Vermittlungsorgan und Durchgangsort.*

[1] »Die Zukunft des Menschen«, München 1963, S. 37.

[2] »Auswahl aus dem Werk«, Frankfurt 1967, S. 85. Dieses Buch ist als Einführung in die Gedankenwelt von Teilhard besonders zu empfehlen.

[3] »Auswahl aus dem Werk«, S. 40.

[4] Ebenda, S. 53

V
Über Marshall McLuhan

In seinem weitverbreiteten und umstrittenen Buch »Die magischen Kanäle« legt der kanadische Soziologe Marshall McLuhan eine Reihe von Gedanken vor, die von der Energontheorie her bemerkenswert sind. McLuhan überspringt die Energontheorie gleichsam – insofern, als er die Ausweitung des menschlichen Körpers durch die Gesamtheit der technischen Hilfsmittel geradezu als eine Selbstverständlichkeit hinstellt. Sein Interesse gilt den Rückwirkungen dieser Auswirkungen auf das »psychische und soziale Gefüge« der menschlichen Gemeinschaften und der Gesamtmenschheit schlechthin.

Auf das »technische Zeitalter«, durch Arbeitsteilung und immer weitergehende Spezialisierung gekennzeichnet, seien wir nunmehr in das »elektrische Zeitalter« eingetreten. Durch die Elektrizität hätte nun schließlich auch das menschliche Zentralnervensystem eine immense Ausweitung erfahren: durch dieses neue »Medium« würde der Mensch mehr und mehr mit der ganzen übrigen Menschheit verflochten. McLuhan schreibt: »Nach dreitausend Jahren der Explosion des Spezialistentums durch die technischen Ausweitungen unseres Körpers wirkt unsere Welt nun in einer gegenläufigen Entwicklung komprimierend.« Durch Rundfunk, Fernsehen und so weiter werden Raum und Zeit geradezu aufgehoben. »Elektrisch zusammengezogen ist die Welt nur noch ein Dorf.«

Eine Hauptthese McLuhans lautet: »Das Medium ist die Botschaft.« Nicht der jeweilige »Inhalt« und die jeweilige Anwendbarkeit der Medien sind entscheidend, sondern die Medien *an sich* nehmen Einfluß und steuern die Formen des menschlichen Zusammenlebens. Ob eine Maschine Cornflakes oder Autos erzeugt, ist unwesentlich: die Maschine *an sich* »verändert unsere Beziehungen zueinander und zu uns selbst«. Ebenso ist die Wirkung des Films »ohne Beziehung zu seinem Programminhalt«. Die »Medien« – die Ausweitungen des menschlichen Körpers – schaffen einen »neuen Maßstab«, sie »verlagern das Schwergewicht in unserer Sinnesorganisation«. Die Eisenbahn führte zu einer »vollkommen neuen Art von Städten sowie auch der Arbeit und der Freizeit«. Das Flugzeug, durch weitere Beschleunigung, führt »zur Auflösung dieser durch die Eisenbahn bedingten Form der Stadt, der Politik und der Gemeinschaft«. Jedes Medium – *an sich* – hat die Macht, »seine eigenen Postulate dem Ahnungslosen aufzuzwingen«.
Welche Beziehung hat dieses – hier nur angedeutete Konzept – zur Energontheorie? Es geht um die Frage der Rückwirkung der künstlichen Organe nicht auf den einzelnen Menschen, zu dem sie gehören, sondern auf die Gemeinschaft. Das ist eine Problematik, die in diesem Buch nicht angeschnitten wurde. Die menschlichen Erfindungen *an sich* beeinflussen die Denkformen der Gemeinschaft: und damit die Gemeinschaftsverhaltensrezepte, die über Tradition und Erziehung in den Menschen einfließen. Die Essenz jedes künstlichen Organes ist das ihm zugrunde liegende Prinzip: die Gesamtheit der ihm innewohnenden Möglichkeiten. *Diese Essenz ist es,* die auf die Gemeinschaft zurückwirkt, sie tiefgreifend beeinflußt und verändert.
McLuhan unterscheidet zwischen »heißen« und »kalten« Medien: die heißen mit starker, die kalten mit nur geringer Einflußkraft. Von den »heißen« sagt McLuhan, sie haben »zerstörerische Kraft«. Eines seiner Beispiele zeigt anschaulich, was gemeint ist: »Als australische Eingeborene Stahläxte von den Missionaren bekamen, brach ihre Kultur, die auf die Steinaxt aufgebaut war, zusammen. Die Steinaxt war nicht nur rar, sondern war immer ein grundlegendes Symbol männlicher Vormachtstellung gewesen. Die Missionare lieferten massenweise scharfe Stahläxte und gaben sie Frauen und Kindern. Die Männer mußten sie sogar von den Frauen ausleihen,

was den Verlust der männlichen Würde zur Folge hatte.« Hier erwies sich somit das künstliche Organ Stahlaxt als »heiß« – als höchst befähigt, Lebensformen zu beeinflussen und zu verändern.
Die »heißen« Medien – das ist McLuhans nächster Gedanke – erleben jedoch, sobald eine »kritische Grenze« überschritten wird, in ihrer Wirkung eine »Umkehrung«. Das Pendel ihrer Einflußnahme schwingt dann ins andere Extrem. So bewege sich etwa »die westliche Welt heute ostwärts, die östliche westwärts«.
Sodann beschäftigt sich McLuhan mit den Wechselwirkungen zwischen den verschiedenen »Ausweitungen«. Es ist ein »Bürgerkrieg, der in gleicher Weise in unserer Gesellschaft wie in der Seele jedes einzelnen tobt«. Die künstlichen Organe beeinflussen und vermehren einander gegenseitig. Durch Verbindung verschiedener wurden »enorme Energien frei«, kam es zu einer Vielfalt neuer Entwicklungen.
Jede menschliche Ausweitung – ein weiterer Gedanke McLuhans – führt zu einer Art »Betäubung« des Menschen, macht ihn »benommen, taub, blind und stumm«. Für das Zentralnervensystem bedeute die Ausweitung eine Schockwirkung, gegen welche es sich durch diese Reaktion schütze. Die Selbsterkenntnis würde dadurch erschwert, ja unmöglich. Es gehe hier darum, das – durch die Ausweitung gestörte – innere Gleichgewicht wiederherzustellen.
McLuhan trägt seine Gedanken in einer Art vor, die manche Kritik rechtfertigt. Die Beispiele, mit denen er seine Thesen untermauert, sind zum Teil weit hergeholt, allzu bunt gemischt und oft wenig geeignet, seinen Standpunkt zu stützen. Der naturwissenschaftlich Denkende wird durch immer wiederkehrende unvertretbare Behauptungen und Verallgemeinerungen mißtrauisch gemacht, wenn nicht abgestoßen. Fast auf jeder Seite kommt es zu Gedankenfolgen, die in dieser Form der Verknüpfung von Ursachen und Wirkungen bestenfalls verblüffen, jedoch kaum ernst zu nehmen sind. Man gewinnt vielfach den Eindruck, daß McLuhan mit Absicht verblüffen will, um so Aufmerksamkeit zu erwecken.
Ich neige allerdings zur Ansicht, daß McLuhan einfach die Welt so darstellt, wie er sie sieht, ohne sich Mühe zu nehmen, den Interessierten auf einem gangbaren Weg in seine Gedanken einzuführen. So wie er die »Ausweitung der Menschennatur« als etwas Selbstverständliches und Gegebenes darstellt – obwohl bisher fast jedermann

die Grenze ganz anders sah –, so überspringt er auch bei seiner Schilderung der Rückwirkungen die einfacheren Zusammenhänge und geht gleich zu extremen über, die zumeist – zumindest in dieser Darstellungsform – nicht nur dubios erscheinen, sondern auch anfechtbar sind.

Sollte die Energontheorie einmal Jünger unter den Studenten der Soziologie finden, dann würde ich ihnen eine genaue und nüchterne Prüfung der in den ersten siebzig Seiten des genannten Buches niedergelegten Gedanken anempfehlen. Sie stellen, so will mir scheinen, den richtigen Ausgangspunkt dar, um die Rückwirkungen der künstlichen Organe auf die Menschengemeinschaften, als einen Schlüssel zum Verständnis ihres Verhaltens, zu studieren.

Der Gedanke einer sich heute vollziehenden »Implosion« und der Bildung eines Kollektivbewußtseins erinnert an die Vorstellungen von Teilhard de Chardin, nur beruht er hier nicht auf der Hoffnung einer »Vereinigung durch Liebe«, die leider eine Utopie sein dürfte, sondern auf der konkreten Gegebenheit einer weltenweiten Ausweitung unserer Sinnesorgane und damit unseres Zentralnervensystems. Es ist, meines Erachtens, sehr richtig, daß auf eine Periode der immerwährenden Machtsteigerung durch Anfügung zusätzlicher Einheiten an den genetischen Körper des Urmenschen nun andere Phänomene in den Vordergrund treten. Die Rückwirkungen dieser künstlichen Erweiterungen und ihre gegenseitige Wechselwirkung werden für die menschlichen Lebensformen mehr und mehr bestimmend, weil durch die elektrischen Massenmedien jeder mit dem übrigen immer inniger und unmittelbarer verbunden wird. »Im Zeitalter der Elektrizität wird die ganze Menschheit zu unserer eigenen Haut.«

Literaturverzeichnis und Quellennachweis

Abel, W.: Die Wüstungen des ausgehenden Mittelalters, Stuttgart 1955
– Geschichte der deutschen Landwirtschaft, Stuttgart 1962
Andree, R.: Ethnographische Parallelen und Vergleiche, Stuttgart 1878
Ardrey, R.: Adam und sein Revier, Wien 1968

Baade, F.: Weltenergiewirtschaft, Hamburg 1958
Baer, C. E. v.: Welche Auffassung der lebenden Natur ist die richtige?, Riga 1908
Bargmann, W.: Vom Bau und Werden des Organismus, Hamburg 1957
Bertalanffy, L. v.: Kritische Theorie der Formbildung, Berlin 1928
Bogdanow, A.: Allgemeine Organisationslehre, Berlin 1926
Bouffier, W.: Einführung in die Betriebswirtschaftlehre, Wien 1946
Brand, W.: Beitrag zu einer allgemeinen universalistischen Organisationslehre und die Anwendung ihrer Gesetze auf die Organisation des Staates (Dissertation), Wien 1931
Broda, E.: Neue Erkenntnisse über die Energetik der lebenden Zelle, in »Mitteilungen des Instituts für Wissenschaft und Kunst«, Wien 1964
– Molekulare Biogenetik, in »Naturwissenschaftliche Rundschau«, Stuttgart 1964
Buchner, P.: Allgemeine Zoologie, Stuttgart 1953

Cicero, M. T.: Der Staat
Cowles, J. T.: Food-Tokens as Incentives for Learning by Chimpanzees, in »Comparative Psychological Monographs«, 14, 1937
Cuvier, F.: Le Règne Animal, Brüssel 1836

Darwin, Ch.: On the Origin of Species by Means of Natural Selection, 2 Bände, London 1859
– The Descent of Man, London 1871
– The Expression of the Emotions in Man and Animals, London 1872
Diels, H.: Fragmente der Vorsokratiker, Hamburg 1957

Dittler, R. u. a.: Handwörterbuch der Naturwissenschaften, 10 Bände, Jena 1931
Domizlaff, H.: Analogik, Hamburg 1941
– Brevier für Könige, Hamburg 1952
Dopsch, A.: Verfassungs- und Wirtschaftsgeschichte des Mittelalters, Wien 1928
Driesch, H.: Philosophie des Organischen, Leipzig o. J.
– Die Maschine und der Organismus, Leipzig 1935
Duguit, L.: Traité de droit constitutionnel, Paris 1921
Dupouy, E.: La Prostitution dans l'antiquité, Paris 1895
Durant, W.: Die großen Denker, Zürich 1943

Ehrenberg, R.: Das Zeitalter der Fugger, 2 Bände, Hildesheim 1963
Eibl-Eibesfeldt, I.: Grundriß der vergleichenden Verhaltensforschung, München 1967
– Liebe und Haß – Zur Naturgeschichte elementarer Verhaltensweisen, München 1970
– Die Biologie des menschlichen Verhaltens. Grundriß der Humanethologie, München 1984
Eisler, R.: Wörterbuch der philosophischen Begriffe, 3 Bände, Berlin 1929
Erdmann, R.: Grundlagen der Organisationslehre, Leipzig 1921
Eucken, W.: Grundsätze der Wirtschaftspolitik, Bern–Tübingen 1952
– Die Grundlagen der Nationalökonomie, Berlin–Heidelberg–New York 1959
Eulenberg, F.: Das Geheimnis der Organisation, Berlin 1952

Felix, L.: Entwicklungsgeschichte des Eigentums, Leipzig 1883–1903
Feyerabend, O.: Das organische Weltbild, Tübingen 1956
Fucks, W. und Mandel, H.: Atomenergie und Elektrizitätserzeugung, München 1956

Galbraith, J. K.: Die moderne Industriegesellschaft, München 1968
Gehlen, A.: Der Mensch, Berlin 1940
Gellner, F.: Das Problem der harmonischen Baumgestalt, in »Naturwissenschaftliche Rundschau«, Stuttgart 1952
Geoffroy de Saint-Hilaire, E.: Philosophie Anatomique, Paris 1818
– Philosophie Zoologique Paris 1830
Geoffroy de Saint-Hilaire, E. und Cuvier, F.: Histoire naturelle des Mammifères, Paris 1824–1842
Gerloff, W.: Gesellschaftliche Theorie des Geldes, Innsbruck 1950
Gierke, O. v.: Die Grundbegriffe des Staatsrechts und die neuesten Staatsrechtstheorien, Tübingen 1874
– Das Wesen der menschlichen Verbände, Leipzig 1902
Gösswald, K.: Unsere Ameisen, Stuttgart 1954
Goethe, J. W. v.: Naturwissenschaftliche Schriften, Zürich 1952
Graumann, P.: Betrachtungen über die allgemeine Stufenfolge der natürlichen Körper, Rostock 1777
Gross, H.: Der Handel geht neue Wege, Düsseldorf 1957
Günther, H.: Das Seelenproblem im älteren Buddhismus, Konstanz 1949
Gutenberg, E.: Grundlagen der Betriebswirtschaftslehre, 2 Bände, Berlin–Göttingen–Heidelberg 1951–1955

Haire, M.: Modern Organization Theory, New York 1959
Haller, C. L. v.: Handbuch der Allgemeinen Staatenkunde, Winterthur 1808

Hartmann, M.: Allgemeine Biologie, Stuttgart 1953
Hartmann, N.: Der Aufbau der realen Welt, Berlin 1964
Hass, H.: Wir Menschen, Wien 1968
– und Lange-Prollius, H.: Die Schöpfung geht weiter. Neue Wege des Denkens, Stuttgart 1978
Hassenstein, B.: Die bisherige Rolle der Kybernetik in der biologischen Forschung, in »Naturwissenschaftliche Rundschau«, Stuttgart 1960
– Kybernetik und biologische Forschung, in »Handbuch der Biologie«, Frankfurt 1966
– Was ist Information?, in »Naturwissenschaft und Medizin«, Mannheim 1966
Haussherr, H.: Wirtschaftsgeschichte der Neuzeit, Köln 1967
Heberer, G.: Die Evolution der Organismen, Jena 1943; Stuttgart 1967
Hegel, G. W. F.: Sämtliche Werke, Stuttgart 1938
Heidenhain, M.: Theorie der Hystosysteme oder Teilkörpertheorie, 1907
– Formen und Kräfte in der lebendigen Natur, Berlin 1932
Heisenberg, W.: Der Teil und das Ganze, München 1969
Herder, J. G.: Ideen zur Philosophie der Geschichte der Menschheit, Riga 1784–1791
Hertwig, O.: Die Lehre vom Organismus und ihre Beziehung zur Sozialwissenschaft, Berlin 1899
– Der Staat als Organismus, Jena 1922
Hess, E. H.: Imprinting an Effect of Early Experience, in »Science« 130, 1959
Hesse, H.: Das Glasperlenspiel, Frankfurt 1967
Hesse, R. und Doflein, F.: Tierbau und Tierleben, Jena 1943
Heymann-Dvorák, R.: Der internationale Menschenmarkt, Berlin 1904
Hobart, D. M. und Wood, J. P.: Verkaufsdynamik, Essen 1955
Höffner, J.: Wirtschaftsethik und Monopole im 15. und 16. Jahrhundert, Jena 1941
Hoffmeister, J.: Wörterbuch der philosophischen Begriffe, Hamburg 1955
Huizinga, J.: Homo ludens, Basel 1949
Huxley, J.: Ich sehe den künftigen Menschen, München 1965

Jellinek, G.: Allgemeine Staatslehre, Berlin 1914
Jensen, P. B.: Die Elemente der Pflanzenphysiologie, Jena 1939
Jodl, F.: Lehrbuch der Psychologie, Wien 1909

Kahn, H. und Wiener, A. J.: Ihr werdet es erleben, Wien 1967
Kant, I.: Von den verschiedenen Racen der Menschen, in Voss, L., »Immanuel Kants Schriften zur physischen Geographie«, Leipzig 1839
Kapp, E.: Grundlinien einer Philosophie der Technik, Braunschweig 1877
Kaser, M.: Römisches Privatrecht, München–Berlin 1960
Kaufmann, E.: Über den Begriff des Organismus in der Staatslehre, Heidelberg 1908
Kawai, M.: Newly Acquired Pre-Cultural Behaviour of the Natural Troop of Japanese Monkeys on Koshima Island, in »Primates« 6, 1965
Kelsen, H.: Allgemeine Staatslehre, Berlin 1925
Kinzel, H.: Neue Erkenntnisse über Energiewechsel und Makromolekülsynthese der Zelle, Wien 1960
Kjellén, R.: Der Staat als Lebensform, Berlin 1924
Knapp, G. F.: Die Landarbeiter in Knechtschaft und Freiheit, Leipzig 1909
Köhler, W.: Intelligenzprüfungen an Menschenaffen, Berlin 1921

Koestler, A.: Das Gespenst in der Maschine, Wien 1968
Kopsch, F.: Anatomie des Menschen, Stuttgart 1955
Kosiol, E.: Grundlagen und Methoden der Organisationsforschung, Berlin 1925
– Bibliographie der Organisationsliteratur, Berlin 1961
Krieken, A. van: Über die sogenannte organische Staatstheorie, Leipzig 1873
Krüger, H.: Allgemeine Staatslehre, Stuttgart 1964
Küchenhoff, G.: Allgemeine Staatslehre, Stuttgart 1967
Kühn, A.: Grundriß der allgemeinen Zoologie, Leipzig 1939
Kühnelt, W.: Soil Biology, London 1961
– Grundriß der Ökologie, Jena 1965

Lamarck, J. B.: Philosophie Zoologique, Paris 1809
Landmann, J.: Moderne Organisationsformen in den öffentlichen Unternehmungen, München 1932
Landois, L.: Physiologie des Menschen, Wien 1919
Lehmann, O.: Die Lehre von den flüssigen Kristallen, Leipzig 1911
Lieth, H.: Die Stoffproduktion der Pflanzendecke, Stuttgart 1962
Lin, Y.: Lady Wu, München 1959
Löhr, L.: Faustzahlen für den Landwirt, Graz–Göttingen 1952
Lorenz, K.: Ganzheit und Teil in der tierischen und menschlichen Gemeinschaft, in »Studium Generale« 3, 1950
– Das sogenannte Böse, Wien 1966
– Innate Bases of Learning, in Pribram, K. H., »On the Biology of Learning«, New York 1969
Lotze, R. und Sihler, H.: Das Weltbild der Naturwissenschaft, Stuttgart 1953
Ludwig, W.: Die Selektionstheorie, in Heberer, G., »Die Evolution der Organismen«, Jena 1943
Lütge, F.: Deutsche Sozial- und Wirtschaftsgeschichte, Berlin 1962
Lundegordh, H.: Pflanzenphysiologie, Jena 1960

McLuhan, M.: The Gutenberg Galaxy, Toronto 1962
– Die magischen Kanäle, Düsseldorf 1968
– Das Medium ist Massage, Frankfurt 1969
Martin, R. und Saller, K.: Lehrbuch der Anthropologie, Stuttgart 1966
Marx, K.: Die Frühschriften, Stuttgart 1953
Mellerowicz, K.: Allgemeine Betriebswirtschaftslehre, Berlin 1931
– Betriebswirtschaftslehre der Industrie, Freiburg 1958
Merkl, A.: Allgemeines Verwaltungsrecht, Berlin 1927
Meyer, P. W.: Marktforschung. Ihre Möglichkeiten und Grenzen, Düsseldorf 1957
Mirow, M. H.: Kybernetik, Wiesbaden 1969
Morris, D.: Der nackte Affe, München 1968
Mylius, N.: Ehe und Kind im abflußlosen Gebiete Ostafrikas (Dissertation), Wien 1948

Netter, H.: Theoretische Biochemie, Berlin–Göttingen–Heidelberg 1959
Nicklisch, H.: Der Weg aufwärts! Organisation, Stuttgart 1922
– Die Betriebswirtschaft, Stuttgart 1932
Nietzsche, F.: Morgenröte, Chemnitz 1881
– Der Wille zur Macht, Leipzig 1930

Nooney, J. D.: The Principles of Organization, New York 1947
Nordsieck, F.: Rationalisierung der Betriebsorganisation, Stuttgart 1959

Oberparleiter, K.: Funktionen und Risiken des Warenhandels, Wien 1955
Oppenheimer, F.: Die Geburtsstunde des souveränen Staates, 1954
Ostwald, W.: Die energetischen Grundlagen der Kulturwissenschaft, Leipzig 1909
– Der energetische Imperativ, Leipzig 1912
– Moderne Naturphilosophie, Leipzig 1914

Packard, V.: Die geheimen Verführer, Düsseldorf 1958
– Die Pyramidenkletterer, Düsseldorf 1963
– Die große Verschwendung, Frankfurt 1964
Parkinson, C. N.: Parkinsons Gesetz und andere Untersuchungen über die Verwaltung, Düsseldorf 1957
Pfaff-Giesberg, R.: Geschichte der Sklaverei, Meisenheim/Glan 1955
Pfordten, O. von der: Organisation, ihr Wesen und ihre politische Bedeutung, Heidelberg 1917
Philipp, E.: Risiko und Risikopolitik, Stuttgart 1967
Plenge, J.: Drei Vorlesungen über die allgemeine Organisationslehre, Essen 1919
Plessner, H.: Die Stufen des Organismus und des Menschlichen, Berlin 1928
Polanyi, M.: Personal Knowledge. Towards a Post-Critical Philosophy, London 1958
Pribram, K. H.: On the Biology of Learning, New York 1969

Rensch, B.: Die Abhängigkeit der Struktur und der Leistungen tierischer Gehirne von ihrer Größe, in »Die Naturwissenschaften« 45, 1958
– Evolution als Eigenschaft des Lebendigen, in »Studium Generale« 3, 1959
– Biophilosophie auf erkenntnistheoretischer Grundlage, Stuttgart 1968
Rohracher, H.: Die Vorgänge im Gehirn und das geistige Leben, Leipzig 1948
Roux, W.: Der Kampf der Teile im Organismus, Leipzig 1881
– Gesammelte Abhandlungen über die Entwicklungsmechanik der Organismen, Leipzig 1895
Ruhland, W.: Handbuch der Pflanzenphysiologie, Berlin–Göttingen–Heidelberg 1955

Sauberer, F. und Härtel, O.: Pflanze und Strahlung, Leipzig 1959
Schmidt, F.: Ordnungslehre, München 1956
Schneider, C. C.: Lehrbuch der vergleichenden Histologie der Tiere, Jena 1902
Schnutenhaus, O.: Allgemeine Organisationslehre, Berlin 1951
Schopenhauer, A.: Zur Philosophie und Wissenschaft der Natur, in »Parerga und Paralipomena, kleine philosophische Schriften«, Berlin 1851
Sée, H.: Die Ursprünge des modernen Kapitalismus, Bern 1948
Servan-Schreiber, J.-J.: Die amerikanische Herausforderung, Hamburg 1968
Simmel, G.: Soziologie, München 1923
Simpson, G. G.: Zeitmaße und Aufbauformen der Evolution, Göttingen 1951
Solvay, E.: Notes sur des Formules d'Introduction à l'Énergétique Physio- et Psycho-Sociologique, Brüssel 1906
Sombart, W.: Der Bourgeois, München 1913
– Der moderne Kapitalismus, München 1921
– Luxus und Kapitalismus, München 1922

– Die Ordnung des Wirtschaftslebens, 1925
– Die Grundformen des menschlichen Zusammenlebens, 1930
Spann, O.: Fundament der Volkswirtschaftslehre, Wien 1923
– Kategorienlehre, Jena 1939
Spencer, H.: Die Prinzipien der Soziologie, Stuttgart 1876
Spengler, O.: Der Untergang des Abendlandes, München 1918
Spinoza, B. de: Die Ethik, Leipzig 1909
Stefanic-Allmayer, K.: Allgemeine Organisationslehre, Wien 1950

Teilhard de Chardin, P.: Lobgesang des Alls, Olten 1964
– Auswahl aus dem Werk, Frankfurt 1967
Thoma, R.: Staat, in »Handwörterbuch der Staatswissenschaften«, Jena 1926
Troll, W.: Gestalt und Gesetz, 1925
– Allgemeine Botanik, Stuttgart 1948

Uhlhorn, G.: Die christliche Liebestätigkeit in der alten Kirche, 1882

Verdross, A.: Abendländische Rechtsphilosophie, Wien 1963

Wagenführ, H.: Macht und Herrlichkeit, Geldgeschäfte großer Herrscher, Stuttgart 1962
Weidel, W.: Virus, die Geschichte vom geborgten Leben, Berlin 1957
Wiener, N.: Cybernetics, Control and Communication in the Animal and the Machine, New York 1948
Wiese, L. v.: Allgemeine Soziologie, München 1929
Wieser, K.: Das Gesetz der Organismen, Budapest 1943
– Bahnen und Formen der tastenden Systeme in der Natur (Manuskript bei der Nationalbibliothek), Wien 1949
– Übersicht über die Systemlehre (Manuskript bei der Nationalbibliothek), Wien 1950
Wieser, K. jun.: Organismen, Strukturen, Maschinen, Frankfurt 1959
– Gewebe des Lebens, Bremen 1959
Wolfe, J. B.: Effectiveness of Token-Rewards in Chimpanzees, in »Comparative Psychological Monographs« 12, 1936
Woltereck, R.: Grundzüge einer allgemeinen Biologie, Stuttgart 1932

Zimmermann, W.: Methoden der Phylogenetik, in Heberer, G., »Die Evolution der Organismen«, Stuttgart 1967
Zündorf, W.: Idealistische Morphologie und Phylogenetik, in Heberer, G., »Die Evolution der Organismen«, Stuttgart 1967

Namenregister

Agrippa 267
Alkmaion 266
Aristoteles 25, 129, 133, 266, 268

Bendixen, Friedrich 250
Bertalanffy, L. von 236
Biebl, A. 16
Bluntschli, J. 26
Bogdanow, A. 30, 33
Bouffier, W. 72
Brand, W. 30
Broda, E. 16, 31
Burian, L. 16

Chardin, Pierre Teilhard de 35, 53, 55, 195, 267, 271 ff., 280
Cicero 267
Cowles 97
Cuvier, G. 27, 93

Darwin, Charles 27, 28, 54, 61, 129, 131, 132, 272
Demokrit 267
Descartes, René 268
Domizlaff, H. 30, 54
Driesch, H. 133, 266
Dürer, Albrecht 26
Durant, W. 144

Ecker, G. 16, 255
Eibl-Eibesfeldt, I. 16, 54
Eigens, Manfred 92
Eisler, R. 269
Empedokles 131
Erdmann, R. 30
Eucken, Walter 53, 95, 110, 145
Eulenberg, F. 30

Fechner, G. 25
Feyerabend, O. 30
Fichte, J. G. 25

Galbraith, J. K. 24, 32, 95, 243, 250
Galilei, Galileo 272
Gessner, B. 16
Gierke, Otto von 16, 25, 32
Goethe, J. W. von 27, 29, 30, 57, 201, 220, 270
Gogol, Nikolai 161
Gutenberg, E. 16, 32, 38, 217

Harvey, W. 112, 126
Hassenstein, Bernhard 138, 144, 231
Heberer, G. 32, 144
Heisenberg, Werner 29
Helvetius 269
Heraklit 111, 266
Herder, J. G. 201
Hertwig, Oskar 26, 32, 95
Hesse, R. 64, 72, 127, 175
Hobbes, Thomas 25, 267
Holbach, Paul Heinrich Dietrich 144
Holst, E. von 19

Jodl, F. 269

Kant, Immanuel 26, 27, 32, 149, 195, 268
Kapp, Ernst 26
Kawai, M. 236
Kelsen, H. 16
Kjellén, Rudolf 25, 32
Kleinschmidt, A. K. 230
Knapp, L. 268
Knoll, F. 16
Köhler, W. 71
Kopernikus, Nikolaus 272
Kornberg, A. 92
Kosiol, E. 33
Krogh, August 35
Krüger, H. 16
Kühnelt, W. 16

Lamarck, Jean Baptiste 27, 28, 132, 272
Lorenz, Konrad 33, 54, 62, 195
Lotze, Reinhold 268
Ludwig, W. 144

Marinelli, W. 16
Martin, R. 267
Marx, Karl 233, 250
Mcluhan, Marshal 32, 55, 57, 71, 175, 277 ff.
Mendel, Gregor 28
Mewes, Wolfgang 236
Mohr, H. 16
Morgan, T. H. 28

Naef, A. 72
Newton, Isaac 71
Nicklisch, Heinrich 16, 32
Nietzsche, Friedr. 73, 133, 144, 216, 269
Numenios 268

Oberparleiter, K. 173, 175
Occam, Wilhelm von 268
Ostwald, Wilhelm 31, 72, 75, 93, 177, 226, 236, 241

Pearse, A. S. 224
Philipp, F. 175
Platon 25, 29, 72, 219, 266
Plenge, Johann 19, 30
Preyer, W. 126

Racine, Jean 149
Rensch, B. 71
Rohracher, H. 267

St.-Hilaire, Geoffroy 27
Saller, K. 267
Schaller, F. 16
Schelling, Fr. W. 25
Schmidt, F. 30
Schneider, C. C. 53
Schnutenhaus 33
Schopenhauer, Arthur 269
Schumpeter, Joseph 250
Servan-Schreiber, Jean-Jacques 213, 219
Shakespeare, W. 237
Shannon, Claude 55
Sihler, Hans 268
Smith, Adam 200
Sokrates 237
Solvay, Ernest 31
Sombart, Werner 16, 32
Spann, Othmar 38
Spengler, Oswald 216
Spinoza, Baruch de 72, 266
Stefanic-Allmayer, K. 30, 33, 55

Taylor 200
Thales von Milet 266
Thirring, H. 16
Thoma, Richard 26
Thorson, G. 167
Troll, W. 73, 93, 222, 231, 236

Vinci, Leonardo da 161
Virchow, R. 126, 267
Vogt, C. 267

Waggerl, Karl Heinrich 177
Weidel, W. 54, 229
Wiener, Norbert 137
Wieser, K. 30
Wolfe, J. B. 97, 109
Woltereck, R. 269
Wundt, W. 25, 268

Xenokrates 267

Zündorf, W. 29

Stichwortregister

Abfall 207
Abwehr 163 ff.
Ästhetik 171
Affe 97, 168, 181, 272
- Gehirn des 58
Aktionäre 237
Alge 44
Allelopathie 183
Allgemeine Organisationslehre 30
Ameise 54
Ameisenstaat 233
Amöben, Organbildung bei 39
Amoeba vespertilio 164
Annehmlichkeit 99
Anstoßkausalität 231, 232
Antikörper 157, 189
Arbeitsfähigkeit 11
- teilung 61
Art 12, 69, 125, 135, 158
Assimilation 78, 210
Atmung 14, 199
Atombombe 180
- reaktor 226
ATP 78, 123, 212, 217
Aufbauperiode 112, 113, 125
- rezept 89, 112, 191, 260
Auslese, natürliche 61, 88, 110, 132, 133 ff., 138, 141, 219, 233, 235
- negative 136 f., 142
- positive 134, 138
Ausschuß 118
Außenfronten 147 ff.
Automobil 65, 183

Baccinger baccinger 90
Bachflohkrebs 168
Bakterie 77, 246
Bakterienspritze 46
Baumwanze 163
Bedarf 95 ff., 109, 140, 144
Begriff 268
Begriffskartothek 31
- system 71
Bergmannsche Regel 165
Beruf 108
Berufskörper 15, 20, 26, 31, 38, 63, 69, 93, 151, 222
- struktur 22
- tätige, der 13, 19, 21, 22, 23, 24, 25, 32, 116
- tätiger, -Begriff 19 f.
- tätigkeit 12

Betrieb 9, 10f., 13, 15, 24, 32, 107, 108, 181
Betrieb, Saison- 124
Betriebe 195, 211, 220
Betriebskosten 167
Bewußtsein 272
Bibel 268
Biene 40
Bindung 61
Biologie 19, 29, 33, 44, 54, 71, 139, 178, 219, 236, 257
Bisexualität 132
Blatt 84
– lauslöwe 207
Blüte 239, 241
Blutgefäßsystem 188
– körperchen, rote 188
– körperchen, weiße 157, 189
Boot 64
Brotkäfer 45
Buddhismus 265, 268
Bürokratie 238

CGS-System 253
Chromosom 36
Code, genetischer 47
Coloradokäfer 88
Computer 57, 121, 175
Convoluta 44
Cyclocosmia truncata 187

Darm 82, 83, 199
Dauerstadium 115
Denken, begriffliches 192
Dicrostichus 42
Dienstleistung 262
Differenzierung 200
Dinostarter 183
Dirne 184
Dissimilation 78, 80
Dividende 237
DNA 229
DNS 228, 230
Doppelfunktion 101, 179, 192, 207
Drosophila melanogaster 167

Efeu 223
Eichhörnchen 166
Eigentum 61
Einsiedlerkrebs 43, 234, 241, 244f., 259
Einzeller 28, 80, 182, 246
EKS 236
Elefant 169
Elektrizität 254, 277
Energie 10, 74ff., 174, 192, 274
– bilanz 11, 12, 13, 21, 29, 31, 103, 156, 163, 166, 167, 171, 197
– chemische 254
– einsparung 223
– elektromagnetische 254
– Erscheinungsformen 75, 253f.
– erwerb 11, 22, 23, 33, 149, 174, 229
– Fremd- 64, 221, 223, 224, 229, 232, 235, 239, 242
– kinetische 253
– Licht- 78
– Nutz- 75
– quelle 11, 77ff., 80ff., 86, 95ff., 114, 135, 142, 187, 247
– Roh- 12, 75
– Transformator 241
– umwandlung 11f.
Energon 15, 24, 49, 65, 69, 103, 113, 235
– Begriff 11, 15, 31
– Einteilung 19
– evolutionäre Entwicklung 129ff.
– hierarchischer Stufenbau 25
– „Lebenslauf“ 112ff.
– Theorie 11, 21, 26, 29, 35ff., 54, 71, 73, 74, 82, 93, 112, 157, 173, 175, 184, 216, 228, 235, 243, 275, 277, 280
Entelechie 133, 266
Entropie 10f., 76f.
Entwicklung, industrielle 233
Enzyme 199

Erbrezept 28, 29, 45, 47, 48, 53, 68, 127, 132, 178, 228, 229, 230, 233, 257 ff.
Erde 272
Erdschwerkraft 169
Erg 253
Erscheinungsform 10
Erwerbsakt 115
– betriebe s. Betrieb
– körper 30, 66, 67
– körper, Ur- 30
– organ 100, 107, 140, 152, 183
– organisation 19, 24, 25, 26, 31, 32, 38, 93, 151, 181
– organisationen, -Begriff 24
– periode 113 f.
– phase 113 f.
– präzision 117
– quelle 80, 119, 134
– risiko 21
– schnelligkeit 118
– struktur 12, 14, 100
Evolution 15, 22, 28, 38, 47, 48, 49, 50, 52, 53, 59, 63, 69, 82, 99, 133, 141, 142, 153, 159, 168, 177, 178, 188, 190, 193, 195, 197, 206, 211, 216, 232, 272, 274
– Hauptstadien bei Pflanzen 79
– Hauptstadien bei Tieren 83 ff.
evolutionäre Kreisprozesse 195 ff.
Evolutionsforschung 29
– lehre 27
Exkretionstätigkeit 199

Fangorgan 185
Feind 221
– abwehr 150, 153 f., 175
Fett 123, 165, 175, 182
Feuer 226
Fließgleichgewicht 236
Flucht 154
Flußaal 127
Forschung 201
Fortpflanzung 89, 124
Freier Wille 161, 171
Fremdenergie, Nutzung von 227 ff.
Früchte 239
Funktion 13, 24, 36 f., 46, 54, 201
Funktionsbündelung 204, 209, 215
– erfüllung 39
– erweiterung 53, 88, 177, 184, 187, 196, 215
– geburt 206, 208, 209
– konflikt 152, 199
– meistersystem 200
– partnerschaft 88, 208, 211
– rationalisierung 208
– teilung 178, 196, 198, 199, 215
– träger 35 ff., 38, 54, 58, 59, 87, 101, 104, 107, 108, 172, 177, 181, 196, 210, 247
– träger, angeborene 50
– träger, künstliche 67
– veränderung 196
– verlagerung 49, 52 f.
– wechsel 178, 196, 197, 201, 202, 215
– zusammenlegung 178, 208, 211

„Gallenbildung“ 227
Gammarus pulex 90
Ganzheit 35
Gasaufnahme 84
– produktion, tierische 92
Geburt 198, 216
Gefängnis 158
Gehirn 57 f., 63, 168, 235, 267
Gehörknöchelchen 204
Geist 267
Geisteswissenschaft 71, 257
Geld 100, 104, 107, 243, 250
Gemeinschaftsbildung 62, 200
– organ 153
Generationswechsel 114
Genom s. Erbrezept
Gewinn 99
Glaube 130
Glykogen 165
Gott 139, 144, 192, 271, 272, 273

Gravitationsenergie 254
Großfußhuhn 225
Grundbedürfnis 98
Güter
- geistige 234
- immaterielle 220
- produktion 261

Hai 203
Hamster 166
Handel 104
Haus 181, 191
Haustiere 232
Hering 90
Herz 45, 165, 188
Hitze 167 ff.
Hörigkeit 233
Hominisation 273
homolog-analog 31
Honiganzeiger 105
Honigdachs 105
Hormone 189
Hydroidpolypen 244

Iltis 166
Implosion 280
Individuum 12, 125, 126, 127, 158, 162
Information 20, 51
Informationserwerb 33
Insekten 152, 179, 240, 242
- staat 200, 213
Instinkt 48
Intelligenz 57 f., 104, 131, 140, 181, 191
- prüfung 71
Intensität 75
Interzellularsystem 84, 179
Intransparenz 127
Investition 113
Ionenpumpe 212
Isolation 144

Kälte 163 f., 166
Kamel 14
Kapazität, optimale 122
Kapital 69, 72, 119, 177
Kartell 25
Kartoffel 184
»Kausteine« 200
Keimzelle 15, 240
Kernenergie 255
- fusion 255
Knochenfische 203
Kohlendioxyd 92
Kommunismus 233
Komplexität 272
Komplexorgan 215
Konglomeratunternehmen 116
Konkurrenzfähigkeit 12, 14, 15, 111, 120 ff., 139, 175, 202
- faktoren 117 ff., 121 f.
- kampf 12, 70, 79, 115
- kraft 112
- vorteil 165
- wert 172, 249
Konzern 25
Koordination, - der Bewegung 82
Koralle 81, 101
Korrelationen 173
Kosten 117 ff., 168, 172, 248
- laufende 113
Krebse 152
Kreditwürdigkeit 23
Kreisprozesse 215 f.
Krieg 162
Kröte 180, 186, 187
Kuckuck 227
Kultur 22, 70
Kunst 70
Kybernetik 33, 137

Landbesiedelung 85
Lebensentwicklung 275
- kraft 133
- prozeß 29, 76, 162, 163, 170
Lebewesen 9, 14, 25, 228, 235
Leibeigenschaft 150, 233
Leimrutenfänger 41 f.
Leistung 13, 188
Leistungsgefüge 13, 14
- körper 59, 235

Lernfähigkeit 20, 21, 181
– tiere 49, 259
Lianen 223, 224
Luft 86
Lunge 203
Luxus 22, 32, 67, 70, 99, 106, 143, 144, 216, 241
– körper 22f, 63, 202

Machtentfaltung 58
Maiwurm 224, 225
Makake 225, 234
Management 237
Manichäer 268
Manteltiere 185
Markt 100, 104, 109, 141
– forschung 141
Maschinen 205, 226
Massendefekt 255
Materie 10, 197, 253, 273
Materie, vitalisierte 55
Maximalprinzip 127
Mechanisten 139
Medien 278
Meeresschildkröte 225
Mensch 12, 23, 25, 49, 51, 52, 53, 60, 62, 65, 67, 72, 95ff., 109, 129, 130, 140, 141, 142, 143, 162, 171, 179, 181, 185, 190, 206, 208, 212, 219, 233, 234, 241, 267, 271, 273, 275
– als Keimzelle 62, 67, 72
– berufstätiger 9f.
– Entwicklung zum 191f.
– kulturelle Entwicklung 62
– heit, Entfaltung der 9
Metall 64
Metamorphose 201
Missionare 278
Mistel 223
Mitochondrien 212
Mode 142
Monopol 12, 88
Moral 123
Muscheln 185
Mutation 132f., 134, 144, 205, 206
Mycetom 45, 46
Myrmecocystus melliger 200

Nachahmung 51, 235
Nachhaltigkeit 126
Nahrungskette 91
Nasenfrosch 186
Nesselkapsel 101, 102, 179
– zelle 101
Noosphäre 274
Nutzpflanzen 232

Ökologie 54
Ökonomie 117
Ökosystem 108
Ordnung 266
– halten 60
Organ
– Apparat 38
– Bildung 51, 209, 257ff.
– Gemeinschafts- 66, 105
– Komplex 209, 210
– System 38
Organe 41, 48, 53, 57ff., 60, 131, 191, 243, 246, 247
– Ablegbarkeit künstlicher 59
– Austauschbarkeit künstlicher 62f.
– Auswirkungen künstlicher 57ff.
– Erwerb bei Tieren 43
– Erwerbs- 84
– Finanzierung künstlicher 66
– künstliche 20, 21f., 52, 84, 104, 150, 168, 209, 226, 234, 242, 261, 274, 278
– künstliche Verbesserung der 66
– Liquidierbarkeit künstlicher 68
– Mietung künstlicher 67
Organelle 38
Organfindung 209
Organisation, Wesen der 30
Organismus 20, 25, 26, 28, 31, 37, 45
Osmoregulation 168, 183

Parasit 89f., 229
Pecten groenlandicus 167
– maximus 185

Pflanzen 10f., 13, 19, 22, 68, 77ff., 91, 92, 93, 115, 174, 182, 183, 201, 222, 239, 240, 269
Pflasterkäfer 158
Phantasie 58, 130, 141, 209
- wesen 95f.
Photon 116
Photosynthese 78, 93
Physik 71
Placoidschuppe 202
Planetisation 273
Plankton 168
Plastiden 77f., 84, 91, 98, 222
Potentialgefälle 222, 231
Präzision 117ff., 172, 248
Produktionsbetrieb 175
- prozeß 211
Programm 47, 54
Punkt Omega 273, 274
Putzerfisch 103
Pythagoreer 265, 266
Radiowellen 254
Raub 103, 150
- feinde 247
- tier 106, 149
Raumfahrt 170
Regeneration 155
Regenwurm 121, 158
Religion, christliche 265, 271
Rezept 47, 54
- Aufbau- 50, 52
- bildung 200
Risiko 118f., 152, 173, 175
Rohöl 226
Röhrenwurm 183, 184
Roß-Reiter-Relation 219ff
Rückwirkungen 277, 280
Ruhephase 113f.
Ruhmassenenergie 253
Sacculina 72
Saisonbetrieb 115
Samen 239
Sauerstoff 92
Schichtarbeit 124
Schild-Speer-Relation 221
Schloß-Schlüssel-Verhältnis 73ff., 248
Schlüssel 100
Schlüssel-Schloß-Relation 142
Schrift 205, 235, 261
Schule 235
Schutzorgane 151ff.
Schwämme 223
Schwerkraft 86, 249
Schwimmblase 203
Seeigel 159
Seele 265ff., 272
Seerose 242, 244
Selektionsfaktor 144
Selektionswert 33, 141, 204, 212, 219
Sinnesorgan 81
Sklaverei 150, 233
Specht 180
Speer-Schild-Verhältnis 149ff.
Spezialisierung 65, 77, 89, 99, 107, 198, 199
Spinnen 169, 180, 186, 221
Sprache 51, 191, 205, 235, 261
Staat 14, 15, 25, 26, 61, 108, 149f., 153, 195, 238, 244
Stechmücke 115, 116, 117
Steuerkausalität 138f., 231, 249
Steuerung 47, 135, 136, 137, 140, 141, 142, 159, 162, 170, 190, 216, 248
- evolutionäre Entwicklung 256ff.
Stilliegephase 113f.
Stimmung 143
Störungen 161ff., 221, 247
Stoff
- erwerb 174
- gewinnung 85
- quelle 86
- wechsel 236
Strom, elektrischer 189
Symbiose 44, 54, 238f., 245, 247
Symphilen 100, 246
System, offenes 236

Täuschungsorgan 183
Tausch 98ff., 103, 140, 244, 261
- akte 242f.

…nung 207
Technik 52, 183
Technostruktur 24, 237, 238
Temperatur 162, 163, 166
Termite 45
Theologie 271
Thermodynamik 10

van T'Hoffsche Regel 162
Tier 10f., 13, 19, 22, 59, 68, 80ff., 86f., 91, 92, 93, 183, 269
– staat 109, 246
Tintenfische 185
Tod 198, 216
Trachee 84
Tradition 161, 171
Tragfähigkeit 86
Trichine 157
Trieb 143
Trompetenfisch 227

Umwelt 161, 165, 170, 171, 177, 216, 261
Umweltbedingungen
– günstige 219ff., 237ff., 248
– ungünstige 149ff., 161ff., 249
Umweltkraft 223
Universalismus 107
Universum 272
Unternehmen 9, 24, 32, 220
Unternehmer 24
Urtier 27
USA 237f.

Vererbbarkeit 63
Vererbung 132
Verdauung 45f., 200, 246
Verfahren 14
Verhalten, erworbenes 52
Verhaltensforschung 54
– rezept 20, 43, 48, 58, 89, 104, 152, 153, 154, 163, 180, 224, 235, 240, 245, 257, 260, 261, 262
Versicherungen 174
Verteidigung 156f.
Vielzeller 28, 73, 212
Viren 228f., 236
Vitalismus 133, 139
Vitalisten 139
Vögel 242

Wal 179, 182
Warmblüter 165, 189
Wasserassel 168
Wasserkraft 221, 226
Wechselwarme 163
Wehretat 238
Wellen, elektromagnetische 254
Werbung 106, 142, 144
Werkstättenfertigung 211
Werkzeuggebrauch 55
Wind 239
Windkraft 222
Winterschlaf 115, 124
Wirbeltierzunge 185
Wirkungsfelder 170, 179
Wirkungsgrad 11, 75, 88
Wirkungskörper 219
Wirtschaft 108, 119, 178, 197, 220
Wollkrabbe 43, 44
Worte 270

Zähne 202
Zeitaufwand 117ff., 172, 248
Zelle 28, 73, 92, 205, 217, 228
Zellenlehre 27
Zellkörper 9
Zentralnervensystem 48, 49, 52, 72, 106, 227, 257, 259, 260, 261, 279
Zucht 232, 241
Zucker 123, 240
Zufall 132
Zuwachsrate 237
Zweckmäßigkeit 37, 126, 129ff., 170, 178, 192
– fremddienliche 228
Zwergdrachenflosser 186
Zwischenverdienst 124